ACCESO GRATIS ***a la Lectura en la Nube***

Para visualizar el libro electrónico en la nube de lectura envíe junto a su nombre y apellidos una fotografía del código de barras situado en la contraportada del libro y otra del ticket de compra a la dirección:

ebooktirant@tirant.com

En un máximo de 72 horas laborales le enviaremos el código de acceso con sus instrucciones.

Inteligencia Artificial

Concepciones para
América Latina

Procedimiento de selección de originales, ver página web:

www.tirant.net/index.php/editorial/procedimiento-de-seleccion-de-originales

Eileen Matus Calleros
José Luis Hernández Sánchez
Coordinadores

Inteligencia Artificial
Concepciones para América Latina

tirant humanidades
Ciudad de México, 2025

En caso de erratas y actualizaciones, la Editorial Tirant lo Blanch México publicará la pertinente corrección en la página web www.tirant.com/mex/

© EDITA: TIRANT LO BLANCH
DISTRIBUYE: TIRANT LO BLANCH MÉXICO
Av. Tamaulipas 150, Oficina 502
Hipódromo, Cuauhtémoc
CP 06100, Ciudad de México
Telf: +52 1 55 65502317
infomex@tirant.com
www.tirant.com/mex/
www.tirant.es
ISBN: 978-84-1081-738-8
MAQUETA: Disset Ediciones

Si tiene alguna queja o sugerencia, envíenos un mail a: atencioncliente@tirant.com. En caso de no ser atendida su sugerencia, por favor, lea en *www.tirant.net/index.php/empresa/politicas-de-empresa* nuestro procedimiento de quejas.
Responsabilidad Social Corporativa:
http://www.tirant.net/Docs/RSCTirant.pdf

Índice

III. La empresa en la industria 4.0

IV. Derechos humanos

V. Derechos de autor

Presentación

La expansión de la inteligencia artificial ha generado desafíos jurídicos, éticos y sociales sin precedentes, que exigen repensar la relación entre personas, instituciones y sistemas automatizados, así como sus límites y responsabilidades. En todos los continentes, la adopción de estas tecnologías debe considerar no solo el impulso a la innovación, sino también la protección de los derechos fundamentales, la equidad social y la consolidación de marcos regulatorios ajustados a las realidades locales.

Esta obra colectiva reúne a especialistas de diversas disciplinas que, desde una mirada crítica y propositiva, analizan los principales retos que plantea la inteligencia artificial en Iberoamérica y Europa.

El libro forma parte de las actividades conmemorativas por el **Tercer Aniversario del Programa de Alfabetización Digital para el Uso Responsable de los Datos y la Inteligencia Artificial**, impulsado por **The White Box Project Institute**, pionero en la creación de un marco profesional para el **Chief Artificial Intelligence Officer (CAIO)**. Desde su fundación, el Instituto ha consolidado un ecosistema de formación, que hoy lo posiciona como referente internacional en la capacitación de líderes capaces de afrontar los desafíos éticos, de compliance y técnicos que plantea el uso responsable de la IA en los sectores público y privado.

Cada capítulo de este volumen refleja la experiencia de quienes han participado en el programa, aportando, desde su campo de especialización, análisis y propuestas para avanzar hacia una gobernanza algorítmica sólida y orientada al bien común. Los autores que integran este libro se han certificado como **Oficiales de Cumplimiento en Inteligencia Artificial (CAIOs)**, y representan una nueva generación de profesionales que supervisarán la IA en América Latina y Europa. Destaco los nombres de ellos y de sus organizaciones (2022-2025):

- Aldo Ricardo Rodríguez Cortés (Lawgic)
- Ariana Bucio (BP Gurus)

- Christian Paredes González (SAP)
- Daniel Legaspi (Santamarina y Steta)
- David Ramírez Ramírez (BanBajío)
- Enrique Alfredo Ortega Córdova (Universidad La Salle)
- Francisco Quintana García (Consultor internacional en Derechos Humanos)
- Ignacio Labra Delgadillo (Auditor experto en IA)
- Jerónimo Ocejo Torres (Kavak)
- Jesús Manuel Niebla Zatarain (Universidad de Sinaloa)
- José Luis Hernández Sánchez (White Bx Project)
- Julio César Bonilla Gutiérrez (Comisionado del INFO CDMX)
- Paula Andrea Mora Pedreros (Fundación Universitaria de Popayán)
- Paulina Medina Pedroza (Kavak)
- Rubén Darío Fuentes Reyes (Primer juez latinoamericano certificado como CAIO)

Asimismo, se integran CAIOs y académicos de gran prestigio que forman parte del Seminario de Lógica, Epistemología y Ética de la Inteligencia Artificial que tiene la Universidad Panamericana, enriqueciendo la discusión con perspectivas filosóficas:

- Karen González Fernández (UNAM – Universidad Panamericana)
- Manuel José Santiago (Universidad del Cauca)
- Laura Trujillo Liñán (Universidad Panamericana – Media Ecology Association)
- María Paula Utrilla Marchand (Universidad Panamericana – EurekAI)

- Tatiana Lozano Ortega (Universidad Panamericana – Universidad de Birmingham)

Todo ello bajo el liderazgo de los doctores **José Luis Hernández Sánchez**, fundador de **The White Box Project Institute**, y **Eileen Matus Calleros**, CEO del Grupo White Box Project, cuya visión ha sido decisiva para consolidar un programa que conecta el conocimiento académico, la práctica profesional y la construcción de políticas en materia de inteligencia artificial.

Agradezco la oportunidad de escribir estas líneas como estudiante del doctorado en Derecho en la Universidad Complutense de Madrid y becaria en The White Box Project Institute. Mi paso por este programa ha sido determinante para enriquecer mi investigación doctoral y comprender el valor estratégico de una formación transdisciplinaria que solo se pude construir de forma práctica en este tipo de iniciativas académicas.

Un último dato: Descubrí desde Europa, con gran entusiasmo, que este esfuerzo de formación tiene raíces latinoamericanas y proyección global. La convergencia de expertos de diversos países y disciplinas demuestra que la IA puede convertirse en un espacio de diálogo y cooperación transnacional. Estoy convencida de que, al saberse que esta publicación cuenta con el respaldo de una editorial académica de prestigio como **Tirant lo Blanch**, más estudiantes europeos se sentirán motivados a vincularse y a formarse como CAIOs.

Este volumen invita a la reflexión y al debate informado sobre un tema que no puede abordarse desde paradigmas tradicionales. Las soluciones que surjan para regular y aplicar la inteligencia artificial deben orientarse hacia un uso ético, responsable y seguro de la tecnología, con el fin de garantizar que la IA siga siendo una herramienta al servicio de la dignidad humana, la justicia y la equidad. La revolución tecnológica de nuestro tiempo exige líderes preparados para guiarla con visión crítica y compromiso social.

Eréndira Berenice Frías Beltrán

Prólogo

Eileen Matus Calleros
CEO Grupo White Box Project

Haciendo un poco de memoria, recordé la extensa colección de obras de ciencia ficción en las que se planteaban visiones tecnológicas de nuestro futuro. En cada una de éstas se mostraba de manera creativa la penetración de la tecnología en nuestras vidas. Algunas de ellas anticipaban la idea del concepto que hoy tenemos de IA, otras mostraban a las personas interactuando con ordenadores, pero lo más aterrador —para mí— era que podían pensar y tomar sus propias decisiones. Hoy esta idea ya no me asusta, sino que se ha convertido en un reto cognitivo y ético que interpela mi curiosidad para comprender mundos complejos.

Ya no se trata de la narrativa de una obra ficticia, sino de la vida real. Vivimos un tiempo en el que debemos trascender la simple actitud de mirar para comenzar a ver con atención (Thoreau, 2016). La inteligencia artificial ya no es una promesa lejana ni un laboratorio de experimentos abstractos: está aquí, en nuestras decisiones diarias, en las imágenes que compartimos, en la música que escuchamos, en la justicia que buscamos, en la cultura que defendemos. La IA nos interpela porque toca lo más íntimo: nuestra humanidad.

La penetración de la IA en nuestras vidas, en las empresas y en las instituciones públicas es un reflejo de la velocidad con la que la tecnología se entrelaza con la condición humana. No se trata ya de herramientas externas, sino de engranajes que moldean cómo trabajamos, nos informamos, nos relacionamos y hasta cómo entendemos la justicia y la democracia. Esta presencia ubicua nos recuerda que el poder "circula" (Foucault, 2003). Los algoritmos son esta nueva forma de poder, sutil pero determinante, capaz de influir en decisiones económicas, en la gestión gubernamental y en la intimidad de nuestros hábitos cotidianos. Comprender este reflejo no es solo un ejercicio académico: es un llamado a preguntarnos qué queremos ver cuando la IA, como un espejo, nos devuelve el reflejo de nuestra sociedad.

Esta obra surge como un puente entre disciplinas, preguntas y contextos. Aquí, la filosofía dialoga con la tecnología, el derecho con la ética y la política. Y en el tránsito de ideas se genera un encuentro sobre la necesidad de una figura que, dentro de las organizaciones públicas y privadas garantice que el uso de la inteligencia artificial esté alineado con los derechos humanos, la dignidad de la persona, el Estado de Derecho y los principios democráticos. Es así como el *Chief Artificial Intelligence Officer* (*CAIO*) además de poseer conocimientos técnicos debe tener un perfil ético para asegurar que este puente entre ideas y disciplinas, que se genera por el uso de la IA en la toma de decisiones, no se convierta en un camino hacia la opacidad y el abuso, sino en una vía de responsabilidad y confianza.

En este contexto, es que surgió **White Box Project**, como instituto pionero en la formación y certificación de oficiales de cumplimiento en inteligencia artificial. La huella de esa labor se hace visible en los autores de esta obra, muchos de ellos exalumnos del curso de Formación de Oficiales Cumplimiento en IA (FOCIA), quienes desde sus diversas disciplinas encarnan ese espíritu de puente entre lo técnico y lo humano. En sus páginas se reconoce no solo el fruto de una capacitación rigurosa, sino la continuidad de un compromiso: garantizar que la inteligencia artificial sea desarrollada y utilizada al servicio de la persona y de la sociedad.

La organización de este libro responde a una lógica progresiva que conduce al lector desde una perspectiva general hacia un análisis más específico y situado. La primera parte presenta el estado del arte de la inteligencia artificial en nuestra región, ofreciendo un panorama amplio de su desarrollo conceptual y normativo. La segunda parte propone una visión sistémica, en la que se abordan cuestiones de filosofía de la IA desde una perspectiva predominantemente ética, con el fin de comprender las interrelaciones entre los distintos ámbitos en los que la IA despliega efectos económicos y sociales. La tercera parte se centra en el impacto que tiene la IA en las empresas y cómo éstas pueden hacer de esta herramienta un catalizador de innovación con un sentido humano. La cuarta sección aborda cuestiones de derechos humanos que van desde su entramado institucional hasta casos específicos sobre cómo proteger los derechos fundamentales en la era digital. Finalmente, la quinta sección introduce un nuevo paradigma para entender los derechos de autor ante la irrupción de la IA.

De manera general, se abordan los desafíos que surgen entre la creación de los modelos de la IA y la protección de la dignidad y las libertades fundamentales en la era digital. Durante el recorrido, la obra nos invita a reflexionar sobre el presente de la IA en América Latina: un espacio en donde la innovación convive con profundas desigualdades estructurales. También nos invita a pensar en la construcción de una cultura global de integridad ante una industria que crece a una velocidad vertiginosa. El objetivo es conciliar innovación con justicia de manera que la IA nos acerque a nuestros objetivos sociales.

Uno de los retos más complejos que se exploran en estas páginas es el de la atribución de responsabilidades en las interacciones humano-IA. ¿Quién responde cuando una decisión algorítmica afecta vidas humanas? Ya se advertía que la mayor parte del mal en el mundo proviene de no pensar (Arendt, 1979). Reflexionar sobre la *"banalidad del mal"* es hoy más vigente que nunca: el peligro no reside únicamente en sistemas diseñados para dañar, sino en la negligencia y la indiferencia de quienes despliegan y utilizan tecnologías sin preguntarse por su impacto en la dignidad humana. Una IA que discrimina, que erosiona la confianza en la justicia o que amplifica desigualdades no necesita de una intención maliciosa para causar daño; basta con que quienes la administran dejen de pensar críticamente. Allí, en esa ausencia de reflexión, florece un mal silencioso pero devastador.

Otro desafío que se nos presenta en la obra es la llamada **Inteligencia Artificial Agéntica**. La cual nos hace pensar sobre autonomía, transformación y ética. Al otorgar a los sistemas la capacidad de actuar, aprender, decidir y crear con relativa independencia, nos enfrentamos a una paradoja: diseñamos herramientas cada vez más autónomas, pero ¿hasta qué punto son estas herramientas las que nos moldean o a qué grado nos hemos convertido en las herramientas de nuestras propias herramientas (Thoreau)?

Este recorrido incluye también una mirada filosófica desde la lógica, la epistemología y la ética. Tal vez uno de los mayores riesgos del uso de la IA es que se piense que las decisiones tomadas por estos modelos no son falseables (Popper, 1962). Un uso responsable y ético de la IA implica reconocer que los modelos algorítmicos son hipótesis operativas que deben ser permanentemente sometidas a crítica, evaluación y mejora. Confiar ciegamente en los resultados de un sistema de IA es, en términos popperianos, olvidar que la ciencia y la tecnología avanzan no por certezas, sino por la apertura a la falsación: a la posibilidad del error.

No menos importante es el impacto de la IA en los derechos de autor, en la imagen pública, en la creatividad y en la justicia. Cuando los algoritmos generan imágenes, textos, música o incluso decisiones de manera indistinguible de lo que podría hacer un ser humano, nos enfrentamos a una paradoja profunda: la IA puede multiplicar la creatividad, pero también difuminar la autoría, la intención y la singularidad de cada creación. Los humanos en nuestras obras reflejamos nuestras experiencias, emociones, errores y contexto cultural. La IA reproduce la forma, pero no la historia que la sustenta. En este sentido, la autenticidad —esa huella única que define nuestra humanidad— corre riesgo de diluirse en un mar de réplicas perfectas. De ahí nacen las siguientes preguntas: ¿qué significa "crear" en un mundo donde los algoritmos generan imágenes, textos o música indistinguibles de los producidos por un ser humano? ¿Qué queda de lo humano en medio de tantas copias perfectas?

Después de hablar tanto de la IA, cómo no hacerle un espacio. Lo que viene a continuación es un breve prólogo generado por una IA:

> "En un mundo cada vez más interconectado, la inteligencia artificial (IA) se ha consolidado como una de las fuerzas más transformadoras de nuestra era, marcando un punto de inflexión para el desarrollo global. Sin embargo, para América Latina, esta revolución tecnológica llega cargada de desafíos, oportunidades y particularidades que exigen un enfoque propio. "IA. Concepciones para América Latina" busca explorar el impacto de la inteligencia artificial en nuestra región desde una perspectiva crítica y contextualizada, interrogándose sobre sus implicaciones éticas, sociales y económicas. Este libro ofrece un análisis profundo que no solo desentraña las complejidades de la IA, sino que también plantea cómo puede ser utilizada para fortalecer nuestras sociedades, resolver problemas históricos y construir un futuro más inclusivo y justo en un continente que, a pesar de sus limitaciones, guarda un potencial incalculable para innovar."

Podría seguir escribiendo este prólogo, pero nunca llegaríamos a lo que realmente merece la pena. A los lectores de esta obra les esperan una serie de capítulos que no ofrecen respuestas cerradas, sino que abren caminos de reflexión. La inmediatez digital, lejos de ser solo un efecto tecnológico, nos obliga a repensar los fundamentos de la experiencia humana, y recordar que detrás de cada algoritmo hay personas, que detrás de cada decisión automática hay valores, y que el futuro tecnológico no debe escribirse sin nosotros. Que este libro sea, entonces, un espacio para mirar con atención, para pensar con rigor, y para redescubrir —en medio de tanto ruido— lo que significa seguir siendo humanos.

Referencias

Arendt, H., *Eichman en Jerusalén.* Un estudio sobre la banalidad del mal, Barcelona, Lumen, 1979.

Foucault, M., *Vigilar y castigar,* Buenos Aires, Siglo XXI Editores, 2003.

Thoreau, H D., *Walden.* Pan Macmillan, 2016.

Popper, K., La lógica de la investigación científica, Tecnos, Madrid, 1962.

I. El estado del arte

Paradojas de la IA en América Latina: desafíos y oportunidades

María Paula Utrilla Marchand

Karen González Fernández

Resumen: A través de un análisis cuantitativo y una reflexión crítica sobre la situación actual de Latinoamérica frente a la inteligencia artificial se mostrará el estado paradójico en que se encuentra la región. Esta paradoja se cimenta en tres indicadores clave: (i) factores habilitantes, (ii) investigación, innovación y desarrollo, y (iii) gobernanza. La mayoría de los países de América Latina no cuenta con (i) las condiciones que permiten el desarrollo efectivo de la IA, lo que supone un desafío aún mayor si se considera que existe un rezago significativo en la capacidad de su población para comprender, desarrollar y manejar esta tecnología, lo que limita directamente (ii) la creación de valor social y económico que se puede generar a través de aportaciones del sector privado y académico, los cuales también se ven afectados (iii) por la poca promoción de sus actividades desde una esfera gubernamental, así como por la falta de marcos regulatorios en la región.

Esto permite ver que existe un enorme potencial para que la adopción de la IA se vuelva un catalizador importante del desarrollo en América Latina. Sin embargo, también muestra cómo ese potencial se ve condicionado por el rezago que arrastra la región y que amenaza con exacerbar la desigualdad en el desarrollo de los países latinoamericanos frente al resto del mundo, en particular el norte global. Por tanto, es indispensable que todos los sectores de la sociedad actúen de forma coordinada y con claridad respecto a qué se busca conseguir mediante la adopción de la IA y cuál es la mejor manera de conseguirlo, poniendo en el centro de la discusión las características particulares de la región.

Palabras clave: Gobernanza · investigación · innovación · desarrollo · factores habilitantes

1. Introducción

América Latina se encuentra en un punto de inflexión. No queda claro si la inteligencia artificial será un catalizador o un obstáculo para el desarrollo de la región. La situación es hasta cierto punto paradójica: aquello que puede potenciar su desarrollo también puede determinar su retroceso. Lo más llamativo de esta paradoja es que el modo de superarla depende de que se pueda dar respuesta a otro, y más complejo, dilema: ¿cómo se puede adoptar algo que permitirá un mayor desarrollo cuando para adoptarlo parece ser necesario ya contar con un cierto nivel de desarrollo?

El problema se vuelve incluso más relevante si se consideran las implicaciones que tendría un rezago significativo frente a otras partes del mundo que ya están logrando, a un ritmo acelerado, la adopción de la inteligencia artificial, acrecentando, con cada paso que dan, la distancia que guardan respecto a Latinoamérica. En este sentido, incorporar la IA no es sólo una oportunidad inigualable para acelerar el desarrollo latinoamericano, sino una necesidad imperante para no promover, inadvertidamente, una desigualdad incluso mayor a la que la que ya existe. La adopción de la IA en la región es tan prometedora como necesaria. Sin embargo ¿cómo lograrla?

América Latina carga consigo un rezago que hace del camino hacia su desarrollo, a través de la gran oportunidad que representa la inteligencia artificial, algo tan complejo como incierto. Ante este desafío es imprescindible detenerse y comprender, en primer lugar, cuál es realmente la situación de América Latina en términos de IA.

Sin esta comprensión, se corre el riesgo de no dimensionar adecuadamente las implicaciones que buscar su adopción podría tener para la región. Asimismo, es el marco conceptual indispensable para determinar qué acciones es más importante empezar a emprender para llevar a América Latina a superar su situación paradójica frente a la IA, haciendo de ésta una auténtica oportunidad para el desarrollo y no un catalizador de su rezago. A su vez, las acciones que se determinen tendrán que estar alineadas a un objetivo claro, el cual deberá evidenciar lo que se espera realmente conseguir a través de la adopción de la inteligencia artificial dadas las particularidades de los países latinoamericanos.

Sin duda, la IA representa una revolución tecnológica sin precedentes que podría suponer un cambio radical en todos los aspectos de nuestras vidas, pero si se ve sólo como una promesa abstracta, sin atender a las características específicas de los lugares donde busca introducirse, fácilmente se podría caer en el error de hacer de ella más que una vía de solución para muchos de nuestros problemas, un factor determinante en la multiplicación de los desafíos a los que tarde o temprano tendremos que hacer frente.

Con esto, no buscamos argumentar que no se debería de implementar la IA en la región, sino tan sólo enfatizar la importancia que tiene crear una estrategia que coordine y oriente los esfuerzos que se hagan de cara a su adopción. Para ello, resulta fundamental voltear a ver la realidad latinoamericana y desde ahí, trazar un plan de acción que lleve al objetivo deseado.

2. Panorama actual de América Latina

Hay una serie de condiciones de posibilidad para que la incorporación de la IA en la sociedad sea viable. El panorama de Latinoamérica en este sentido es preocupante. Para entender su situación, podemos observar cómo se sitúa en tres aspectos[1]:

1. Estos indicadores fueron tomados del Índice Latinoamericano de Inteligencia Artificial (ILIA) realizado en el 2024 con el respaldo del CENIA y la CEPAL. Para fines expositivos se reorganizó la manera de presentar la información de cada indicador y se simplificaron los subindicadores que contiene cada uno, reduciéndolo a los parámetros más significativos para el objetivo de este análisis.

- Factores habilitantes: capacidad de dar un soporte tecnológico adecuado a la IA.
    a. Mide la infraestructura en términos de conectividad, cómputo y dispositivos que posibilitan el uso adecuado de la IA, el uso y disponibilidad de datos, y los niveles de alfabetización de la población.
- Investigación, innovación y desarrollo (I+I+D): calidad y volumen de la investigación, innovación y desarrollo tanto del sector privado como del público.
    b. Hace referencia a la productividad de los académicos y nivel de impacto de sus investigaciones, así como a la capacidad de transformar conocimiento en servicios y productos basados en IA que generen un valor social y económico.
- Gobernanza: progreso en la transformación digital de la administración pública y en estrategias para el crecimiento justo y sostenible de la IA.
    c. Considera el impulso estatal por generar inversión, investigación, nuevo talento y marcos regulatorios para la IA.

Como se verá a continuación, estos indicadores permitirán realizar un mapeo general de la situación en la que se encuentra inmersa la región respecto a la adopción de la IA y también mostrarán por qué es fundamental subsanar el rezago actual de la región a través de acciones coordinadas y estratégicas: sin una infraestructura adecuada, será muy complicado que exista el talento humano necesario para que los impulsos a la investigación y desarrollo de la IA tengan un impacto significativo y, a su vez, dicho impacto se verá limitado en la medida en que no se realice dentro de los marcos regulatorios adecuados. Por lo tanto, más allá de mostrar el largo camino que queda por recorrer para los países latinoamericanos, los indicadores sirven como una guía respecto al modo en que habrá de realizarse dicho recorrido.

3. Factores habilitantes

El problema para Latinoamérica comienza en los bajos índices que reporta en este indicador, pues es la condición de posibilidad para la adopción adecuada y sostenible de la IA. Como se puede observar, el promedio regional muestra que la región está emprendiendo la búsqueda por adoptar la inteligencia artificial desde un punto de partida en específico. Esto tiene implicaciones importantes que no deben de ser soslayadas, sino colocadas al centro de toda discusión que se tenga sobre qué hacer respecto a la inteligencia artificial.

Gráfico 1

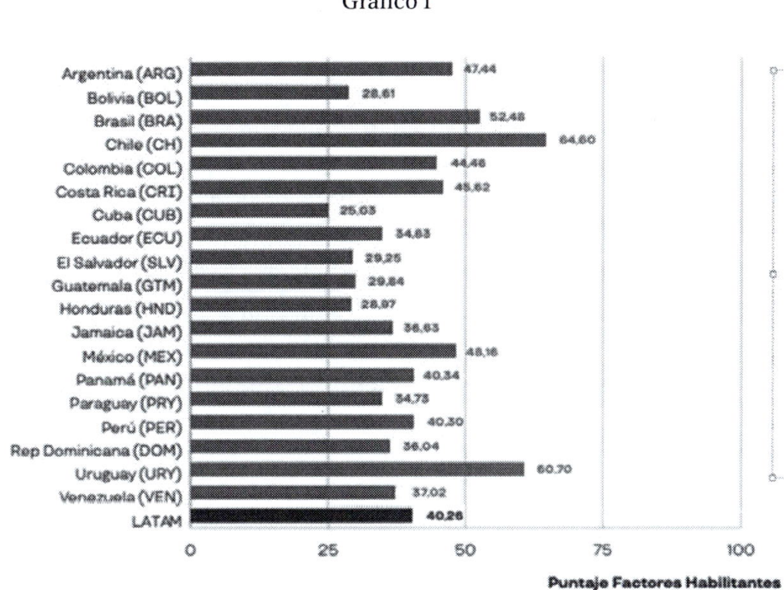

Fuente: ILIA, 2024

El promedio regional en términos de infraestructura es de tan sólo 40.28 puntos. Chile y Uruguay destacan por encima del resto con 64.60 y 60.70 puntos respectivamente. Cuba y Bolivia se sitúan por debajo del resto con 25.03 y 28.61 puntos cada uno. Esto, además de mostrar el rezago de la zona, también deja entrever un problema mayor: la gran disparidad que existe entre los países de la región.

El promedio se obtiene con base en tres factores: (a) infraestructura, (b) disponibilidad y acceso a datos y (c) nivel de competencias tecnológicas con las que cuenta la población:

- **Infraestructura:** mide tres aspectos cruciales: conectividad, cómputo y dispositivos. Veamos sólo el primero: conectividad. El 35% de la población rural en la región aún no tiene acceso regular a internet (UIT, 2023), mientras que el promedio de toda la región es de tan sólo 61 puntos (ILIA, 2024). Si una gran parte de la población no tiene acceso al internet, ¿cómo se espera que adopten el uso de una nueva tecnología? Este mismo dilema también se extiende a los otros dos subindicadores.[2]
- **Disponibilidad y acceso a datos:** muestra la administración que se hace de los datos, los cuales son la base para alimentar a los algoritmos que entrenan a los modelos de aprendizaje automático. Aquí cabe señalar un problema importante al que se enfrenta la región, pues tiene un promedio de apenas 35.76 puntos (ILIA, 2024). ¿Los datos que se están utilizando para la toma de decisiones a través de la IA son los más representativos de las condiciones de América Latina? ¿Qué implicaciones podría te-

2. El cómputo mide la capacidad de un país para procesar datos. El promedio regional es de 21.76 puntos ILIA (2024). Un rubro particularmente interesante es el número de centros de datos certificados con los que cuenta un país. La región muestra un promedio de apenas 18.06 puntos con Costa Rica colocándose muy por encima del resto. Por su parte, los dispositivos miden qué tan incorporada está la infraestructura tecnológica en la cotidianeidad de la población, por ejemplo, el acceso a teléfonos inteligentes. En este rubro, México sobresale respecto al resto en la región. En gran medida, esto puede explicarse por el peso que tiene el país dentro de la industria manufacturera.

ner la invisibilización de las particularidades de los países latinoamericanos en los resultados arrojados por la IA?

- **Competencias tecnológicas:** el talento humano con el que se cuenta es esencial para la adopción y desarrollo de la IA. En este ámbito, el panorama tampoco es muy favorable, pues se tiene un promedio regional de tan sólo 39.71 puntos (ILIA, 2024).[3] Se estima que únicamente el 0.1% de la población de toda la zona cuenta con este tipo de habilidades, lo que está por debajo del promedio mundial, que cuenta con una media de 0.32% (ILIA, 2024). El problema es que, a pesar de ello, aún hay muy pocas iniciativas para promover el desarrollo de las competencias tecnológicas necesarias para la adopción e innovación en IA desde edades tempranas (WEF, 2023) y una baja tasa de penetración del uso de estas habilidades en la fuerza laboral de los países latinoamericanos. Por ejemplo, apenas un 15% de las empresas latinoamericanas han incorporado de alguna manera a la IA en sus operaciones (BID, 2023), y la mayor parte de este porcentaje lo ha hecho apenas en sus fases iniciales. ¿Cómo se podrán mejorar los indicadores previamente mencionados si no se cuenta con el talento suficiente para desarrollarlos?

La paradoja latinoamericana parte del hecho de que la región no tiene una base sólida que posibilite el desarrollo y la adopción de la inteligencia artificial, ¿cómo adoptar una nueva tecnología cuando no se cuenta ni con la infraestructura, ni con la materia prima (datos) ni con el talento humano que se requiere para hacer viable su adopción? Ahora bien, si se opta por hacer uso de la misma inteligencia artificial para asistir a la solución de este problema, se tendrá que recurrir a lo

3. El problema en términos de competencias y habilidades tecnológicas es crítico en la región. Para dimensionarlo un poco mejor, se puede desglosar de la siguiente forma: "el 71,9%, en promedio, de los países de ALC [América Latina y el Caribe] no cuentan con ningún tipo de habilidades básicas, el 78,8% están excluidos de las intermedias y el 94,5% se encuentran por fuera de las habilidades digitales avanzadas" (Buerbano, 2025, p. 256).

desarrollado por otros países. Sin embargo, cabría preguntarse si es conveniente utilizar una IA que fue entrenada con datos que pueden ser poco representativos para la región (Gómez, Ricaurte et. al., 2022). Asimismo, habrá que cuestionarse si este uso supondría un cambio significativo para la mayoría de la población, pues ésta no contará con las habilidades necesarias para entender y utilizar correctamente esta tecnología o, siquiera, con los medios necesarios para tener acceso a ella. Se podrían pasar por alto este tipo de reparos. Después de todo, es cierto que se estima un incremento de 1.2 puntos del PIB en las regiones que utilicen IA generativa para aumentar la productividad de varias actividades importantes para la sociedad como la administración pública, la salud, el derecho y la docencia, las cuales se estima que podrían agilizar sus tareas en un 84%, 76%, 72% y 71% respectivamente (ILIA, 2024). Por tanto, no es necesario que un país desarrolle la inteligencia artificial que usa ni que tenga las habilidades necesarias para poder utilizarla de manera óptima. Al final, se logra un cierto crecimiento.

Ahora bien, ¿qué implicaciones tendría fomentar este tipo de crecimiento? No resulta tan claro que sea lo mejor para la región a mediano y largo plazo. Sobre todo, si se toma en cuenta que muchos de los países no tienen un plan estratégico que les permita actuar de forma coordinada y en aras a un objetivo claro (Serrano y Blasco, 2025). Esto hace altamente probable que se enfrenten a ciertas preguntas que no son fáciles de responder. Por ejemplo, habría que determinar si la sociedad está preparada para subsanar una posible pérdida de empleos, si su población será capaz de asimilar los cambios en dichas actividades y si se cuenta con las condiciones necesarias para lograr su correcta adopción e implementación. El desarrollo por el desarrollo mismo fácilmente puede derivar en resultados que lejos de ser los esperados, supongan un incremento aún mayor de los mismos problemas que se buscan resolver.

4. Investigación, innovación y desarrollo (I+I+D)

El panorama dibujado a partir del análisis de los factores habilitantes para la adopción de la IA apunta hacia la importancia que tiene que dicha adopción considere las condiciones materiales que configuran a una determinada sociedad. En el caso de América Latina parece que dichas condiciones obligan a que se plantee la importancia de que, antes de buscar su implementación generalizada, exista una mayor capacidad para involucrarse en el desarrollo mismo de esta tecnología. Por tanto, cabe poner especial atención a las características de la producción académica en la región, así como a sus indicadores en innovación.

El promedio de Latinoamérica en este sentido es de tan sólo 42.53 puntos (ILIA, 2024). Este promedio indica que la producción académica y la capacidad de innovación latinoamericana parecen tener un rezago multidimensional:

> Se ve un desempeño general muy bajo en la cantidad de publicaciones relacionadas a la IA, de las cuales, un porcentaje muy pequeño tiene un impacto en la creación de conocimientos, y un porcentaje aún menor es producido por investigadores que tienen un lugar dentro de los marcos de discusión científica más relevante de la IA en la actualidad. Asimismo, existe una gran disparidad en las contribuciones que cada país hace a este rubro. Por una parte, se cuenta con países como Chile y Brasil que destacan en el número de publicaciones emitidas con impacto real en la producción de conocimiento, ambos con más de tres centros de investigación formales en IA, siendo Chile el país puntero de la región en participación en espacios relevantes para el intercambio y revisión de estudios realizados en la materia. Por otra parte, hay países como Guatemala y El Salvador que producen muy poca investigación científica en el tema, o países como Honduras que, si bien, tienen una alta contribución en número de publicaciones, éstas tienen un nulo impacto en la comunidad científica de la IA, además de que 8 países de la región no cuentan con un solo centro de investigación formal en IA. La región está muy por debajo en su capacidad para hacer contribuciones que generen valor social y económico a la zona. En este rubro destacan países como Brasil, Uruguay y Chile. Esto muestra una correlación importante entre la producción de conocimiento y la creación de productos e ideas innovadoras. La correlación es aún más clara si se toma en cuenta que países como Guatemala y Honduras se colocan entre los que tienen una menor aportación en este rubro, teniendo ambos una producción académica deficiente respecto al promedio de la zona. La capacidad de atraer nuevas inversiones sigue siendo limitada para los países latinoamericanos, siendo Chile y Uruguay quienes mejor se sitúan en este aspecto, seguidos por Brasil, Cuba y México, aunque con algo de distancia. La capacidad para atraer inversión está estrechamente relacionada con el número de empresas de IA. Nuevamente, Chile y Uruguay se colocan como punteros, seguidos por Brasil, Cuba y México. Cabe señalar que, si bien México se coloca cuarto en número de empresas de IA, es segundo en startups unicornio (cotización en bolsa superior a los mil millones de dólares).

Gráfico 2

Índices de investigación Latinoamérica

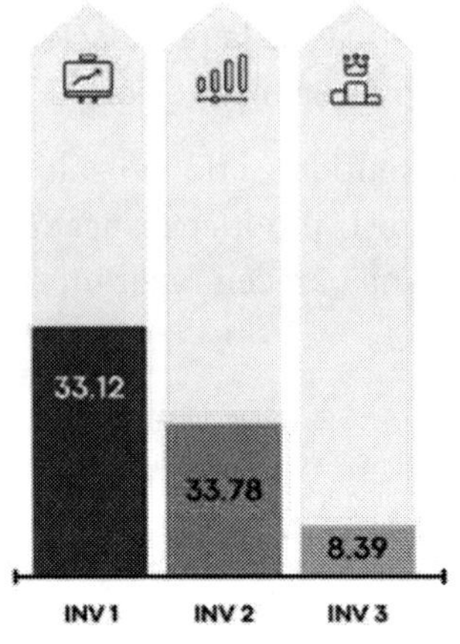

INV 1

Promedio de publicaciones en IA en la región

INV 2

Impacto de la investigación en IA (promedio de citaciones científicas de las investigaciones realizadas en publicaciones y conferencias)

INV 3

Participación latinoamericana en conferencias main track o de alto impacto en IA

Datos tomados del ILIA, 2024

Gráfico 3

Índices de innovación Latinoamérica

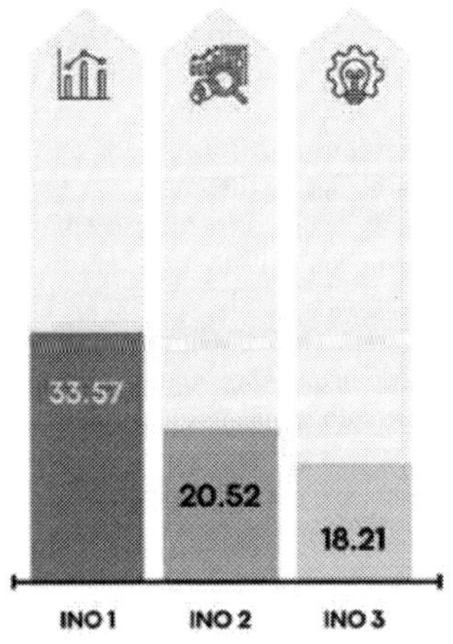

INO 1

Promedio de la región respecto a su capacidad para generar nuevas teconologías, ideas y productos

INO 2

Número y valor aproximado de inversiones o empresas relacionadas con IA

INO 3

Cantidad de empresas y startups en IA de capital privado

Datos tomados del ILIA, 2024

Aquí se logra vislumbrar cómo un factor impacta directamente a otro y viceversa. Los indicadores que hasta ahora se han abordado no deben analizarse de manera aislada. Cada uno es un fragmento de una realidad compleja e interconectada: no se cuenta con la infraestructura necesaria para implementar de manera generalizada a la IA. Por tanto, la capacidad de innovación en temas de IA es limitada.

Para superar dicha limitación, se requiere de talento humano que la desarrolle, pero para que exista ese talento tendría que haber un modo efectivo de alfabetizar a la población en habilidades tecnológicas, lo cual tendrá un impacto directo en el aumento del número de investigadores capaces de generar conocimiento de calidad en IA, lo cual, a su vez, impulsaría la innovación y la creación de mejores infraestructuras. Sin embargo, de momento tan sólo 1% de las publicaciones científicas en temas de IA se originan en la región (UNESCO, 2023). No hay suficientes investigadores y, por tanto, no hay aún una vía sostenible para que esta cadena virtuosa tenga lugar.

Ahora bien, nuevamente podría suponerse que no es necesario que esta cadena empiece desde cero. Se podría optar por subsanar esta dimensión del rezago latinoamericano, aplicando los hallazgos generados por académicos en otras partes del mundo. Sin embargo, esto podría tener consecuencias adversas, pues los avances más significativos en la materia no contemplan las particularidades que definen a la región, por lo que giran en torno a problemas que podrían no ser los mismos que los que enfrentan los países latinoamericanos (Leal et. al., 2021).

Habría entonces que dudar sobre los beneficios reales que podrían obtenerse de intentar hacer uso de contribuciones que fueron pensadas bajo un marco conceptual distinto al lugar donde se están implementando (Escobar, 2020). Aquí también se vislumbra un problema ulterior: las características y necesidades de América Latina no están encontrando un espacio adecuado para su visibilización en cómo se está comprendiendo a la IA ni en la ponderación sobre sus límites y alcances. En sí mismo, esto ya es un desafío importante, pero también cabe recalcar dónde se están generando la mayoría de las innovaciones en esta tecnología.

Hay un riesgo importante de crear una mayor dependencia económica con los países pioneros en el desarrollo de la IA y su infraestructura tecnológica. Sobre todo, porque no se están creando las estrategias necesarias para atraer inversión que permita aprovechar este nuevo espacio en el mercado.[4] Esto podría exacerbar la desigualdad que existe entre la región y otras partes del mundo, en especial el norte global, aumentando aún más el rezago latinoamericano.

Resulta imperativo voltear a ver a los investigadores latinoamericanos para impulsar su presencia en las discusiones que se están teniendo respecto a la IA. Sólo así podrán producir publicaciones capaces de dar una mayor visibilidad a Latinoamérica.

A su vez, tendrán que compartir sus hallazgos de manera que sirvan como guía para los emprendedores de la región a fin de que estos generen un valor no sólo económico, sino también, y, sobre todo, social. Un buen ejemplo de cómo puede suceder esto es un caso que sucedió en Colombia, donde, a modo de estudio, se tomó una muestra de 17, 618 enfermeros en el país. Los datos, posteriormente, fueron utilizados para realizar un análisis predictivo de su carga laboral a fin de crear un modelo de IA que mejorara la asignación de pacientes por enfermero. Este uso, aunque modesto, atendió a un problema concreto que permitió disminuir la carga laboral de los enfermeros, aumentó su satisfacción laboral y mejoró su rendimiento (Laurente, Serafim et. al., 2022).

El ejemplo sirve para mostrar cómo la acción coordinada entre investigadores y desarrolladores pueden crear innovaciones concretas que supon-

4. El problema se exacerba si se toma en cuenta que tampoco se está recibiendo suficiente inversión pública: la región recibe un promedio de 0.5% del PIB en comparación con un promedio de 2.5% en países más desarrollados UNESCO (2023).

gan un avance significativo en la solución de los problemas específicos de la región, haciendo un buen uso de la IA. Este tipo de iniciativas deben ser impulsadas a través del apoyo a la investigación y la generación de canales de comunicación entre diferentes sectores, los cuales adicionalmente tendrán que operar bajo lineamientos claros que garanticen el bienestar de todas las partes involucradas mediante el uso correcto de esta nueva tecnología. Esto último, como se verá a continuación, es de especial importancia.

5. Gobernanza

La viabilidad de la adopción de la IA requiere del desarrollo de ciertos factores habilitantes y, su alcance, depende de la capacidad con la que se cuente para crear conocimientos, productos y servicios que generen un valor social y económico significativo. Sin embargo, ninguna de las dos cosas podrá prosperar si no se colocan dentro de un marco regulatorio adecuado. Frente a una tecnología que promete permear todas las esferas de la sociedad y cuyo potencial, tanto positivo como negativo, sigue sin ser claro, resulta fundamental que existan agentes capaces de orientar su desarrollo e implementación. De lo contario, se podrán tomar decisiones y emprender acciones que no sólo podrían colocar en riesgo el bienestar de las personas, sino generar obstáculos que limiten el potencial que supone esta nueva tecnología para el progreso de la sociedad.

Por esta razón, resulta preocupante que únicamente siete países de América Latina hayan emprendido un esfuerzo consciente por crear una estrategia o política pública respecto a la IA. Por ejemplo, en 2019, Colombia creó la Política Nacional para la Transformación Digital y la Inteligencia Artificial, la cual plantea una estrategia para utilizar las tecnologías digitales en favor del crecimiento social y económico del país. Asimismo, en 2021, Brasil presentó la Estrategia Brasileña de IA. Dado que este país se encuentra bien posicionado tanto en factores habilitantes como en investigación, innovación y desarrollo de la IA, podemos suponer que tener esta estrategia le ha permitido un desarrollo con mayor alcance en comparación con otros países que no cuentan aún con una estrategia clara. Lo mismo podría argumentarse en el caso de Chile, que es el puntero de la región en adopción de la IA y que en 2021 presentó la Política Nacional de Inteligencia Artificial de Chile en el que esboza un plan de acción para alcanzar ciertos objetivos de cara al 2031.

Como ya se mencionó, además de contar con estrategias para la adopción adecuada de la IA es igualmente importante crear e implementar mecanismos formales[5] que busquen limitar el impacto negativo que puede tener esta tecnología, sobre todo en temas de seguridad, sustentabilidad y legitimidad. El promedio de América Latina en este aspecto es de 45.28 puntos (ILIA, 2024):

Gráfico 4

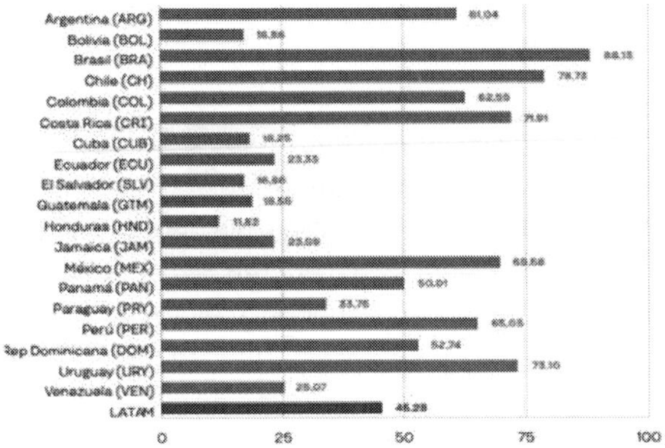

Fuente: ILIA, 2024

5. En este sentido, es prometedor que actualmente existan 38 iniciativas legales que están en etapa de discusión o aprobación en la región, algunas de las cuales ya están teniendo una incidencia en el código penal de los países. México podría considerarse como referente al promover una iniciativa respecto a la violación de la privacidad sexual de una persona. Sin embargo, el número de iniciativas sigue siendo insuficiente para garantizar un uso adecuado de esta nueva tecnología.

Se observa que, en términos de regulación, lideran países como Brasil (88.13), Chile (78.73) y Uruguay (73.10), mientras que Bolivia (16.86) y Honduras (11.82) presentan el mayor rezago. Resulta interesante notar que tanto Brasil como Chile coinciden como referentes en temas de ciberseguridad, mientras que Honduras nuevamente se encuentra por debajo del resto de los países. México, por su parte, ocupa el segundo lugar en este rubro con 84.55

La necesidad de contar con estos mecanismos se vuelve más importante cuando se atiende a los niveles reportados de confiabilidad en los resultados y decisiones obtenidos a través de la IA. En este sentido, encontramos que el promedio regional es de apenas 20.20 (ILIA, 2024) con 12 países que no alcanzaron un solo punto. El fenómeno puede explicarse, en gran medida, por lo que se mostró anteriormente: hay un desafío importante en el reporte y transparencia de datos y procesos que se generan y evalúan en otras regiones del mundo. Además del problema añadido de que muchos algoritmos operan como "cajas negras" (Corvalán, 2018, p. 311), dificultando comprender el razonamiento detrás de las decisiones e información que arrojan.

6. Conclusión

El estado actual de Latinoamérica respecto a la adopción de la IA nos muestra que se ubica en una posición entre intermedia y baja en comparación con otras regiones del mundo. *El Índice de Preparación para la Inteligencia Artificial* (AIPI) elaborado por el Fondo Monetario Internacional (FMI) en 2023, le otorgó a la región una puntación de 0.43/1. Esto coloca a América Latina sólo por encima de Oriente Medio-Asia Central, y de África subsahariana, quienes cuentan con un puntaje de 0.40 y 0.34, respectivamente. Más allá de reparar en lo mucho que queda por hacer en la región, hay que tomar los resultados mostrados a partir de estos indicadores para orientar las acciones que buscan responder tanto a las oportunidades como a los desafíos que presenta la adopción de la IA, entre ellas, destacan:

- Disminuir las brechas digitales implementando estrategias para que la computación, el internet y la generación de datos lleguen a la mayor cantidad posible de la población.
- Fortalecer la generación de datos cuidando que su generación y resguardo se realice de manera adecuada, protegiendo el derecho a la privacidad.
- Establecer legislaciones claras que favorezcan planes de desarrollo centrados en la región con objetivos y finalidades propios como las que Chile y Brasil ya han implementado.
- Favorecer el desarrollo de herramientas computacionales que atiendan a problemas específicos de la región.
- Buscar que la implementación de los sistemas de IA se realice teniendo en cuenta todos los factores geopolíticos relevantes de cada región y buscando la sustentabilidad.
- Promover una educación adecuada sobre la IA que incluya elementos técnicos, pero también filosóficos, políticos y éticos.
- Sólo de esta manera se podrá superar la paradoja en la cual se encuentra actualmente situada Latinoamérica. La inteligencia artificial puede ser una oportunidad única para que, en conjunto, se actúe de tal manera que se aprovechen sus beneficios o bien, puede ser el punto de inflexión que marque un obstáculo importante a vencer para toda la región. La solución no es sencilla, pero sí clara: no debe buscarse una simple homologación con otras partes del mundo, sino atender a las particularidades de los países latinoamericanos a fin de impulsar acciones estratégicas y colaborativas cuyo objetivo último sea una adopción sostenible y ética de la IA que promueva, en términos concretos, el desarrollo de América Latina.

Referencias

Acevedo, M., Serna, L., Cabezas, P. A., y Araujo, N. M. (2025). Desafíos y oportunidades de la inteligencia artificial en la educación superior latinoamericana: una revisión sistemática de la literatura. *Revista InveCom, 6(1). 1-10.*

Banco Interamericano de Desarrollo (BID). (2023). *Tecnologías emergentes en América Latina y el Caribe: Adopción, oportunidades y desafíos.* Recuperado el 08 de septiembre de 2025 de https://www.aidb.org

Banco Mundial (2025). *Desarrollo sostenible, resiliencia y crecimiento económico.* Recuperado el 8 de septiembre de 2025, de https://www.bancomundial.org

Burbano, P. P., & Burbano-Rojas, P. A. (2025). Paradojas de la inteligencia artificial en América Latina. *HOLOPRAXIS. Revista de Ciencia, Tecnología e Innovación, 9*(1), 244–270.

CEPAL (2023). *Panorama Social de América Latina y el Caribe 2023: la inclusión laboral como eje central para el desarrollo social inclusivo.* Recuperado el 8 de septiembre de 2025 de https://www.cepal.org/es/publicaciones/68702-panorama-social-america-latina-caribe-2023-la-inclusion-laboral-como-eje-central

Corvalán, J.G. (2018). Inteligencia artificial: retos, desafíos y oportunidades. Prometea: la primera inteligencia artificial de Latinoamérica al servicio de la Justicia, *Revista de Investigações Constitucionais,* Curitiba, (5)1. 295-316.

Escobar, A. (2020). Política pluriversal: lo real y lo posible en el pensamiento crítico y las luchas latinoamericanas contemporáneas,*Tabula Rasa,* (36), 323-354.

Fondo Monetario Internacional (FMI). (2023). *Índice de Preparación para la Inteligencia Artificial* (AIPI). Recuperado el 08 de septiembre de 2024, de https://www.imf.org/external/datamapper/datasets/AIPI

Gómez Cruz, E. Ricaurte, P, y Siles, I. (2022). Descolonizando los métodos para estudiar la cultura digital: una propuesta desde Latinoamérica, *Cuadernos. info,* (54), 160-181.

Índice Latinoamericano de Inteligencia Artificial. (2024). Recuperado el 08 de septiembre de 2025 de https://indicelatam.cl/

Laurente, D., y Pavan, M. (2022). Políticas públicas en salud con uso de inteligencia artificial: producción de conocimiento científico en Sudamérica. *Revista Teconologia e Sociedade,* 21(64). 41-59.

Leal, D. D. C., Strohmayer, A., y Krüger, M. (2021). On Activism and Academia: Reflecting Together and Sharing Experiences Among Critical Friends. En Y. Kitamura & A. Quigley (Chairs), *Proceedings of the 2021 CHI Conference on Human Factors in Computing Systems.* (pp.1-18). Nueva York: Association for Computing Machinery.

López-Roldán y Fachelli. (2015). *Metodología de la investigación social cuantitativa.* Barcelona: Universidad de Barcelona.

OECD. (2023b). *AI and jobs: Evidence form labour markets in Latin America.* Recuperado el 08 de septiembre de 2025 de https://www.worldbank.org/en/results/2025/04/15/quantifying-the-jobs-potential-of-ai-in-latin-america-and-the-caribbean

Serrano, F., & Blasco, J. L. (2025). Gubernamentalidad algorítmica, inteligencia artificial y prácticas de disidencia en Latam. *Revista Psicoperspectivas, 24*(2). 1-15.

Tironi, M. & Valderrama, M. (2021). *Descolonizando los sistemas algorítmicos: diseño crítico para la problematización de algoritmos y datos digitales desde el Sur (Decolonizing Algorithmic Systems: A Critical Design to Problematize Algorithms).*

Unión Internacional de Telecomunicaciones (UIT). (2023). *Medición del desarrollo digital. Datos y cifras 2023.* Recuperado el 08 de septiembre de 2025 de https://www.itu.int/itu-d/reports/statistics/facts-figures-2023/

World Economic Forum (WEF). (2023). *The future of jobs report 2023.* https://www.we-forum.org/reports/the-future-of-jobs-report-2023

El laberinto regulatorio de la IA: navegando entre la innovación y el cumplimiento normativo

Christian Paredes González[1]

"Escribo para preguntar", Arnoldo Kraus

Resumen: ¿Pueden las empresas innovar mientras navegan un laberinto regulatorio que cambia más rápido que la propia tecnología que pretende controlar? Esta pregunta mantiene despiertos a los responsables de cumplimiento normativo alrededor del mundo. La inteligencia artificial ha alcanzado un punto de inflexión donde las regulaciones éticas voluntarias están dando paso a legislaciones vinculantes, creando un panorama complejo que exige una navegación estratégica.

Palabras clave: Reglamento de IA · Unión Europea · *Chief AI Officer* · innovación · regulación

1. Introducción

El Reglamento de IA de la Unión Europea (European Commission, 2024a) representa el primer marco regulatorio integral mundial[2] mientras que los diversos enfoques en Asia y Estados Unidos ofrecen modelos alternativos que van desde el control estatal estricto hasta la autorregulación. Esta divergencia regulatoria, combinada con la emergencia de roles especializados como el *Chief AI Officer*, está redefiniendo fun-

1. Compliance Officer y Chief AI Officer de White Bx Project (México)..
2. European Commission. (2024a). AI Act | Shaping Europe's digital future. https://digital-strategy.ec.europa.eu/en/policies/regulatory-framework-ai

damentalmente cómo las organizaciones estructuran sus programas de cumplimiento para IA.

2. Europa: el pionero regulatorio que marca la pauta global

La Unión Europea se convirtió en el primer actor global en establecer una legislación integral para la IA con su Reglamento 2024/1689, conocido como el EU AI Act, que entró en vigor el 1 de agosto de 2024. Este marco introduce un sistema de clasificación de riesgo de cuatro niveles: prácticas prohibidas, sistemas de alto riesgo, sistemas de riesgo limitado y sistemas de riesgo mínimo. ¿Qué significa esto en la práctica? Un sistema de reconocimiento emocional en el lugar de trabajo está prohibido desde febrero de 2025 (DLA Piper, 2025). Un algoritmo de evaluación crediticia se considera de alto riesgo y debe cumplir requisitos estrictos de transparencia y supervisión humana. Un *chatbot* básico de atención al cliente necesita solo revelar que es artificial.

La implementación sigue un cronograma escalonado que los responsables de cumplimiento deben dominar: las prácticas prohibidas entraron en vigor en febrero de 2025, las obligaciones para modelos generales se activaron en agosto de 2025, mientras que los sistemas de alto riesgo deben cumplir completamente para agosto de 2026 (Goodwin, 2024a). Las multas pueden alcanzar 35 millones de euros o el 7% de la facturación mundial (IQVIA, 2024).

El enfoque europeo se distingue por su aplicación extraterritorial (White y Case LLP, 2024). Cualquier empresa que coloque sistemas de IA en el mercado de la UE, independientemente de su ubicación geográfica, debe cumplir con estas reglas. Para las empresas mexicanas que exportan servicios o tienen presencia en Europa, esto significa adaptar sus operaciones globales a estos estándares.

3. Asia: cuatro filosofías, cuatro caminos

Asia presenta un laboratorio fascinante de enfoques regulatorios que reflejan diferencias culturales profundas y prioridades nacionales distintas. China adoptó el enfoque más asertivo con sus Medidas Provisionales para la Gestión de Servicios de IA Generativa, convirtiéndose en el primer país en regular específicamente la IA generativa. El sistema chino requiere registro obligatorio de algoritmos y evaluaciones de seguridad previas al despliegue.

Singapur representa el extremo opuesto con su Model AI Governance Framework, un enfoque voluntario basado en principios que ha ganado reconocimiento internacional (Personal Data Protection Commission, 2024). Su herramienta AI Verify permite a las organizaciones autoevaluar sistemas ante 11 principios éticos. Más de 50 organizaciones multinacionales han adoptado este marco, demostrando que la autorregulación puede funcionar cuando está bien diseñada (Infocomm Media Development Authority, 2024).

Japón transitó hacia una legislación promocional con su Ley de Promoción de IA aprobada en mayo de 2025 (International Bar Association, 2024). Su enfoque de "gobernanza ágil" busca adaptarse a desarrollos tecnológicos mientras mantiene principios centrados en el ser humano (Center for Strategic and International Studies, 2023). Corea del Sur se convirtió en el segundo país después de la UE en aprobar legislación comprehensiva con su AI Basic Act en diciembre de 2024.

¿Qué pueden aprender los responsables de cumplimiento de esta diversidad? Que no existe una fórmula única para regular la IA. Cada jurisdicción adapta sus marcos a sus valores culturales, estructuras económicas y prioridades nacionales (TLP Advisors, 2025).

4. Estados Unidos: el federalismo en acción

Estados Unidos presenta el modelo más complejo con un enfoque federalista que combina iniciativas federales, regulación estatal y aplicación por agencias sectoriales. El cambio dramático de política con la terminación de la Orden Ejecutiva de Biden por parte de Trump el 20 de enero de 2025 ilustra la volatilidad inherente en enfoques que no han logrado consenso bipartidista (Hunton, 2025; White House, 2025).

La nueva administración marcó una transición fundamental desde el enfoque comprehensivo de Biden hacia una política centrada en competitividad económica bajo el lema "mantener y mejorar el dominio global de Estados Unidos en IA" (American Action Forum, 2025). La nueva Orden Ejecutiva eliminó requisitos de reporte obligatorio para modelos de fundación y dirigió el desarrollo de un nuevo "Plan de Acción de IA" dentro de 180 días.

A nivel estatal, California lidera con su California AI Transparency Act, que requiere herramientas de detección de IA para sistemas generativos con más de un millón de usuarios mensuales (Cooley, 2024). Colorado estableció el primer marco legislativo estatal comprensivo, creando un modelo que otros estados están replicando.

Esta fragmentación crea un mosaico confuso para empresas multinacionales, pero también permite experimentación como "laboratorios de democracia", donde los estados pueden desarrollar enfoques innovadores que posteriormente influencien la política federal. La Federal Trade Commission lanzó "Operation AI Comply" contra esquemas fraudulentos con IA (Federal Trade Commission, 2024), mientras que la FDA desarrolla guías para dispositivos médicos habilitados por IA.[3]

3. Federal Register. (2025). *Considerations for the use of artificial intelligence to support regulatory decision-making for drug and biological products.* https://www.federalregister.gov/documents/2025/01/07/2024-31542/considerations-for-the-use-of-artificial-intelligence-to-support-regulatory-decision-making-for-drug

IV. UNESCO y México: principios globales, realidades locales

La UNESCO estableció el primer estándar mundial sobre ética de IA con su Recomendación adoptada por 194 estados miembros en noviembre de 2021.[4] Los cuatro valores centrales —respeto por derechos humanos, prosperidad compartida, diversidad e inclusión, e interconexión sistémica— ofrecen un marco ético que trasciende diferencias culturales.

México se encuentra en una fase de transición crítica hacia un marco regulatorio integral. Con más de 60 iniciativas legislativas introducidas desde 2020 pero ninguna aprobada hasta el momento, el país enfrenta el desafío de balancear innovación con protección (Global Policy Watch, 2025; Legal Insights, 2025). La creación de la Agencia de Transformación Digital y Telecomunicaciones en noviembre de 2024 marca un paso significativo hacia la consolidación regulatoria.

La reforma constitucional propuesta por Ricardo Monreal en febrero de 2025 busca otorgar al Congreso autoridad específica sobre IA y establecer una Ley General de IA en 180 días (Chambers and Partners, 2025). Esta iniciativa, alineada con la estrategia de soberanía tecnológica de la presidenta Claudia Sheinbaum, podría posicionar a México como líder regional en gobernanza ética de IA[5]. El mercado mexicano de IA presenta oportunidades significativas para empresas que implementen cumplimiento proactivo.

5. La emergencia del Chief AI Officer: un nuevo liderazgo para nuevos desafíos

La complejidad regulatoria creciente ha catalizado la emergencia de roles ejecutivos especializados. El *Chief AI Officer* (CAIO) ha evolucionado

4. UNESCO. (2021a). *Recommendation on the ethics of artificial intelligence.* https://www.unesco.org/en/articles/recommendation-ethics-artificial-intelligence

5. Legal 500. (2025). *Mexico: Artificial intelligence – Country comparative guides.* https://www.legal500.com/guides/chapter/mexico-artificial-intelligence/

desde una posición técnica hacia un rol estratégico integral que combina liderazgo tecnológico, gobernanza empresarial y gestión de riesgos (IBM, 2024). ¿Qué hace diferente a un CAIO de un CTO tradicional? A diferencia de roles convencionales, el CAIO debe poseer una combinación única de *expertise* técnico profundo, visión de negocio estratégica y capacidades de liderazgo que pueden comunicar efectivamente con la alta dirección mientras guían implementaciones técnicas complejas.

Paralelo al CAIO, el AI Compliance Officer emerge como un rol especializado. Según McKinsey, el 13% de organizaciones ya contrataron especialistas en cumplimiento de IA en 2024. Este rol se enfoca específicamente en cumplimiento regulatorio, gestión de riesgos e implementación de controles de equidad, responsabilidad, transparencia y ética.

6. Regular tecnología vs. regular conductas: el debate fundamental

Una tensión fundamental está emergiendo entre enfoques que buscan regular la tecnología de la IA directamente *versus* aquellos que se enfocan en regular las conductas derivadas del uso de IA. Los marcos que regulan tecnología, como el EU AI Act, establecen requisitos antes del despliegue. Los enfoques conductuales se enfocan en resultados y remedios después del despliegue.

¿Cuál funciona mejor? La evidencia sugiere que los enfoques híbridos que combinan principios tecnológicos básicos con aplicación conductual flexible pueden optimizar resultados (Brookings Institution, 2024a). Los marcos basados en principios están ganando tracción como término medio, estableciendo resultados esperados mientras permiten flexibilidad en los métodos de implementación.

La regulación basada en riesgo emerge como el enfoque dominante, clasificando sistemas según su impacto potencial y aplicando requisitos proporcionalmente. Este enfoque permite enfocar recursos regulatorios en áreas de mayor riesgo mientras minimiza la carga en aplicaciones de bajo riesgo (Brookings Institution, 2024b).

7. Co-regulación: cuando gobierno e industria colaboran

Los marcos de co-regulación más exitosos combinan principios regulatorios claros con flexibilidad de implementación. El modelo que nos dejó el Reglamento Europeo de Protección de Datos Personales (GDPR) representa el estándar de oro, logrando 72% de conciencia entre europeos y estableciendo Autoridades de Protección de Datos como intermediarios efectivos entre regulación y cumplimiento práctico (Future of Privacy Forum, 2024a). Los denominados *regulatory sandboxes* emergen como componentes críticos de co-regulación efectiva, permitiendo pruebas controladas con condiciones del mundo real bajo supervisión regulatoria.

Por otro lado, una investigación del MIT de 2023-2024 cuantifica el impacto de la "sobre regulación", mostrando una reducción del 5.4% en innovación agregada debido a regulación contingente por tamaño (MIT Sloan, 2023). De acuerdo con este reporte, las empresas cerca de umbrales regulatorios innovan ligeramente menos, creando "valles de innovación" antes de estos umbrales.

8. El Efecto Dominó de la Regulación en la Innovación

¿Puede demasiada regulación matar la innovación? La evidencia económica es clara: la sobre regulación puede tener efectos negativos significativos en el desarrollo tecnológico. Sin embargo, la ausencia total de marcos también genera incertidumbre que paraliza la inversión. Los marcos regulatorios exitosos del futuro serán aquellos que puedan balancear incentivos de innovación con salvaguardas necesarias, adaptarse al cambio tecnológico mientras mantienen protecciones consistentes, y facilitar cooperación internacional mientras respetan valores y prioridades locales (World Economic Forum, 2023; OECD, 2024a).

9. Recomendaciones prácticas para responsables de cumplimiento

Los profesionales de cumplimiento deben adoptar un enfoque proactivo que anticipe desarrollos regulatorios mientras construyen capacidades organizacionales que puedan adaptarse a múltiples escenarios regulatorios (OECD, 2024d).

Acciones inmediatas:

- Realizar inventario comprehensivo de IA y evaluación de riesgos
- Mapear uso existente de IA y evaluar niveles de riesgo
- Identificar brechas de cumplimiento
- Desarrollar políticas base que cubran uso aceptable de IA

Iniciativas a mediano plazo:

- Implementar sistemas de monitoreo con verificación automatizada de cumplimiento
- Lanzar programas de entrenamiento con contenido específico por rol
- Mejorar gestión de proveedores con plantillas de contrato actualizadas

Movimientos estratégicos a largo plazo:

- Madurar marcos de gobernanza con modelado avanzado de riesgos
- Construir capacidades organizacionales a través de reclutamiento especializado
- Prepararse para evolución regulatoria con monitoreo del horizonte regulatorio

10. Conclusión: navegando hacia un futuro responsable

La convergencia de múltiples marcos regulatorios, roles organizacionales emergentes y evidencia económica sobre impactos de regulación está creando un punto de inflexión donde las organizaciones deben repensar fundamentalmente sus enfoques para gobernanza tecnológica. Los marcos regulatorios exitosos del futuro serán aquellos que puedan balancear incentivos de innovación con salvaguardas necesarias. Para los responsables de cumplimiento, la oportunidad es significativa: liderar transformación organizacional hacia un desarrollo confiable de IA que no solo cumpla requisitos regulatorios, sino que también cree ventajas competitivas sostenibles.

La pregunta no es si la IA será regulada, sino cómo las organizaciones pueden dar forma y adaptarse al desarrollo regulatorio de manera que preserve la capacidad de innovación mientras demuestra compromiso genuino hacia el desarrollo responsable de IA. ¿Está su empresa preparada para este nuevo paradigma? La respuesta a esta pregunta determinará no solo su supervivencia regulatoria, sino su prosperidad a largo plazo en un mercado global cada vez más exigente en materia de ética empresarial.

Referencias

American Action Forum. (2025). *The AI action plan: A solid first step, but the path remains long.* https://www.americanactionforum.org/insight/the-ai-action-plan-a-solid-first-step-but-the-path-remains-long/

Brookings Institution. (2024a). *The three challenges of AI regulation.* https://www.brookings.edu/articles/the-three-challenges-of-ai-regulation/

Brookings Institution. (2024b). *Balancing market innovation incentives and regulation in AI: Challenges and opportunities.* https://www.brookings.edu/articles/balancing-market-innovation-incentives-and-regulation-in-ai-challenges-and-opportunities/

Center for Strategic and International Studies. (2023). *Japan's approach to AI regulation and its impact on the 2023 G7 presidency.* https://www.csis.org/analysis/japans-approach-ai-regulation-and-its-impact-2023-g7-presidency

Chambers and Partners. (2025). *Artificial intelligence 2025–Mexico.* https://practiceguides.chambers.com/practice-guides/artificial-intelligence-2025/mexico

Cooley. (2024). *California's new AI laws focus on training data, content transparency.* https://www.cooley.com/news/insight/2024/2024-10-16-californias-new-ai-laws-focus-on-training-data-content-transparency

DLA Piper. (2025). *Ensuring compliance with the AI Act: Provisions on AI literacy and prohibited systems apply as of 2 February 2025.* https://knowledge.dlapiper.com/dlapiperknowledge/globalemploymentlatestdevelopments/2025/ensuring-compliance-with-the-AI-Act

European Commission. (2024a). *AI Act | Shaping Europe's digital future.* https://digital-strategy.ec.europa.eu/en/policies/regulatory-framework-ai

European Commission. (2024b). *Artificial intelligence in healthcare.* https://health.ec.europa.eu/ehealth-digital-health-and-care/artificial-intelligence-healthcare_en

European Commission. (2024c). *European innovation agenda on the move: Commission presents progress on actions supporting home-grown innovation.* https://research-and-innovation.ec.europa.eu/news/all-research-and-innovation-news/european-innovation-agenda-move-commission-presents-progress-actions-supporting-home-grown-2024-03-20_en

European Insurance and Occupational Pensions Authority. (2024). *AI Act and its impacts on the European financial sector.* https://www.eiopa.europa.eu/publications/ai-act-and-its-impacts-european-financial-sector_en

European Parliament. (2023). *EU AI Act: First regulation on artificial intelligence.* https://www.europarl.europa.eu/topics/en/article/20230601STO93804/eu-ai-act-first-regulation-on-artificial-intelligence

Federal Register. (2025). *Considerations for the use of artificial intelligence to support regulatory decision-making for drug and biological products.* https://www.federalregister.gov/documents/2025/01/07/2024-31542/considerations-for-the-use-of-artificial-intelligence-to-support-regulatory-decision-making-for-drug

Federal Trade Commission. (2024). *FTC announces crackdown on deceptive AI claims and schemes.* https://www.ftc.gov/news-events/news/press-releases/2024/09/ftc-announces-crackdown-deceptive-ai-claims-schemes

Financial Conduct Authority. (2024). *Regulatory sandbox.* https://www.fca.org.uk/firms/innovation/regulatory-sandbox

Future of Privacy Forum. (2024a). *South Korea's new AI framework act: A balancing act between innovation and regulation.* https://fpf.org/blog/south-koreas-new-ai-framework-act-a-balancing-act-between-innovation-and-regulation/

Future of Privacy Forum. (2024b). *Does the GDPR need fixing? The European Commission weighs in.* https://fpf.org/blog/does-the-gdpr-need-fixing-the-european-commission-weighs-in/

Global Legal Insights. (2025). *AI, machine learning & big data laws 2025 | Mexico.* https://www.globallegalinsights.com/practice-areas/ai-machine-learning-and-big-data-laws-and-regulations/mexico/

Global Policy Watch. (2025). *New artificial intelligence legislation in Mexico.* https://www.globalpolicywatch.com/2025/03/new-artificial-intelligence-legislation-in-mexico/

Goodwin. (2024a). *EU AI Act timeline: Key dates for compliance.* https://www.goodwinlaw.com/en/insights/publications/2024/10/insights-technology-aiml-eu-ai-act-implementation-timeline

Goodwin. (2024b). *EU AI Act: Key points for financial services businesses.* https://www.goodwinlaw.com/en/insights/publications/2024/08/alerts-practices-pif-key-points-for-financial-services-businesses

Hogan Lovells. (2024). *Implications of the EU AI Act on medtech companies.* https://www.hoganlovells.com/en/publications/implications-of-the-eu-ai-act-on-medtech-companies_1

Hunton. (2025). *The impact of AI executive order's revocation remains uncertain, but new Trump EO points to path forward.* https://www.hunton.com/privacy-and-information-security-law/the-impact-of-ai-executive-orders-revocation-remains-uncertain-but-new-trump-eo-points-to-path-forward

IBM. (2024). *Chief AI officer (CAIO).* https://www.ibm.com/think/topics/chief-ai-officer

Infocomm Media Development Authority. (2024). *Artificial intelligence in Singapore.* https://www.imda.gov.sg/about-imda/emerging-technologies-and-research/artificial-intelligence

International Bar Association. (2024). *Japan's emerging framework for responsible AI: Legislation, guidelines and guidance.* https://www.ibanet.org/japan-emerging-framework-ai-legislation-guidelines

International Trade Administration. (2024). *South Korea artificial intelligence (AI) basic act.* https://www.trade.gov/market-intelligence/south-korea-artificial-intelligence-ai-basic-act

IQVIA. (2024). *EU AI Act–Here's how this will affect your organisation.* https://www.iqvia.com/locations/emea/blogs/2024/10/eu-ai-act-heres-how-this-will-affect-your-organisation

Legal 500. (2025). *Mexico: Artificial intelligence – Country comparative guides.* https://www.legal500.com/guides/chapter/mexico-artificial-intelligence/

MIT Sloan. (2023). *Does regulation hurt innovation? This study says yes.* https://mitsloan.mit.edu/ideas-made-to-matter/does-regulation-hurt-innovation-study-says-yes

National Bureau of Economic Research. (2021). *The impact of regulation on innovation.* https://www.nber.org/papers/w28381

National Institute of Standards and Technology. (2023). *AI risk management framework.* https://www.nist.gov/itl/ai-risk-management-framework

OECD. (2024a). *Evolving with innovation: The 2024 OECD AI principles update.* https://oecd.ai/en/wonk/evolving-with-innovation-the-2024-oecd-ai-principles-update

OECD. (2024b). *Framework for anticipatory governance of emerging technologies.* https://www.oecd.org/en/publications/2024/04/framework-for-anticipatory-governance-of-emerging-technologies_14bf0402.html

OECD. (2024c). *Transformative policies and anticipatory governance are key to optimising benefits and managing risks of new emerging technologies.* https://www.oecd.org/en/about/news/press-releases/2024/04/transformative-policies-and-anticipatory-governance-are-key-to-optimising-benefits-and-managing-risks-of-new-emerging-technologies.html

OECD. (2024d). *OECD agenda for transformative science, technology and innovation policies.* https://www.oecd.org/en/publications/2024/04/oecd-agenda-for-transformative-science-technology-and-innovation-policies_5ced463a.html

Personal Data Protection Commission. (2024). *Singapore's approach to AI governance.* https://www.pdpc.gov.sg/help-and-resources/2020/01/model-ai-governance-framework

TLP Advisors. (2025). *The closing act of 2024: South Korea's AI basic act.* https://techlawpolicy.com/2025/01/the-closing-act-of-2024-south-koreas-ai-basic-act/

UNESCO. (2021a). *Recommendation on the ethics of artificial intelligence.* https://www.unesco.org/en/articles/recommendation-ethics-artificial-intelligence

UNESCO. (2021b). *UNESCO adopts first global standard on the ethics of artificial intelligence.* https://www.unesco.org/en/articles/unesco-adopts-first-global-standard-ethics-artificial-intelligence

UNESCO. (2024). *Ethics of artificial intelligence.* https://www.unesco.org/en/artificial-intelligence/recommendation-ethics

White & Case LLP. (2024). *Long awaited EU AI Act becomes law after publication in the EU's official journal.* https://www.whitecase.com/insight-alert/long-awaited-eu-ai-act-becomes-law-after-publication-eus-official-journal

White House. (2025). *Removing barriers to American leadership in artificial intelligence.* https://www.whitehouse.gov/presidential-actions/2025/01/removing-barriers-to-american-leadership-in-artificial-intelligence/

World Economic Forum. (2023). *To make the most of AI, we need multistakeholder governance.* https://www.weforum.org/stories/2023/11/ai-development-multistakeholder-governance/

El enjambre vigilado: un análisis desde Byung-Chul Han sobre el Impacto de la IA en la sociedad y los desafíos del marco regulatorio colombiano

Manuel José Santiago[1]
Fundación Universitaria de Popayán
manuel.santiago@docente.fup.edu.co
https://orcid.org/0000-0003-1730-9218

Paula Andrea Mora Pedreros[2]
Fundación Universitaria de Popayán
Paula.mora@docente.fup.edu.co
https://orcid.org/0000-0001-8070-9885

Resumen: El presente ensayo aborda los dilemas regulatorios que surgen de la tensión entre el avance exponencial de la inteligencia artificial (IA) y los procesos deliberativos de la gobernanza democrática. Se analiza cómo la regulación puede convertirse en una "carga normativa" que, paradójicamente, consolide el poder de grandes corporaciones tecnológicas, al

1. Abogado de la Universidad del Cauca, Especialista en derecho Penal de la Corporación Universitaria Autónoma del Cauca – Doctorante en Derecho. Universidad Santiago de Cali. Investigador Junior de Minciencias. Docente investigador vinculado a los grupos CAPAZ, Dimensiones territoriales
2. Doctora en Filosofía (c) de la Universidad Pontificia Bolivariana (Colombia), Maestra en Tecnología educativa del Tecnológico de Monterrey (México), Maestra en Etnoliteratura de la Universidad de Nariño (Colombia), Especialista en Educación Superior y Especialista en Pedagogía del aprendizaje de la UNAD (Colombia). Docente investigadora de la Fundación Universitaria de Popayán, Investigador Asociado de Minciencias, Directora del grupo CAPAZ categorizado en B. Chief AI Officer de White Bx Project (México). Sus publicaciones abordan las líneas de filosofía de la tecnología, lingüística y lectoescritura y finalmente la innovación educativa.

tiempo que una regulación laxa arriesga la erosión de derechos fundamentales. A través de una perspectiva filosófica crítica, inspirada en el pensamiento de Byung-Chul Han, se explora cómo la psicopolítica neoliberal explota la libertad individual, transformando a los ciudadanos en un "enjambre" digital auto-vigilado, un fenómeno que la regulación de la IA debe confrontar.

El texto examina los paradigmas regulatorios globales (Unión Europea, Estados Unidos y Reino Unido) y aterriza en un análisis comparado de los marcos normativos en Colombia, Perú y México. Se concluye que, más allá de la creación de nuevas leyes, la primera línea de defensa reside en la aplicación rigurosa de los marcos éticos y de responsabilidad profesional existentes. Finalmente, se propone que el objetivo de la regulación no debe ser meramente mitigar riesgos, sino construir un "humanismo digital" que alinee el desarrollo tecnológico con la dignidad humana, la justicia social y el fortalecimiento democrático.

Palabras clave: Regulación · inteligencia artificial · innovación · cargas normativas · psicopolítica.

1. Introducción

La tensión inherente entre innovación algorítmica y gobernanza democrática

La regulación de la inteligencia artificial (IA) trasciende el mero ejercicio técnico-jurídico para situarse en el epicentro de una tensión fundamental de nuestra era: el desfase entre el avance tecnológico disruptivo, que opera a una velocidad exponencial, y los procesos deliberativos de la gobernanza democrática, que por su naturaleza requieren tiempo, consenso y reflexión. Este ensayo aborda dicho fenómeno no como un obstáculo, sino como el dilema central que define la gobernanza de la IA. En este contexto, el concepto de "cargas normativas" emerge como un punto de análisis crucial; la pregunta fundamental es cómo establecer las salvaguardas necesarias para proteger los derechos fundamentales y el interés público sin sofocar la innovación que, paradójicamente, podría ser la clave para resolver algunos de los problemas sociales más acuciantes (Ordelin Font, 2025). La disyuntiva no es trivial: una regulación excesivamente onerosa puede consolidar el dominio de grandes corporaciones tecnológicas, las únicas con los recursos para cumplir con marcos complejos, mientras que una regulación laxa o inexistente arriesga la erosión de derechos y la consolidación de sesgos algorítmicos con consecuencias sociales devastadoras (NTT DATA & MIT Technology Review, 2025; Ordelin Font, 2025).

La IA se distingue de tecnologías anteriores por su naturaleza dual. No es simplemente una herramienta inerte. La IA es un sistema con capacidad de aprendizaje, predicción y autonomía limitada, capaz de reconfigurar de manera fundamental las estructuras de poder, las relaciones sociales, el mercado laboral y el acceso a derechos (Ordelin Font, 2025). Un sistema de IA utilizado en la administración de justicia, por ejemplo, no es solo un procesador de textos avanzado; puede influir en la libertad de una persona al predecir su riesgo de reincidencia (Gutiérrez Ossa & Flórez Hernández, 2020; Avilés Cisneros, 2025). De igual manera, un algoritmo de contratación no solo filtra currículos; define oportunidades de vida (NTT DATA & MIT Technology Review, 2025). Esta dualidad exige un marco regulatorio que vaya más allá de la simple regulación de productos y se adentre en la gobernanza de procesos, datos y resultados. La regulación debe abordar el ciclo de vida completo de los sistemas de IA, desde el diseño y el entrenamiento de los modelos hasta su implementación, supervisión y eventual desmantelamiento (Sierra Cadena, 2024).

2. La psicopolítica del enjambre digital: una perspectiva desde Byung-Chul Han

Para comprender la urgencia regulatoria, es indispensable adoptar una perspectiva filosófica que desvele las nuevas formas de poder que operan a través de la digitalización. El filósofo Byung-Chul Han ofrece un marco crítico para esta tarea. Según Han (2014a), el régimen neoliberal no opera mediante la represión, sino a través de una "psicopolítica" que explota la libertad misma. El sujeto ya no es disciplinado desde el exterior, sino que se autoexplota voluntariamente en un sistema que lo convierte en "empresario de sí mismo".

Esta psicopolítica se perfecciona en el entorno digital. La interconexión constante no crea una comunidad de ciudadanos activos, sino un "enjambre digital": una masa de individuos aislados que carecen de alma o espíritu colectivo (Han, 2014c). A diferencia de la multitud, que puede organizarse para la acción política, el enjambre es amorfo y volátil. Sus miembros no desarrollan un "nosotros", sino que se comunican de forma aditiva y sin distancia, generando ruido en lugar de discurso público. Como afirma Han (2014, pág 43), "la actual multitud indignada es muy fugaz y dispersa. Le falta toda masa, toda gravitación, que es necesaria para acciones. No engendra ningún futuro".

La regulación de la IA se enfrenta directamente a este fenómeno. El imperativo de la transparencia, tan aclamado en el discurso público, se convierte, en la visión de Han (2013), en una herramienta de control. La "sociedad de la transparencia" es una sociedad de la exposición, donde todo se convierte en información y se somete a la visibilidad total, eliminando la negatividad del secreto o la extrañeza que son esenciales para la confianza y la reflexión. En este "infierno de lo igual" (Han, 2013), la comunicación se acelera, pero se vacía de sentido. El panóptico digital, a diferencia del de Bentham, no necesita un vigilante central, pues "el morador del panóptico digital es víctima y actor a la vez" (Han, 2013). Nos exponemos y vigilamos voluntariamente a través de los "me gusta", que Han (2014) describe como el "amén digital".

Desde esta perspectiva, la regulación de la IA no puede limitarse a gestionar riesgos técnicos como los sesgos o las "alucinaciones". Debe confrontar esta sutil pero poderosa forma de dominación que opera a través de la seducción y la aparente libertad. El desafío es regular una tecnología que no solo procesa datos, sino que interviene y moldea la psique, en un entorno donde la vigilancia ya no es una imposición externa, sino una necesidad interna del sujeto auto-optimizado.

Para desentrañar esta complejidad, el presente ensayo adopta una estructura deductiva. Se parte de un análisis de los grandes paradigmas regulatorios que se están consolidando a nivel global. Posteriormente, el análisis aterriza en un estudio de caso inductivo y comparado de tres naciones latinoamericanas —Colombia, Perú y México—. El ensayo culmina con una sección que sintetiza los desafíos transversales y las oportunidades estratégicas que definen el futuro de la gobernanza de la IA.

3. Paradigmas globales de regulación de la IA: un marco para la clasificación de riesgos

El debate global sobre cómo gobernar la inteligencia artificial ha cristalizado en tres modelos principales. La Unión Europea, con su Ley de IA, encarna un enfoque deontológico y precautorio. Estados Unidos, a través del marco voluntario del NIST, refleja un pragmatismo utilitarista y de mercado. Finalmente, el Reino Unido adopta un pragmatismo basado en principios, delegando la supervisión a expertos sectoriales.

3.1. El enfoque deontológico y basado en riesgos de la Unión Europea: la Ley de IA

La Ley de Inteligencia Artificial de la Unión Europea, aprobada en 2024, se ha posicionado como el intento más ambicioso de crear un marco regulatorio horizontal y exhaustivo para la IA (Comisión Europea, 2024; Parlamento Europeo y Consejo de la Unión Europea, 2024). Su arquitectura se basa en una pirámide de riesgos, un enfoque que busca aplicar obligaciones proporcionales a la amenaza potencial que un sistema de IA representa para la salud, la seguridad y los derechos fundamentales (Unión Europea, 2024).

La Ley clasifica los sistemas de IA en cuatro niveles jerárquicos (Unión Europea, 2024):

- Riesgo Inaceptable: Prácticas de IA que se consideran una amenaza clara para los valores de la Unión y, por lo tanto, están explícitamente prohibidas. Esto incluye sistemas que utilizan técnicas de manipulación subliminal, la explotación de vulnerabilidades de grupos específicos, y los sistemas de puntuación social (*social scoring*) implementados por autoridades públicas (Unión Europea, 2024).
- Riesgo Alto: Abarca los sistemas de IA utilizados en sectores y aplicaciones críticas como la gestión de infraestructuras, educación, empleo, acceso a servicios públicos, aplicación de la ley, gestión de la migración y administración de justicia (Unión Europea, 2024). Estos sistemas están sujetos a un conjunto estricto de obligaciones, incluyendo sistemas de gestión de riesgos, gobernanza de datos de alta calidad, documentación técnica, mantenimiento de registros, transparencia, supervisión humana y un alto nivel de robustez, seguridad y precisión (Unión Europea, 2024).
- Riesgo Limitado: Se refiere a sistemas donde el riesgo principal es la falta de transparencia. La ley impone obligaciones de divulgación, como notificar a los usuarios que están interactuando con un *chatbot* o etiquetar el contenido generado por IA (*deepfakes*) (Unión Europea, 2024).
- Riesgo Mínimo o Nulo: La gran mayoría de las aplicaciones de IA, como los filtros de spam. Para estos sistemas, la ley no impone obligaciones legales, pero fomenta la adhesión a códigos de conducta voluntarios (Unión Europea, 2024).

El modelo europeo busca establecer un "estándar de oro" global. Sin embargo, se ha argumentado que su rigidez podría imponer cargas normativas desproporcionadas, particularmente para las pequeñas y medianas empresas (pymes), lo que podría sofocar la innovación y consolidar el poder de los actores ya dominantes (Ordelin Font, 2025).

3.2. El enfoque voluntario y adaptativo de Estados Unidos: el marco del NIST

En contraste, Estados Unidos ha optado por un modelo de gobernanza más flexible y voluntario, liderado por el Instituto Nacional de Estándares y Tecnología (NIST). El Marco de Gestión de Riesgos de IA (AI RMF), publicado en 2023, no es una ley, sino un documento guía (NIST, 2023).

El AI RMF está estructurado en torno a un núcleo de cuatro funciones interrelacionadas (NIST, 2023):

1. Gobernar (*govern*): Cultivar una cultura de gestión de riesgos de IA dentro de una organización.
2. Mapear (*map*): Establecer el contexto para enmarcar los riesgos relacionados con un sistema de IA específico.
3. Medir (*measure*): Emplear herramientas para analizar, evaluar y monitorear los riesgos de la IA.
4. Gestionar (*manage*): Asignar recursos para tratar los riesgos mapeados y medidos.

La principal fortaleza del marco del NIST reside en su flexibilidad. Sin embargo, es también su principal debilidad: al carecer de fuerza legal vinculante, su eficacia depende enteramente de la autorregulación de la industria.

3.3. El enfoque pro-innovación del Reino Unido: principios y regulación sectorial

El Reino Unido ha trazado un camino intermedio. Su enfoque "pro-innovación" busca equilibrar el fomento de la innovación con la gestión de riesgos, evitando una nueva legislación horizontal y delegando la responsabilidad a los reguladores sectoriales existentes (Gobierno del Reino Unido, 2023). El marco británico se articula en torno a cinco principios transversales (Gobierno del Reino Unido, 2023):

1. Seguridad, protección y robustez.
2. Transparencia y explicabilidad apropiadas.
3. Equidad.
4. Rendición de cuentas y gobernanza.
5. Posibilidad de impugnación y reparación.

La ventaja de este modelo es su agilidad. Pero puede implicar, riesgos de una aplicación inconsistente y fragmentada entre diferentes reguladores, lo que podría crear incertidumbre regulatoria.

4. El laboratorio regulatorio latinoamericano

América Latina enfrenta el doble desafío de aprovechar el potencial de la IA para el desarrollo, al tiempo que mitiga los riesgos de que esta tecnología exacerbe las inequidades existentes. El análisis de los marcos regulatorios de Colombia, Perú y México revela un panorama heterogéneo. Sin embargo, un hilo conductor atraviesa estas experiencias: una peligrosa brecha entre la ambición normativa y la capacidad real de implementación (López Noriega et al., 2025; NTT DATA & MIT Technology Review, 2025). La madurez regulatoria no se traduce automáticamente en una gobernanza efectiva si se enfrenta a barreras estructurales como la escasez de talento, la deficiente gobernanza de datos y la resistencia institucional (NTT DATA & MIT Technology Review, 2025; López Noriega et al., 2025).

4.1. Colombia: un ecosistema regulatorio en plena construcción

Colombia se destaca por haber adoptado un enfoque multifacético y proactivo, abordando el fenómeno desde las perspectivas: penal, de protección de datos, general y judicial.

- Marco penal: la Ley 2502 de 2025 modifica el Código Penal para introducir un agravante específico para el delito de falsedad personal cuando se comete utilizando IA, como los *deepfakes* (Congreso de Colombia, 2025a). La ley también ordena la formulación de una política pública para prevenir el uso indebido de la IA en la suplantación de identidad (Congreso de Colombia, 2025a).
- Protección de datos: la Superintendencia de Industria y Comercio, a través de la Circular Externa No. 002 de 2024, emitió lineamientos sobre el tratamiento de datos personales en sistemas de IA. La circular enfatiza el principio de responsabilidad demostrada (*accountability*) y la privacidad desde el diseño, exigiendo a los administradores de datos adoptar medidas demostrables para cumplir con la regulación y aplicar técnicas que impidan la identificación de personas al entrenar modelos de IA (Superintendencia de Industria y Comercio, 2024).
- Marco general: se encuentra en debate un Proyecto de Ley de Inteligencia Artificial que busca establecer un marco jurídico integral (Gobierno de Colombia, 2025). La iniciativa propone la creación de una Autoridad Nacional para la IA, liderada por MinCiencias, y adopta una clasificación de riesgos en cuatro niveles (crítico, alto, limitado y bajo), similar al modelo europeo. También incluye disposiciones sobre educación y reconversión laboral (Gobierno de Colombia, 2025).

- Marco judicial: el Acuerdo PCSJA24-12243 del Consejo Superior de la Judicatura establece lineamientos detallados para el uso de la IA en la Rama Judicial (Consejo Superior de la Judicatura, 2024). Este acuerdo establece 15 principios rectores, entre los que destacan la no sustitución de la racionalidad humana, la responsabilidad y uso informado, la supervisión humana y la transparencia. Prohíbe explícitamente el uso de *chatbots* comerciales en sus versiones gratuitas para tareas judiciales (Consejo Superior de la Judicatura, 2024). Esta autorregulación responde a la creciente congestión judicial, especialmente con las Acciones de Tutela, donde herramientas como *Prometea* ya demuestran la capacidad de la IA para agilizar procesos, seleccionando casos prioritarios en minutos, una tarea que a un humano le llevaría días (Gutiérrez Ossa & Flórez Hernández, 2020).
- Contexto regional: El liderazgo de Colombia se manifiesta en la Declaración de Cartagena de Indias (2024), firmada por 17 países, que subraya un compromiso colectivo con una gobernanza ética y responsable de la IA (Cumbre Ministerial Latinoamericana y del Caribe, 2024).

4.2. Perú: un enfoque dual de fomento y regulación

Perú ha adoptado un enfoque secuencial, comenzando con una ley marco de fomento para luego desarrollar una regulación más detallada.

- Ley Habilitante: la Ley N° 31814 (2025) tiene como objeto promover el uso de la IA para el desarrollo económico y social del país, estableciendo principios generales como un enfoque de seguridad basado en riesgos y el desarrollo ético (Congreso de la República del Perú, 2025).
- Reglamento en desarrollo: el Proyecto de Reglamento de la Ley N° 31814 alinea a Perú con el modelo europeo, proponiendo una

clasificación de riesgos en cuatro niveles: inaceptable, alto, medio y bajo (Presidencia del Consejo de Ministros del Perú, 2025). Las aplicaciones de riesgo inaceptable estarían prohibidas, y las de alto riesgo sujetas a obligaciones específicas. El proyecto introduce medidas de transparencia, como el etiquetado visible para contenido generado por IA (Presidencia del Consejo de Ministros del Perú, 2025).

- Gobernanza y estrategia nacional: el reglamento designa a la Presidencia del Consejo de Ministros como la autoridad técnico-normativa (Presidencia del Consejo de Ministros del Perú, 2025). Este marco se apoya en la Estrategia Nacional de Inteligencia Artificial 2021-2026, que define seis ejes estratégicos (Presidencia del Consejo de Ministros del Perú, 2021).

4.3. México: un mosaico de iniciativas en busca de consolidación

El panorama regulatorio en México es más incipiente y fragmentado. A la escritura de este capítulo, en el verano de 2025, no cuenta con una ley federal que regule la IA (Ortega, 2024). Durante la legislatura 2021-2024, la mayoría de las iniciativas fueron desechadas por falta de consenso (Centro de Competencia, 2025). Esta falta de un marco legal se ve agravada por la ausencia de una Estrategia Nacional de IA oficial y consolidada (SECIHTI, 2025).

- Iniciativa principal: la propuesta más relevante es la Ley Federal para el Desarrollo Ético, Soberano e Inclusivo de la Inteligencia Artificial (Congreso de la Unión de México, 2025). Esta iniciativa se inspira en el modelo europeo y propone un "Sistema de Semáforo de Riesgos" con cuatro categorías: Mínimo, Limitado, Alto y Prohibido. También propone la creación de un Consejo Nacional de Inteligencia Artificial (CNIA) y un Registro Nacional de Sistemas de IA (RENIAI) (Congreso de la Unión de México, 2025; Rodríguez Catarino, 2025).

- Conexión con los retos de la e-justicia: este vacío regulatorio tiene consecuencias directas. El análisis de la implementación de la e-Justicia en el Poder Judicial de la Federación (PJF) revela desafíos como la fragmentación de sistemas, la infraestructura obsoleta y la resistencia cultural al cambio (López Noriega et al., 2025). La experiencia del PJF demuestra que sin una estrategia nacional que alinee la legislación con las capacidades institucionales, cualquier marco normativo corre el riesgo de ser inaplicable (López Noriega et al., 2025).

Tabla Comparativa de Marcos Regulatorios en América Latina

Característica	**Colombia**	**Perú**	**México**
Estatus normativo principal	Múltiples instrumentos: Ley Penal, Circular de Datos, Proyecto de Ley General, Acuerdo Judicial.	Ley General (promulgada), Reglamento (en proyecto avanzado).	Múltiples iniciativas, la mayoría archivadas. Un proyecto de ley principal en discusión.
Órgano de gobernanza	Propone Autoridad Nacional para la IA. El Poder Judicial se autorregula.	Presidencia del Consejo de ministros.	Propone Consejo Nacional de IA (CNIA).
Modelo de clasificación de riesgos	Sí, basado en 4 niveles: crítico, alto, limitado, bajo.	Sí, basado en 4 niveles: inaceptable, alto, medio, bajo.	Sí, "Sistema de Semáforo" con 4 niveles: mínimo, limitado, alto, prohibido.
Estrategia nacional de IA	En desarrollo, enmarcada en cooperación regional.	Sí, Estrategia Nacional 2021-2026.	No existe una estrategia nacional unificada y oficial.

Fuente: esta investigación (2025)

5. Desafíos y oportunidades para una regulación de la IA justa y eficaz

Mientras los marcos legislativos se debaten, la tecnología ya está siendo utilizada masivamente, creando una brecha entre la regulación formal y la realidad operativa. En este ínterin, la primera línea de defensa reside en los marcos éticos y de responsabilidad profesional ya existentes. El caso histórico del Reino Unido, *Ayinde v Haringey* (2025), es un ejemplo paradigmático. En este caso, un tribunal sancionó a abogados por presentar un escrito con citas jurisprudenciales falsas generadas por una IA. El tribunal no necesitó una nueva "Ley de IA"; utilizó sus poderes inherentes para hacer cumplir los deberes fundamentales de competencia e integridad (Sharp y Johnson, 2025).

Este precedente subraya que la regulación de la IA no es solo una cuestión de crear nuevas leyes, sino de adaptar y aplicar rigurosamente los códigos de conducta profesionales. La adopción de herramientas de IA por parte de los profesionales del derecho ha experimentado un crecimiento explosivo, pasando del 19% en 2023 al 79% en 2024 (Avilés Cisneros, 2025). Este ritmo vertiginoso hace urgente que los organismos profesionales asuman un papel proactivo. La iniciativa del poder judicial colombiano es un modelo a seguir, demostrando que la responsabilidad profesional es y debe ser la vanguardia de la gobernanza de la IA (Consejo Superior de la Judicatura, 2024).

5.1. Desafíos transversales en el contexto latinoamericano

- *El déficit estructural: talento, datos y estrategia:* el informe "La Inteligencia Artificial en América Latina 2025" identifica un trípode de barreras: la falta de talento especializado, la mala calidad y gobernanza de los datos, y la ausencia de una estrategia clara (NTT DATA & MIT Technology Review, 2025).
- *La inercia institucional y la brecha digital*: el diagnóstico de la e-justicia en México muestra cómo la inercia institucional

puede obstaculizar la transformación digital (López Noriega et al., 2025). La resistencia al cambio y la brecha digital persistente amenazan con crear una justicia de dos velocidades.

- *El riesgo de la "alucinación" y la integridad profesional*: el caso Ayinde v Haringey (2025) dramatiza el riesgo de las fallas algorítmicas (Sharp & Johnson, 2025). La responsabilidad por la veracidad del contenido recae enteramente en el profesional humano.
- El dilema de la soberanía tecnológica: la dependencia de tecnologías desarrolladas por grandes corporaciones extranjeras plantea un desafío geopolítico. Las cargas normativas podrían beneficiar a los gigantes tecnológicos en detrimento de los innovadores locales (Ordelin Font, 2025).

5.2. Oportunidades estratégicas para la región

Modernización del estado y acceso a la justicia: la IA tiene el potencial de ser un motor para la modernización del Estado, haciendo los servicios públicos más eficientes (López Noriega et al., 2025; Gutiérrez Ossa & Flórez Hernández, 2020).

Fomento de un ecosistema de innovación local: los "*sandboxes* regulatorios", como se propone en Colombia, permiten a las empresas experimentar en un entorno controlado (Gobierno de Colombia, 2025).

Fortalecimiento del Estado de Derecho: la IA puede ser utilizada para analizar patrones de contratación pública en busca de corrupción o para asegurar una aplicación más consistente de la ley, siempre que se garantice la IA explicable (XAI) (Avilés Cisneros, 2025).

Construcción de un Modelo Latinoamericano de Gobernanza: la región tiene la oportunidad de construir un modelo propio, inspirándose en la cooperación manifestada en la Declaración de Cartagena (Cumbre Ministerial Latinoamericana y del Caribe, 2024), que ponga énfasis en la inclusión social.

6. Conclusiones

El análisis de la regulación de la IA revela una convergencia global hacia un enfoque basado en riesgos, aunque con profundas divergencias. En este escenario, América Latina emerge como un laboratorio dinámico, donde la madurez normativa es heterogénea. Sin embargo, la región comparte desafíos estructurales que amenazan con hacer inaplicables incluso las leyes mejor diseñadas.

La regulación de la IA no debe ser concebida como un fin en sí misma. Debe ser vista como un medio para construir un humanismo digital. Este concepto implica guiar proactivamente el desarrollo tecnológico para que se alinee con los valores de la dignidad humana, la justicia social y el fortalecimiento democrático. El desafío no es frenar la tecnología, sino humanizarla, asegurando que la eficiencia algorítmica no se logre a costa de la equidad.

Por lo anterior, se aboga por un enfoque regulatorio que sea a la vez principista y adaptativo. Debe estar anclado en principios innegociables de derechos humanos, pero ser lo suficientemente flexible para adaptarse a la evolución tecnológica. Esto requiere una gobernanza participativa y multiactor. Solo a través de esta colaboración se podrá asegurar que la inteligencia artificial se convierta en un pilar del Estado de derecho democrático y en un motor de desarrollo verdaderamente inclusivo.

Referencias

Avilés Cisneros, P. (2025). *Uso de la IA en el ámbito legal.* Datalab AI.

Centro de Competencia. (2025, 22 de enero). *México: Las diversas iniciativas de regulación de la IA.* https://centrocompetencia.com/mexico-las-diversas-iniciativas-de-regulacion-de-la-ia/

Comisión Europea. (2024). *Regulatory framework proposal on artificial intelligence.* https://digital-strategy.ec.europa.eu/en/policies/regulatory-framework-ai

Congreso de Colombia. (2025a, 28 de julio). *Ley 2502 de 2025.*

Congreso de la República del Perú. (2023, 5 de julio). *Ley N° 31814, Ley que promueve el uso de la inteligencia artificial en favor del desarrollo económico y social del país.* https://busquedas.elperuano.pe/dispositivo/NL/2192926-1

Congreso de la Unión de México. (2025, 30 de abril). *Iniciativa con proyecto de decreto por el que se expide la Ley Federal para el Desarrollo Ético, Soberano e Inclusivo de la Inteligencia Artificial.* http://sil.gobernacion.gob.mx/Archivos/Documentos/2025/04/asun_4896460_20250430_1747757009.pdf

Consejo Superior de la Judicatura. (2024, 16 de diciembre). *Acuerdo PCSJA24-12243.*

Cumbre Ministerial Latinoamericana y del Caribe. (2024, 9 de agosto). *Declaración de Cartagena de Indias para la gobernanza, la construcción de ecosistemas de inteligencia artificial (IA) y el fomento de la educación en IA de manera ética y responsable en América Latina y el Caribe.*

Gobierno de Colombia. (2025). *ABC Proyecto de Ley de Inteligencia Artificial.*

Gobierno del Reino Unido. (2023, 3 de agosto). *AI regulation: a pro-innovation approach.* https://www.gov.uk/government/publications/ai-regulation-a-pro-innovation-approach/white-paper

Gutiérrez Ossa, J. A., & Flórez Hernández, I. C. (2020). Inteligencia Artificial (IA) Aplicada en el Sistema Judicial en Colombia. *Revista Derecho y Realidad, 18*(35), 53-80. https://doi.org/10.19053/16923936.v18.n35.2020.9638

Han, B.-C. (2013). *La sociedad de la transparencia.* Herder.

Han, B.-C. (2014a). *Psicopolítica: Neoliberalismo y nuevas técnicas de poder.* Herder.

Han, B.-C. (2014c). *En el enjambre.* Herder

López Noriega, S., Prince Tritto, P., Gómez Fierro, J. P., Villa Berger, P., & Villalobos Nolasco, E. (2025). *La E-Justicia en el Poder Judicial de la Federación: Herramientas legales y tecnológicas para una agenda de trabajo.* Tirant lo Blanch.

NIST. (2023a). *AI Risk Management Framework (AI RMF 1.0).* National Institute of Standards and Technology. https://doi.org/10.6028/NIST.AI.100-1

NIST. (2023b, 26 de enero). *AI Risk Management Framework*. https://www.nist.gov/itl/ai-risk-management-framework

NTT DATA & MIT Technology Review. (2025). *La Inteligencia Artificial en América Latina 2025: La ola de la IA generativa como catalizador de negocios.*

Ordelin Font, J. L. (2025). Cargas normativas, innovación e inteligencia artificial: dilemas regulatorios. *Estudios en Derecho a la Información, 10*(20), 81-100. https://doi.org/10.22201/iij.25940082e.2025.20.19491

Ortega, M. J. (2024, 15 de mayo). Legislar para Proteger: La urgencia de regular la Inteligencia Artificial en México. *DLMEX*. https://dlmex.org/legislar-para-proteger-la-urgencia-de-regular-la-inteligencia-artificial-en-mexico/

Parlamento Europeo y Consejo de la Unión Europea. (2024, 13 de junio). *Reglamento (UE) 2024/1689 por el que se establecen normas armonizadas sobre la inteligencia artificial (Ley de Inteligencia Artificial)*. Diario Oficial de la Unión Europea.

Presidencia del Consejo de Ministros del Perú. (2021). *Estrategia Nacional de Inteligencia Artificial 2021-2026*. https://www.gob.pe/institucion/pcm/informes-publicaciones/2224809-estrategia-nacional-de-inteligencia-artificial-2021-2026

Presidencia del Consejo de Ministros del Perú. (2025, 4 de septiembre). *Nuevo proyecto de Reglamento de la Ley de Inteligencia Artificial*. https://www.gob.pe/institucion/pcm/informes-publicaciones/6197119-nuevo-proyecto-de-reglamento-de-la-ley-de-inteligencia-artificial

Rodríguez Catarino, G. (2025, 24 de abril). Morena presenta iniciativa de Ley de Inteligencia Artificial que prohíbe la vigilancia biométrica. *Milenio*. https://www.milenio.com/politica/morena-presenta-ley-de-inteligencia-artificial

SECIHTI. (2025). *Estado actual de la Inteligencia Artificial en México*. https://secihti.mx/wp-content/uploads/foros/2025/presentaciones/Estado%20actual%20de%20la%20Inteligencia%20Artificial%20en%20M%C3%A9xico/Estado%20actual%20de%20la%20Inteligencia%20Artificial%20en%20M%C3%A9xico.pdf

Sharp, V. (P.), & Johnson, J. (2025, 6 de junio). *Ayinde v Haringey; Al-Haroun v Qatar* EWHC 1383 (Admin).

Sierra Cadena, G. J. (2024). Implementación de la Inteligencia Artificial en las Altas Cortes de Colombia: los casos de la Corte Constitucional y el Consejo de Estado. *Revista Eurolatinoamericana de Derecho Administrativo, 11*(1). https://doi.org/10.14409/redoeda.v11i1.13824

Superintendencia de Industria y Comercio. (2024, 21 de agosto). *Circular Externa No. 002 de 2024.*

Unión Europea. (2024). *The AI Act.* https://artificialintelligenceact.eu/the-act/

II. Ética de la IA

Una mirada filosófica al intrincado laberinto de la IA: reflexiones lógicas, epistemológicas y éticas

Karen González Fernández

María Paula Utrilla Marchand

Resumen: La inteligencia artificial es un avance tecnológico sin precedentes. La relevancia que tiene su progresivo uso y desarrollo hace necesario que se comprenda (i) dónde surgió, (ii) qué es realmente, (iii) cuáles son los problemas epistemológicos que plantea y (iv) a qué dilemas éticos nos enfrenta. En este capítulo se dará una respuesta general, pero profunda, a cada uno de estos puntos. Se ahondará (i) en la historia del desarrollo de las herramientas de IA, así como en el origen del nombre con el que la conocemos hoy en día a fin de comprender (ii) qué queremos decir realmente cuando hablamos de inteligencia artificial, lo que supone el primero de los (iii) múltiples retos epistémicos que nos presentan este tipo de herramientas, pues no sólo no es claro cómo deberíamos de definirlas, sino tampoco qué hacer con los resultados que se generan a través de ella, ¿podemos considerarlos realmente como conocimiento? Estos planteamientos van más allá de ser meras consideraciones teóricas, ya que (iv) el uso que le demos a la IA y a lo que se crea a través de ésta tiene un impacto significativo en el modo en que actuamos y las decisiones que tomamos, tanto en una esfera personal como social, política y económica. Lo anterior hace fundamental que se adopte una postura crítica y que se asuma una responsabilidad compartida en todo lo que refiere a la adopción de este avance tecnológico.

Palabras clave: Lógica de la IA · epistemología de la IA · ética de la IA · filosofía de la IA

1. Introducción

La "Inteligencia Artificial" (IA) contemporánea es, principalmente, una herramienta tecnológica. Es compleja en su construcción, diseño y uso, pero finalmente, para sus usuarios termina siendo muy sencilla de manejar con solo darle una indicación con la voz o apretando unos botones.

Sin embargo, no hay que dejarse llevar tan rápidamente por esta aparente sencillez. La IA sigue siendo una herramienta muy reciente dentro de nuestro desarrollo histórico (aproximadamente 70 años), y tanto en su construcción como en su uso aparecen entrelazadas diversas cuestiones problemáticas cuya presentación y discusión es, principalmente, de carácter filosófico. Es muy importante tener esto en cuenta, porque desde esta perspectiva, la educación sobre la IA, a cualquier nivel, debe incluir también este tipo de consideraciones. En este capítulo, abogamos por un "uso consciente y responsable" de la IA, que implicará siempre tener algunos conocimientos sobre ella que se relacionan con tres grandes ramas de la filosofía: la lógica, la epistemología y la ética.

Así, nuestro propósito en este texto es ofrecer a los lectores algunos elementos clave sobre la IA desde la filosofía, con la finalidad de contribuir a que su relación con estas herramientas computacionales se dé de manera crítica desde una perspectiva mejor informada.

2. La lógica y el origen del término "inteligencia artificial"

La Lógica es una disciplina muy antigua y, por lo mismo, muy compleja; desde su origen griego fue considerada como la ciencia del "razonamiento", la cual nos puede ayudar a "pensar correctamente" (de Aquino, 1992). Desde la Antigüedad, la lógica se asoció también a los debates públicos y a los procesos en donde se buscaba "convencer o persuadir" racionalmente, vertiente de estudio a la que se le suele llamar "teoría de la argumentación". Y con mucho entusiasmo, desde finales del siglo XIX y principios del siglo XX, algunos matemáticos, como Boole y Frege contribuyeron a unir la lógica con las matemáticas, desde una perspectiva formal. Si bien, estas tres maneras de entender a la Lógica siguen presentes en la investigación contemporánea, no todos los filósofos están de acuerdo en que la Lógica incluya estas "tres dimensiones"; algunos consideran que la lógica formal sólo tiene que ver con el estudio de objetos abstractos como los matemáticos, y no con el pensamiento, por ejemplo, como el mismo Frege llega a sostener (Palau, 2016). Otros abogan ya por separar radicalmente a la "teoría de la argumentación" de la "lógica formal" (Domínguez y Conforti, 2019).

¿De qué se ocupa la Lógica entonces? A pesar de la larga historia de esta disciplina y de los grandes avances que ha tenido; las respuestas no son claras. Y esta falta de claridad se combinó con el surgimiento de la ahora omnipresente "inteligencia artificial". A mediados del siglo XX, la computación comenzó a erigirse como una nueva promesa tecnológica, y desde su inicio, los pioneros de la computación, como Alan Turing, Herbert Simon, Marvin Minsky, Allen Newell y John McCarthy, soñaron también con las grandes aplicaciones que podría tener esta nueva tecnología. Así, junto con las nuevas disciplinas que generó la aparición de la computación, surgió también el término de "inteligencia artificial", siendo citada la Conferencia de Darthmouth de 1956, como uno de los lugares más importantes de su aparición (Robisco, 2024). Las ahora llamadas "ciencias cognitivas" se cimentaron alrededor de 2 grandes proyectos: por un lado, investigar cómo funciona la inteligencia humana, y por otro, crear máquinas que pudieran realizar operaciones "cognitivas" de manera similar a como lo hacen los humanos (Aliseda, 2007).

Así, desde entonces, psicólogos, filósofos, lingüistas, antropólogos, neurocientíficos, matemáticos y computólogos realizan los proyectos que buscan avanzar en estas investigaciones. Se puede dividir el desarrollo de la IA de diversas maneras; aquí nos referiremos sólo a algunos hitos importantes marcados por la relación de esta disciplina con la Lógica.

Desde la aparición de la IA a mediados de los años 50 del siglo XX y aproximadamente hasta inicios de los años 90, los principales desarrollos de la recién llamada "IA" estuvieron asociados en muy buena medida con la Lógica formal estudiada tradicionalmente desde la filosofía, pues se pensaba que esta disciplina podría aportar los elementos conceptuales básicos necesarios para poder hacer que las máquinas "pensaran" de manera similar a la humana.

Surgieron las técnicas básicas: los primeros algoritmos, las estrategias de búsqueda en solución de problemas y las "reglas de producción". Se crearon programas para enfrentar juegos y surgieron los primeros intentos por procesar el lenguaje natural, que resultaron fallidos. Se logró el desarrollo del "proceso de resolución", por el que las computadoras pudieron realizar pruebas por reducción al absurdo o contradicción de manera automática.

En 1974 se presentó el sistema Mycin, considerado como el primer "sistema experto". Los sistemas expertos son sistemas que buscan apoyar en la resolución de problemas específicos y que requieren la consideración de muchos factores e incluso disciplinas distintas. Se les llamó así porque se informaban a partir de datos que ofrecían, precisamente, "expertos" en las problemáticas a tratar. El sistema Mycin, por ejemplo, era un sistema diseñado para ayudar al diagnóstico de enfermedades infecciosas. Un resultado muy importante de esta etapa fue la aparición del lenguaje de programación lógica PROLOG, en 1975 (Munera, 1991).

Sin embargo, a pesar de los logros recién citados, en general, este periodo no fue considerado muy exitoso, porque los objetivos originales de hacer máquinas muy sofisticadas que "pensaran" como los humanos estuvo lejos de lograrse. Esto causó diversos problemas en el desarrollo de este tipo de proyectos, provocando incluso que, en algunos casos se perdieran fondos para ellos.

Los investigadores se dieron cuenta de que tratar de lograr los proyectos de una "inteligencia artificial general" que realizara procesos cognitivos como los humanos iba a ser muy difícil de alcanzar, y se percataron de que si se proponían objetivos más pequeños, como la resolución de problemas específicos, obtenían mejores resultados. Así, en los años que siguieron a este primer periodo se favoreció este tipo de proyectos, mucho más acotados; y además hubo varios cambios en las estructuras y arquitecturas con las que se trabajó en ellos. Un cambio muy importante es que la lógica formal ya mencionada, dejó paulatinamente de usarse y en su lugar comenzaron a privilegiarse herramientas como las redes neuronales artificiales y el aprendizaje de máquina que, a grandes rasgos, procesan de manera estadística, millones de datos. Desde entonces, entre 1975 y 1980, la IA terminó de fortalecerse fuera de las universidades, para desarrollarse de manera más clara en el sector empresarial y dejó de estar ligada de manera fuerte a la lógica formal (Munera, 1991).

En consecuencia, los desarrollos de IA que nos permiten tener múltiples herramientas en nuestras computadoras para realizar una gran multiplicidad de tareas, está mucho más ligada actualmente a la matemática estadística y a la ciencia de datos, que a la lógica tradicional.

Como se puede apreciar por lo ya dicho, estas herramientas se encuentran lejos del objetivo original de crear máquinas que llegaran a pensar como los humanos; sin embargo, el uso del término "inteligencia artificial" ha perdurado y se ha afianzado todavía más en los últimos años; pero esto se relaciona también con múltiples confusiones que arrastramos hasta el día de hoy. Todavía en este año, 2025, muchos científicos y desarrolladores serios de la "IA" consideran que será muy difícil, si no imposible, llegar a desarrollar una IA que realmente piense como los humanos; y es claro que los sistemas que tenemos ahora, no lo hacen. (Mirzadeh, et al., 2024).

Desafortunadamente, la asociación de las herramientas de "IA" con la noción de "inteligencia", puede hacer pensar que estas herramientas pueden hacer más de lo que realmente son capaces, y los límites de hasta dónde podemos sustituir las labores humanas con estas herramientas no son claros.

Considerando este panorama, es muy importante tener claro que si bien la lógica estuvo en el origen del desarrollo de la IA, hay muchas aplicaciones contemporáneas en las que la relación entre lógica e IA ya no es cómo se pensó originalmente que sería; y esto nos obliga a ser críticos con el uso y la discusión del término. Siempre que lo leamos o lo escuchemos, debemos asegurarnos de comprender a qué se refiere en ese lugar específico y posicionarnos adecuadamente en la discusión; si no, corremos el riesgo de generar y caer en malentendidos sobre estas herramientas.

Así como la Lógica en Filosofía se refiere, en realidad, a muchos estudios diversos, algunos relacionados con la capacidad de razonamiento humano y otros no; la IA también realiza una gran multiplicidad de actividades, que, aunque puedan parecerse a operaciones cognitivas humanas, en muchos casos se realizan con procesos muy distintos a los que realizamos los humanos. Además, estas herramientas no cuentan con muchas de las características propias de las acciones humanas, como la conciencia, la relación con el mundo externo a la manera humana, la relación "cuerpo-mundo", la comprensión de los resultados, la búsqueda de la verdad. En consecuencia, hay quienes piensan que ha sido desafortunado llamarle "inteligencia" a este tipo de herramientas, porque en realidad, desde la perspectiva de los procesos que hacen, tienen muy poco que ver con la "inteligencia" que intentaban emular. Uno de los investigadores más importantes de la ética de la IA, Luciano Floridi, propone entender a estas herramientas como "agencia sin inteligencia" (Floridi, 2023), porque su verdadera particularidad es que pueden generar cambios en el mundo, sin realizar procesos cognitivos como los que los humanos llevamos a cabo.

Dicho todo esto, una conclusión que podemos obtener de las consideraciones sobre las relaciones entre Lógica e IA, es que, aunque la Lógica estuvo presente de manera muy importante, en el origen y desarrollo de la IA, en realidad no se ha logrado todavía llegar a desarrollar herramientas que "piensen o razonen" a la manera humana y parece que ese será un objetivo muy difícil de lograr, por lo menos a corto y mediano plazo. En consecuencia, para hacerle más justicia a las herramientas de IA con las que contamos actualmente, sería mejor considerarlas siempre desde su manera particular de funcionar, en la mayoría de los casos, procesando millones de datos con herramientas matemáticas estadísticas.

Aunque seguramente existirán siempre quienes seguirán trabajando en los grandes sueños de crear máquinas realmente similares a los humanos, debemos tener mucho cuidado en distinguir los problemas que presenten los desarrollos de la IA desde lo que realmente son y desde la manera en que actualmente funcionan, y no desde lo que podrían ser desde otros proyectos o de lo que podría suceder con ellos en un futuro.

3. Problemas epistemológicos de la IA.

La Epistemología es la rama de la filosofía que estudia el conocimiento. ¿Qué significa "conocer"? ¿Qué podemos conocer? Esta ha sido una de las preocupaciones centrales de la filosofía a lo largo de toda su historia, y aunque el día de hoy, otras ciencias, como la psicología y las neurociencias, también pueden ofrecernos muchas respuestas sobre esta temática, siguen existiendo algunos problemas filosóficos muy relevantes alrededor de estos temas.

El desarrollo del mundo digital y las aplicaciones de la IA plantean diversos problemas relacionados con el conocimiento. ¿Es lo mismo conocer algo de manera física que a través de una pantalla? ¿Cómo se puede confiar en lo que se nos presenta en imágenes o videos? ¿Cómo se puede generar conocimiento en términos humanos a partir del procesamiento de miles de datos que hace una máquina? ¿Qué problemas epistémicos se relacionan con el "parecido" de las operaciones y resultados artificiales con los humanos?

Una perspectiva muy estudiada del conocimiento desde la llamada filosofía analítica ha sido entenderlo como una "creencia verdadera justificada"; esta idea del conocimiento que fue propuesta por Platón en el diálogo llamado *Teeteto*, ha sido ampliamente discutida en el siglo XX, gracias a Gettier, quien escribió un artículo muy relevante al respecto (Gettier, 1963). Aunque esta definición ha sido muy criticada en filosofía, seguir su itinerario puede ayudarnos a agrupar y comprender las preocupaciones epistémicas alrededor de la IA de una manera más clara, por lo que usaremos esta definición de conocimiento como guía: ¿qué problemas ha traído la IA en términos de "creencias", "verdad" y "justificación"?

3.1. Problemas de "creencia"

¿Por qué debemos "aceptar" o "creer" en los resultados que nos arrojen los sistemas de IA? ¿Qué condiciones se deberían cumplir para poder tener este elemento cubierto?

La creencia hace referencia a un elemento subjetivo del conocimiento, que tiene que ver con la "adhesión" o "aceptación" del sujeto que conoce a algún aspecto del mundo o del entorno que está percibiendo o considerando. Al ser un estado subjetivo es muy difícil estudiarlo directamente, por lo que se suele considerar desde elementos observables como la conducta de las personas.

Desde la perspectiva de los científicos y los ingenieros que la usan con fines específicos de investigación y que comprenden bien cómo funcionan estas herramientas, puede haber una mayor claridad sobre qué se debe creer de los resultados que ofrezca la IA y con qué habría que tener reservas, pero para los usuarios que no conocen con profundidad las herramientas, no hay claridad sobre qué deberían creer de los resultados que arrojan las herramientas de IA y qué no; esto se vuelve un problema muy serio con aplicaciones como las de IA generativa que ofrecen sus resultados en forma de texto escrito y que parece estar muy bien redactado. Cada vez hay más ejemplos de usos incorrectos de estas herramientas, precisamente porque las personas terminan "creyendo" lo que ellas les "dicen", sin que se realice una valoración crítica de lo que las herramientas están ofreciendo como resultado (Jiménez, C. C., 2025). Pero entonces, ¿debemos creer en lo que estas herramientas nos dicen o no? Para evaluar mejor este punto, hay que considerar también los siguientes.

3.2. Problemas de verdad

¿Es posible evaluar los resultados que ofrece la IA como "verdaderos"?

Como ya se ha mencionado, las herramientas de IA no tienen comprensión de los resultados que arrojan y no están propiamente, buscando dar información verdadera. En consecuencia, quienes pueden evaluar si lo que las herramientas dicen es correcto o no, en términos de verdad, son los seres humanos. Es muy importante tener siempre presente este punto, porque, por ejemplo, las herramientas de IA generativa pueden causar problemas que se han llamado ya de manera técnica "alucinaciones", en el que ofrecen "datos" o "información" que en realidad crearon estos sistemas y que no tiene un referente directo con la realidad (Ji., et. al., 2023). Por eso se recomienda usar estas herramientas solo en temas que ya se conocen con antelación, y ser muy cuidadosos con las instrucciones que se les dan, para tratar de generar las mejores respuestas posibles. Además, siempre debe haber una evaluación humana de los resultados que arroje la herramienta y que implique verificar si la información o datos generados es verdadera.

Otro problema relacionado con el tema de la verdad es el que tiene que ver con la "calidad" de los datos. Los datos que usan estos sistemas están etiquetados y entrenados para reconocer patrones, pero todo esto comienza con un componente humano que puede transmitir una visión específica o particular del mundo, y con ello, generar "sesgos", es decir, errores sistemáticos, que por el tipo de funcionamiento de estas herramientas se pueden magnificar en una escala muy amplia (Pasquinelli et. al., 2022). Es muy importante tener en cuenta este tipo de problemas para tratar de prevenir o detectar sesgos, y corregirlos cuando se encuentren. Además, no hay que perder de vista que estas herramientas "datifican" de cierta manera la realidad, por lo que siempre será importante tener en cuenta también a otras propuestas que propongan otras maneras de interpretar la realidad.

3.3. Problemas de justificación

¿De qué manera se justifican los resultados que ofrece la IA?

La justificación de la IA viene dada por los resultados que se obtienen, en términos de aplicabilidad y resolución de problemas, y por la validez de los métodos lógicos y matemáticos que se usan. Este tipo de justificación puede ser difícil de comprender para los humanos debido a que se basa en el procesamiento de millones de datos, en donde hay muchos momentos "opacos", en los que es imposible seguir el funcionamiento de las herramientas. Sin embargo, hay que tener mucho cuidado en la interpretación de los resultados para no confundir "correlaciones" con causalidad; que en muchos casos no va a poder ser probada, e incluso, en múltiples ocasiones se sabe que los sistemas de IA no nos pueden ofrecer propiamente conocimientos causales.

Esto no quiere decir que los resultados ofrecidos por las herramientas computacionales no sean interesantes o no puedan ayudar al desarrollo de la ciencia o a la resolución de problemas particulares, pero, como señalan María Martínez-Ordaz y Gabrielle Ramos (2025), en estos casos no bastará con la justificación dada por las herramientas de IA, sino que se requerirá también que los humanos que interpreten estos resultados, realicen procesos de racionalidad lógica que puedan ofrecer una narrativa adecuada de por qué es razonable confiar en ciertos resultados.

Una de las propuestas más importantes en el ámbito de la comunidad científica preocupada por los problemas de opacidad de la IA es la de la "explicabilidad". En términos generales, se busca que los científicos puedan "explicar" lo mejor posible los resultados generados por la IA y que los usuarios que se verán afectados por esos resultados comprendan lo mejor posible el porqué de esos resultados. Al día de hoy existen una gran multiplicidad de propuestas sobre explicabilidad en IA y es un tema que todavía dará mucho para seguir discutiendo en el futuro.

Estas reflexiones epistémicas dejan abierta la siguiente cuestión: ¿será adecuado llamarle "conocimiento" a los resultados generados por la IA? A pesar de que la misma noción de conocimiento que hemos presentado aquí se queda corta para explicar el conocimiento humano; con este análisis hemos mostrado que los resultados generados por herramientas de IA muy difícilmente cumplirán algunos estándares mínimos necesarios para ser considerados como "conocimiento". Desde esta perspectiva, parece mejor seguir entendiendo a estas herramientas, sus procesos y sus resultados, precisamente como "herramientas" que ofrecerán datos o información que puede ser útil para resolver diversos problemas o apoyar de diversos modos la investigación científica; sin embargo, hay que tener mucho cuidado con algunas cuestiones: a) hay que ser muy crítico con cómo comprendemos, interpretamos y nos relacionamos con los resultados que nos ofrece la IA, y b) hay que tener constantemente una visión crítica con los resultados que ofrece, no hay que poner una confianza o una credibilidad ciega en ellos.

4. Ética de la IA

Finalmente, presentaremos algunos de los problemas éticos más sobresalientes de los desarrollos de la IA. La ética es una disciplina filosófica difícil de definir, sin embargo, podemos decir que se refiere en general a la toma de decisiones que realizamos los humanos y las responsabilidades que se generan por esta toma de decisiones. En palabras de Paul Ricoeur, la ética es "tender a la vida buena, con y para los otros, en instituciones justas" (Ricoeur, 2006, p. 176).

Hay que tener en cuenta que hay muchos puntos de tensión entre ética e IA: la IA está generando desarrollos que, a su vez, crean cuestionamientos profundos a nociones éticas tradicionales muy arraigadas. Por su parte, la ética le plantea problemas a la IA que no son fáciles de resolver, por la manera en que estas herramientas funcionan en términos técnicos. Así, problemas como los de la autoría, el plagio, la escritura híbrida, la privacidad de los datos, serán cuestiones que requerirán de colaboración interdisciplinar para ser abordados y, ojalá, resueltos, de manera adecuada para todos.

Actualmente, hay una presencia muy clara de las preocupaciones éticas alrededor de los desarrollos y usos de la IA. Desde los llamados que instituciones como la UNESCO (2022) han realizado para desarrollar "ética de la IA", hasta los comités de ética de las empresas y las múltiples listas de principios éticos que han generado gobiernos, academias y empresas (Cfr. Floridi, 2023, pp. 57-66), los problemas éticos de la IA están siendo ampliamente considerados, estudiados y discutidos a múltiples niveles.

En este capítulo proponemos tener siempre presente que la ética implica una reflexión profunda sobre las acciones propias, además de la consideración de guías más "generales" o "universales" que puedan regir a toda una sociedad. No se identifica inmediatamente a la ética con la legislación; pero las legislaciones suelen estar inspiradas en principios éticos. Teniendo esto en cuenta, podemos darnos cuenta de que, aunque algunas cuestiones generales, no pueden ser resueltas por los últimos usuarios de una cadena de desarrollos de herramientas de IA, sí hay muchos niveles de análisis y toma de decisiones que abarcan a todos los involucrados en el desarrollo y uso de estas herramientas: desde los ingenieros que generaron la primera idea de un modelo en particular, hasta el usuario que llevará la "idea" a su consecución práctica. En consecuencia, es importante que todos estemos bien informados acerca de los principales problemas éticos generados por la IA y podamos ofrecer y seguir guías de acción concretas para enfrentar estos problemas, en el nivel que nos corresponda.

Entre los problemas éticos más apremiantes relacionados con el desarrollo y uso de la IA se encuentran:

- Problemas de privacidad y seguridad. Los sistemas de IA requieren la recopilación y el uso de millones de datos; los cuales suelen ser donados por los usuarios de internet, en muchas ocasiones, sin conocimiento o conciencia clara de que se están dando esos datos. En otros casos, los datos pueden ser recopilados por empresas o gobiernos con fines específicos. Estos datos son muy delicados y, por lo tanto, debe tratar de garantizarse que siempre se tratarán con cuidado y responsabilidad (Veliz, 2021).
- Problemas de sesgos. Como comentamos en la sección de epistemología, los sesgos son errores sistemáticos que se magnifican. Muchos de estos sesgos tienen connotaciones éticas y políticas, pues es muy común que se asocien a la generación de injusticias. Muchos de los sesgos que más se han estudiado se relacionan con cuestiones raciales, de género o de violencia. Y como se mencionó también anteriormente, hay que tener mucho cuidado de no establecer "correlaciones" como "causalidades". En este sentido, las discusiones sobre el tratamiento de los datos no solo tienen un componente claramente técnico, sino que también hay que considerar de manera muy clara las problemáticas éticas, políticas y sociales que forman parte del "ecosistema" en el que se desarrollan las herramientas computacionales de IA (Pasquinelli, et. al., 2022).
- Problemas de autonomía y responsabilidad. Las herramientas de IA se desarrollan en esquemas que involucran muchas "cadenas" intermedias de delegación de responsabilidades; y cada vez, las "máquinas" pueden realizar más procesos de manera independiente a los humanos. Esto provoca que determinar quién es responsable por algún resultado específico se vuelva muy difícil. Parece que la responsabilidad tiende a diluirse; sin embargo, la solución a este problema no parece ser eliminar la responsabilidad,

sino más bien fortalecerla. Se han multiplicado los lugares en los que la responsabilidad adquiere protagonismo, así, en discusiones sobre ética de la IA se suele hablar ahora de apartados para el "control humano", de responsabilidades específicas de cada área y de responsabilidad profesional y de los usuarios (Brand y García, 2024).

- Problemas de plagio y autoría. Los desarrollos de IA que requieren "entrenarse" con millones de datos, están poniendo en jaque las definiciones tradicionales de "plagio" y de "autoría"; pues, aunque estos sistemas se alimentaron de millones de obras, no están en condiciones de citarlas a todas a la manera tradicional. Además, herramientas como la IA generativa que puede "producir" textos escritos, imágenes, música, videos, audios, de manera "original", es decir, que no existían anteriormente, y que son cada vez más difíciles de distinguir del mismo tipo de obras generadas por los humanos, nos encontramos ante el problema de determinar qué significará ahora ser un "autor". Si bien la mayoría de las legislaciones presentes está favoreciendo la idea de seguir considerando "autores" solo a los humanos, la proliferación de obras generadas por IA que, además se pueden producir en cantidades industriales, en muy poco tiempo, es uno de los temas que también requiere una profunda discusión interdisciplinar (Grajales, Galeano, y Panesso, 2025).
- Problemas de sustitución laboral. Una de las ideas más empleadas para justificar la implementación de sistemas de IA en diversas empresas y campos de acción es que es una herramienta que ayuda a automatizar y eficientar procesos. Sin embargo, en muchos casos no es claro qué procesos son los que habría que automatizar y eficientar, dónde están los límites de las herramientas de la IA para implementarlas adecuadamente, y de qué manera debe seguir estando presente la interacción humana con las herramientas. Esto puede provocar que, si no se analizan con cuidado los elementos recién mencionados, más los que tie-

nen que ver específicamente con la creación y mantenimiento de trabajos estables, se puedan causar desequilibrios en el ámbito laboral, de modo que pueda llegar a haber despidos masivos de humanos con la consiguiente sustitución de los humanos por máquinas que usen IA. Si los procesos de "recambio" se salen de control, se podrían generar problemas políticos y sociales a gran escala, semejantes a los que han ocurrido en otras etapas de la historia también asociadas a "revoluciones industriales". Sin embargo, hay que tener cuidado de no pensar que esta es una consecuencia inevitable de los avances tecnológicos y ser conscientes que esto solo pasará si los humanos que lideran las empresas, los gobiernos y las interacciones globales relacionadas con estos desarrollos lo permiten. En este sentido se trata de un problema de índole ética y social mucho más que un problema de "avance tecnológico" en general (Rodríguez y Bouchet, 2024).

Estos son sólo algunos de los principales problemas éticos derivados de los desarrollos de IA, como se puede apreciar, todos ellos nos interpelan, en general, como sociedad, pero también de manera muy personal. Desde las decisiones "más grandes", generadas por una política de Estado, por ejemplo, hasta las decisiones "más pequeñas" como la decisión de una persona de darle *like* a un contenido en una red social están permeadas por cuestiones éticas que pueden ser muy importantes. La facilidad con la que podemos recurrir a las herramientas de la IA, la velocidad de respuesta que ofrecen y la diseminación de su uso pueden hacernos creer que algunas de nuestras interacciones con estas herramientas pueden ser tomadas a la ligera o serán fáciles de revertir en caso de ser necesario; pero esto no siempre es así.

Los problemas de adicción y psicosis a las redes sociales o a los *chatbots* que han proliferado en los últimos años, por ejemplo, están mostrando que la capacidad humana de "generar hábitos" puede verse muy comprometida si se usan las herramientas de IA sin una reflexión crítica sobre las consecuencias que estas pueden tener en la vida de las personas (Córdoba, et. al., 2025).

Además, los grandes problemas que tendremos que resolver como sociedad en conjunto, referentes a la autoría, la autonomía, la responsabilidad compartida y los cambios laborales requerirán muchas reflexiones sobre la IA que abarcarán desde su funcionamiento técnico hasta las implicaciones sociales y políticas de su uso. Poder lograr el mejor uso de estas herramientas es ahora una responsabilidad compartida por todos los humanos que habitamos el planeta.

5. Conclusiones

Siempre que se habla de los grandes cambios que la IA está trayendo a la sociedad en general y de los problemas que está generando, suele decirse que es una innovación tecnológica que llegó para quedarse y que su inserción en nuestra vida es inevitable. Aunque esto es verdad en cierto sentido, no hay que perder de vista que todas las personas que actualmente habitamos el planeta tenemos una responsabilidad, en mayor o menor medida, sobre cómo se introducen estas herramientas en nuestras sociedades, cómo se dan los cambios y las adaptaciones de nuestras actividades a estas herramientas, y sobre lo que terminaremos generando con ellas. Para que la innovación tecnológica que representa la IA realmente genere beneficios para todos y llegue a ser, a la larga, un gran desarrollo tecnológico para la humanidad, necesitamos comprender a esta herramienta en múltiples niveles: desde su funcionamiento técnico hasta las consideraciones filosóficas profundas de lo que la introducción de estas tecnologías representará en nuestras vidas a gran escala. Es por eso que consideramos que las problemáticas filosóficas presentadas en este artículo relacionadas con la lógica, la epistemología y la ética de la IA deben formar parte de la cultura general que todo ciudadano del siglo XXI debe poseer.

Referencias

Aliseda, A. (2007). Emerge una nueva disciplina: las ciencias cognitivas. Ciencias, 88, 22-31.

Brand, V. A. G., & García, L. G. (2024). La ética y la responsabilidad en la implementación de la Inteligencia Artificial: revisión sistemática. Revista Ingeniería, Matemáticas y Ciencias de la Información, 11(22), 1.

Córdoba, M. M., Cifuentes, P. V., Jenkins, C. C., Chaves, M. S., y Anchia, K. A. (2025). Trastornos psiquiátricos en la era digital: Impacto de la tecnología y las redes sociales en la salud mental, así como nuevas intervenciones para trastornos como la ansiedad y la depresión. Revista Electrónica de Portales Médicos.com, Vol. XX; nº 03; 79.

De Aquino, T. (1992). Proemios a Aristóteles–Analíticos Posteriores. J. Morán (trad.) Tópicos, Revista De Filosofía, 3(1), 121-125. https://doi.org/10.21555/top.v3i1.536

Domínguez, M. y Conforti, C. M. ¿Por qué Lógica y Teoría de la Argumentación? Andamios [online]. 2019, vol.16, n.41, pp.165-173.

Floridi, L. (2023). A Unified Framework of Ethical Principles for AI. En The Ethics of Artificial Intelligence. Principles, Challenges and Oportunities. (pp. 57-66). Oxford.

Grajales, J. F. V., Galeano, M. S. M., & Panesso, J. D. G. (2025). Derechos de autor, inteligencia artificial (IA) y desafíos éticos. Ratio Juris (UNAULA), 20(40).

Gettier, E. (1963). Is Justified Truth Belief Knowledge? Analysis, 23, 6. pp. 121-123.

Ji, Z.; Lee, N.; Frieske, R.; Yu, T.; Su, D.; Xu, Y.; Ishii, E.; Bang, Y.J.; Madotto, A. y Fung, P. (2023). Survey of hallucination in natural language generation. ACM Comput. Surv., 55 (12), pp. 1-38 [En línea]. Disponible en: https://dl.acm.org/doi/10.1145/3571730

Jiménez, C. C. (2025). Agentes conversacionales e inteligencia híbrida. En González-Fernández, K. y Mercado García, A. (eds.) Inteligencia Artificial. Enfoques Multidisciplinares. (pp. 163-186). EUNSA.

Martínez-Ordaz, M. y Ramos, G. Cuestiones epistémicas sobre la implementación de macrodatos en las ciencias: opacidad epistémica, ignorancia y racionalidad. En González-Fernández, K. y Mercado García, A. (eds.) Inteligencia Artificial. Enfoques Multidisciplinares. (pp. 187-211). EUNSA.

Mirzadeh,I.; Alizadeh, K.; Shahrokhi, H.; Tuzel, O.; Bengio, S. y Farajtabar, M.(2024). GSM-Symbolic: Understanding the limitations of mathematical reasoning in large language models. En Proceedings of the EACL 2024 Workshop on Mathematical Reasoning, pages 1–12, Online (Virtual), October 2024. European Chapter of the Association for Computational Linguistics. doi: 10.48550/arXiv.2410.05229. URL https://arxiv.org/abs/2410.05229.

Munera, L. (1991). Inteligencia artificial y sistemas expertos. Publicaciones Icesi No. 38 – Enero/Marzo 1991.

Palau, G. (2016). Frege y la controversia acerca del psicologismo. Disputatio, 5 (6), 417-425. En Memoria Académica. Disponible en: http://www.memoria.fahce.unlp.edu.ar/art_revistas/pr.9666/pr.9666.pdf

Pasquinelli, M., Cafassi, E., Monti, C., Peckaitis, H., & Zarauza, G. (2022). Cómo una máquina aprende y falla–Una gramática del error para la Inteligencia Artificial. Hipertextos, 10(17), 13-29.

Ricoeur, P. (2006). Sí mismo como otro. Siglo XXI Editores.

UNESCO. (2022). Recomendación sobre la Ética de la Inteligencia Artificial.

Robisco, S. (2024). Historia de la Inteligencia Artificial. Editorial Guadalmazán.

Rodríguez, L., & Bouchet, Z. (2024). Desempleo tecnológico vs teoría de la compensación: revisión actual de un debate recurrente. Revista Visión de Negocios, 2, 115-136.

Véliz, C. (2021). Privacidad es poder: Datos, vigilancia y libertad en la era digital. Debate.

De la biología y la física, a la ética de la Inteligencia Artificial

David Ramírez Ramírez[1]

Resumen: La inteligencia artificial (IA) se ha consolidado como una de las fuerzas más transformadoras de la sociedad contemporánea, modificando desde los sistemas financieros hasta las dinámicas sociales y políticas. Sin embargo, su desarrollo acelerado plantea el desafío urgente de construir marcos regulatorios capaces de guiar su impacto de manera sostenible. Este texto propone una aproximación interdisciplinaria que parte de la biología y la física como fuentes de principios universales —evolución, homeostasis, entropía, causalidad y complejidad— que pueden servir de inspiración para la elaboración de normas y estándares en torno a la IA.

Más allá de la mera traslación de leyes naturales a marcos jurídicos, se plantea un ejercicio filosófico y normativo que reconoce los beneficios y riesgos de esta integración. La propuesta apunta hacia una gobernanza de la IA que sea interdisciplinaria, ética y robusta, capaz de equilibrar

1. Doctor en Física por la Universidad de Guanajuato, Maestro en Matemáticas Aplicadas por la Universidad Autónoma de San Luis Potosí y Licenciado en Biofísica por el instituto de física de la Universidad Autónoma de San Luis Potosí. Con más de nueve años de experiencia en investigación científica y ocho años en ciencia de datos, se ha especializado en modelos predictivos, sistemas dinámicos y optimización aplicada. Actualmente se desempeña como Científico de Datos y Oficial de Inteligencia Artificial en el sector bancario, liderando proyectos de aplicaciones de IA y gobernanza bajo estándares internacionales como la ISO/IEC 42001. Ha publicado en revistas indexadas de física aplicada, materiales y ciencia del deporte, consolidando un perfil interdisciplinario que conecta fundamentos científicos con aplicaciones tecnológicas y normativas y Chief AI Officer de White Bx Project (México).

innovación tecnológica y responsabilidad social, tomando como guía principios que han demostrado su validez en el orden natural y físico.

Palabras clave: Selección natural · robustez · adaptación · entropía informacional

1. Introducción

La humanidad se encuentra en un momento de inflexión. La inteligencia artificial (IA), que hace apenas unas décadas era terreno de la ciencia ficción, hoy se ha convertido en una fuerza transformadora que organiza procesos financieros, optimiza industrias y moldea nuestras interacciones sociales cotidianas. Sin embargo, este avance vertiginoso plantea un dilema central: ¿cómo gobernar un poder tecnológico que evoluciona más rápido que nuestra capacidad de regular?

La respuesta habitual ha sido mirar hacia el derecho y la política, pero en este ensayo se propone un enfoque distinto: volver la mirada hacia la biología y la física. Ambas ciencias llevan siglos enseñándonos principios que explican cómo la vida y la materia enfrentan la complejidad, la incertidumbre y los límites. Conceptos como la evolución, la homeostasis o la entropía no solo describen fenómenos naturales, sino que ofrecen metáforas robustas y, sobre todo, marcos de inspiración para pensar en la regulación de tecnologías emergentes.

El objetivo de este trabajo es explorar cómo principios físicos y biológicos, enriquecidos por la filosofía y los marcos normativos actuales, pueden contribuir a diseñar leyes y estándares de gobernanza para la IA. La propuesta no consiste en trasladar literalmente las leyes naturales al derecho, hace una invitación a inspirarse en ellas para construir normas más universales, sostenibles y resistentes al cambio. La IA no es solo un asunto técnico, sino un desafío interdisciplinario en el que naturaleza, ciencia y sociedad deben dialogar.

1.1. Contexto actual de la inteligencia artificial y necesidad de regulación

La inteligencia artificial (IA) ya no es una promesa de futuro: es una fuerza silenciosa que hoy organiza nuestras finanzas, decide qué vemos en nuestras pantallas y, cada vez más, condiciona las relaciones entre Estados, empresas y personas (Floridi y Cowls, 2019). Su impacto no es marginal; es estructural. Sin embargo, este crecimiento vertiginoso no ha venido acompañado de un marco regulatorio sólido. Mientras los algoritmos aprenden y se expanden, la sociedad sigue discutiendo si debemos o no ponerles límites (European Commission, 2021). La paradoja es evidente: confiamos en sistemas que no siempre comprendemos y que, sin regulación clara, operan bajo la lógica de "avance primero, piensa después". La necesidad de reglas no es un capricho burocrático, sino una condición de supervivencia política, económica y ética.

1.2. Justificación: por qué mirar a la biología y la física

Podría parecer extraño —casi exótico— pensar que las leyes de la biología o de la física puedan enseñarnos algo sobre cómo regular la IA. Pero basta observar la historia: cuando la humanidad se enfrentó a enigmas aparentemente caóticos, encontró en la naturaleza un espejo y un mapa. La biología nos mostró cómo los sistemas vivos se adaptan, cómo sobreviven gracias a la homeostasis (Cannon, 1929), cómo prosperan en ecosistemas interdependientes. La física nos enseñó que existen límites inviolables: la entropía crece (Shannon, 1948), la causalidad ordena, los sistemas complejos emergen sin pedir permiso (Strogatz, 2001). Si estos principios han guiado nuestra comprensión del universo y de la vida, ¿por qué no podrían orientar también la forma en que domesticamos la IA? No se trata de copiar la naturaleza, sino de inspirarnos en sus leyes universales para diseñar marcos regulatorios robustos y sostenibles.

1.3. Objetivo y alcance del ensayo

Este ensayo propone un ejercicio: trasladar principios fundamentales de la biología y la física al terreno de la regulación de la IA. El objetivo no es técnico ni legalista en exceso, sino filosófico en el mejor sentido: explorar cómo el conocimiento científico puede alimentar la ética y el derecho. A lo largo de estas páginas, el lector será conducido desde los cimientos naturales —evolución, homeostasis, entropía, causalidad— hasta su traducción en implicaciones normativas y éticas (Bostrom, 2014). El alcance es ambicioso pero necesario: abrir un diálogo interdisciplinario que permita construir un futuro donde la IA no sea solo eficiente, sino también gobernada por principios tan firmes como las leyes que sostienen la vida y la materia (IEEE, 2019).

2. Principios provenientes de la biología

2.1. Evolución y selección natural: adaptación como modelo para la IA

Cuando hablamos de evolución, es común escuchar la idea equivocada de que los organismos "se adaptan" de manera consciente o inmediata a su entorno. En realidad, la evolución no consiste en que una especie cambie voluntariamente sus características, sino en que ciertas variaciones ya existentes resultan ventajosas cuando el medio ambiente cambia, y son esas variaciones las que se transmiten a las siguientes generaciones (Darwin, 1859). Es decir, no se trata de que un organismo "aprenda" a sobrevivir en nuevas condiciones, sino de que quienes ya poseen las características útiles tienen más probabilidad de sobrevivir y reproducirse.

La adaptación, por tanto, es el resultado de ese proceso evolutivo: un organismo o una población se dice adaptada cuando sus rasgos heredados son adecuados para las condiciones del medio en que vive (Mayr, 1982). Este matiz es fundamental, porque nos recuerda que la evolución opera sobre la diversidad preexistente, no sobre la necesidad inmediata.

Trasladado al campo de la inteligencia artificial, este principio nos enseña que los sistemas no deben diseñarse para forzar una solución única frente a un problema, sino para generar y mantener diversidad de estrategias que, bajo nuevas condiciones, puedan resultar más eficaces. Los algoritmos evolutivos siguen este patrón: crean múltiples soluciones posibles, dejan que "compitan" en entornos simulados y permiten que sobrevivan las más eficientes (Mitchell, 1996). En contextos de incertidumbre, como mercados financieros, ciberseguridad o gestión de recursos, este modelo resulta más realista que pretender un control absoluto desde el inicio.

Así, comprender la diferencia entre evolución y adaptación nos ayuda a pensar en una IA más resiliente: no como un sistema rígido que responde igual en todos los contextos, sino como uno capaz de generar variaciones y seleccionar aquellas que le permiten mantenerse vigente y útil en escenarios cambiantes.

2.2. Homeostasis: estabilidad y autorregulación en sistemas inteligentes

Walter Cannon (1929) acuñó el término homeostasis para describir la capacidad de los organismos de mantener un equilibrio interno a pesar de los cambios externos. Este principio biológico es esencial para pensar la regulación de la IA: los sistemas inteligentes deben ser capaces de autorregularse frente a sesgos, fallos o desviaciones. Un algoritmo que se desborda sin control no solo genera errores técnicos, sino riesgos éticos y sociales. Al igual que el cuerpo humano mantiene constante su temperatura, la IA debería contar con mecanismos de retroalimentación que aseguren estabilidad y resiliencia en contextos cambiantes (Kitano, 2004). Regular la IA no significa sofocar su desarrollo, sino garantizar que pueda mantenerse dentro de límites seguros y previsibles.

2.3. Ecosistemas y coevolución: IA como parte de un entramado socio-tecnológico

Ningún organismo evoluciona de manera aislada: lo hace en interacción con otros dentro de un ecosistema. John Thompson (1994) mostró que la coevolución es un proceso dinámico en el que especies distintas se influyen mutuamente, generando equilibrios frágiles pero sostenibles. Trasladado al ámbito de la IA, esto implica reconocer que los algoritmos no existen en un vacío técnico: conviven con usuarios, instituciones, empresas y reguladores. Cada decisión de diseño o de regulación afecta al ecosistema entero. La IA no es un agente autónomo sin contexto; es parte de un tejido socio-tecnológico donde los humanos también deben adaptarse a sus cambios. Comprender esta lógica de ecosistemas y coevolución es clave para pensar una regulación que no se limite a controlar máquinas, sino que promueva la armonía del conjunto.

3. Principios provenientes de la física

3.1. Termodinámica y entropía informacional: límites de eficiencia y sostenibilidad

La física nos enseñó una verdad incómoda: nada es completamente eficiente. La segunda ley de la termodinámica establece que en todo proceso existe una pérdida inevitable de energía en forma de calor o desorden, lo que se conoce como entropía (Clausius, 1865). En otras palabras, cada sistema paga un precio por funcionar. Cuando trasladamos esta idea al terreno de la inteligencia artificial, encontramos un paralelo directo: entrenar un modelo consume cantidades masivas de energía, memoria y procesamiento, y siempre habrá un límite práctico a lo que puede lograrse.

La entropía informacional, introducida por Shannon (1948), añade otra capa de reflexión: no toda la información que circula en un sistema es útil, y la incertidumbre aumenta cuando el ruido supera a la señal. En IA, esto se traduce en la necesidad de diseñar algoritmos que no solo procesen más datos, sino que sean capaces de filtrar lo relevante para mantener la eficiencia y sostenibilidad. El reto no es crecer indefinidamente, sino hacerlo dentro de los límites que impone la física, asegurando que los sistemas de IA no se conviertan en devoradores insostenibles de recursos.

Esta limitación de la eficiencia no es solo un principio teórico; también se ha observado en distintos contextos, por ejemplo: el ámbito de los materiales. En la síntesis de nanopartículas, incluso bajo condiciones optimizadas, la eficiencia del material muestra un límite físico que no puede superarse (Ramírez, 2022). Este tipo de evidencias refuerza la idea de que todo sistema —biológico, físico o artificial— opera bajo fronteras ineludibles que deben considerarse en su regulación.

3.2. Causalidad y predictibilidad: transparencia frente a cajas negras

Uno de los principios más sólidos de la física es la causalidad: todo efecto tiene una causa. Aunque en mecánica cuántica este principio se matiza con probabilidades, en el mundo macroscópico sigue siendo un pilar para explicar fenómenos y construir predicciones (Hume, 1748; Pearl, 2000). En contraste, muchos modelos de IA actuales funcionan como "cajas negras": ofrecen resultados correctos sin que podamos rastrear de manera clara el porqué.

La física nos recuerda que entender no es solo observar correlaciones, sino identificar relaciones causales. Aplicado a la regulación de la IA, esto significa que no basta con exigir precisión en los resultados: se necesita transparencia, trazabilidad y explicabilidad. De lo contrario, delegamos decisiones críticas en sistemas opacos que, aunque eficientes, carecen de sustento ético y científico de la causalidad. La predictibilidad, entendida en este marco, no consiste en adivinar futuros probables, sino en comprender las condiciones que hacen que ciertos resultados sean inevitables o altamente probables.

3.3. Dinámica de sistemas complejos: emergencias y comportamientos no lineales

La física de los sistemas complejos muestra que, a partir de reglas simples, pueden surgir comportamientos colectivos impredecibles. Ejemplos clásicos son el clima, los enjambres o los fluidos turbulentos (Prigogine y Stengers, 1984; Strogatz, 2001). Estos sistemas no responden de manera lineal: un pequeño cambio en las condiciones iniciales puede provocar grandes variaciones en el resultado, lo que conocemos como sensibilidad al caos (Lorenz, 1963).

La inteligencia artificial comparte esta naturaleza. Un ajuste menor en los datos de entrenamiento o en los parámetros de un modelo puede producir salidas radicalmente distintas. Esto plantea un desafío regulatorio: ¿cómo controlar un sistema que, por definición, puede generar emergencias imprevistas? Aquí la lección de la física es clara: no podemos pretender control absoluto sobre sistemas complejos, pero sí podemos diseñar marcos de resiliencia, monitoreo constante y capacidad de corrección rápida frente a desviaciones. Regular la IA implica aceptar su complejidad y construir normas que reconozcan esa incertidumbre.

4. Fundamentos filosóficos y epistemológicos

4.1. Epistemología de la predicción: conocimiento, incertidumbre y explicabilidad

La epistemología se ocupa de una pregunta básica: ¿qué significa saber? En el contexto de la IA, esta pregunta se vuelve urgente. Los modelos predictivos no ofrecen certezas absolutas, sino probabilidades sujetas a incertidumbre. Karl Popper (1959) recordaba que el conocimiento científico siempre es provisional, abierto a ser refutado. Este principio es clave para no caer en la ilusión de que la IA predice el futuro de manera determinista.

Un segundo punto es la explicabilidad. Platón advertía ya en sus diálogos que no basta con tener una creencia verdadera, sino que se necesita justificación para considerarla conocimiento (Platón, 1997). Aplicado a la IA, esto significa que no basta con que un algoritmo acierte: necesitamos entender cómo y por qué llegó a esa conclusión. De lo contrario, estamos frente a una creencia afortunada, no a un conocimiento confiable.

En este sentido, la epistemología aporta una lección fundamental: las predicciones de la IA deben presentarse con un grado explícito de incertidumbre y con mecanismos de explicación trazables (Doshi-Velez y Kim, 2017). Solo así se puede hablar de conocimiento útil y responsable, y no de oráculos opacos disfrazados de ciencia.

4.2. De la ley natural a la ley normativa: reflexiones filosóficas sobre regular desde la ciencia

Desde la antigüedad, filósofos como los estoicos hablaban de una ley natural inscrita en el orden del cosmos, que debía servir de guía para la conducta humana. Tomás de Aquino la retomó en la Edad Media para sostener que las normas humanas debían alinearse con principios universales de justicia (Aquinas, 1265). Hoy, al pensar en regular la IA, la pregunta es si podemos inspirarnos en las leyes de la biología y la física para construir normas jurídicas que sean igualmente universales.

La advertencia es clara: no se trata de un determinismo ingenuo. No podemos simplemente trasladar las leyes de la termodinámica o de la evolución a un código legal. Sin embargo, la filosofía del derecho nos enseña que las normas ganan legitimidad cuando se fundan en principios sólidos y compartidos (Fuller, 1969). Si la naturaleza ha sostenido durante millones de años procesos de estabilidad, adaptación y límite, quizá esos mismos principios puedan servir como brújula normativa. Regular desde la ciencia no implica abdicar de la política, sino reconocer que los principios naturales ofrecen un terreno fértil para pensar normas que no sean arbitrarias, sino sostenibles y universales.

5. Discusión crítica

5.1. Riesgos de extrapolar directamente leyes naturales a leyes jurídicas

El atractivo de usar la biología y la física como brújula normativa es innegable, pero también conlleva riesgos. El primero es el determinismo ingenuo: asumir que, porque una ley natural funciona en el universo físico, debe aplicarse automáticamente en el ámbito social o jurídico. Este error, conocido como la "falacia naturalista" (Moore, 1903), confunde lo que es con lo que debe ser. Que la entropía siempre aumente en sistemas cerrados no significa que debamos aceptar el desorden social como inevitable, ni que la regulación deba resignarse a la imprevisibilidad total de la IA.

Un segundo riesgo es el de la metáfora excesiva. Tomar conceptos como "ecosistema" o "coevolución" y aplicarlos de forma superficial a la IA puede llevar a simplificaciones engañosas. Las metáforas son útiles para pensar, pero peligrosas para legislar si no se traducen en principios jurídicos concretos (Searle, 1995). Por último, está el riesgo de rigidez normativa. Las leyes humanas deben ser flexibles y adaptables; de lo contrario, se vuelven obsoletas frente a los avances tecnológicos. Una traducción literal de leyes naturales podría generar marcos demasiado estáticos, incapaces de responder a la velocidad con que evoluciona la IA.

5.2. Beneficios de integrar principios universales en marcos normativos

A pesar de los riesgos, hay beneficios claros en inspirarse en la biología y la física. El primero es la universalidad: principios como la adaptación, la homeostasis o la causalidad son válidos en cualquier contexto cultural, lo que otorga legitimidad global a las normas que se construyan sobre ellos (Floridi & Cowls, 2019). El segundo es la robustez. Los sistemas vivos han sobrevivido millones de años precisamente porque han sabido equilibrar flexibilidad y estabilidad. Incorporar esta lógica al diseño normativo permite construir marcos más resistentes frente a la volatilidad tecnológica.

El tercero es la sostenibilidad. La termodinámica nos recuerda que todo sistema tiene límites; aplicarlo a la IA implica diseñar políticas que consideren los costos energéticos, ambientales y sociales de su despliegue (European Commission, 2021). De esta manera, la inspiración científica no sustituye a la política, pero la fortalece con principios duraderos.

5.3. Hacia una gobernanza interdisciplinaria de la IA

El debate sobre la regulación de la IA no puede quedar en manos exclusivas de ingenieros ni de juristas. Se requiere un enfoque interdisciplinario, donde filósofos, científicos, legisladores y actores sociales colaboren en un mismo marco de gobernanza (Mittelstadt, 2019). Este diálogo debe reconocer la complejidad de la IA: un sistema técnico, pero también cultural, económico y político.

La gobernanza de la IA debe aspirar a ser un proceso vivo, más cercano a la dinámica de un ecosistema que a la rigidez de un código legal cerrado. En este sentido, integrar principios de la biología y la física no es un atajo, sino un recordatorio de que la naturaleza ya enfrentó dilemas de estabilidad, adaptación y límite, y encontró soluciones sostenibles. El reto es traducir esas lecciones en normas humanas que sean justas, adaptables y globalmente aplicables.

6. Conclusiones

La inteligencia artificial se ha convertido en un actor central de nuestra sociedad, capaz de transformar economías, relaciones sociales y estructuras políticas. Regularla es una necesidad urgente, no un ejercicio opcional. Este capítulo ha propuesto mirar a la biología y a la física como fuentes de inspiración para ese esfuerzo. De la biología aprendemos la importancia de la evolución como proceso de resiliencia, de la homeostasis como principio de estabilidad y de la coevolución como recordatorio de que la IA siempre existirá en interacción con humanos y contextos sociales. De la física rescatamos la lección de la entropía como límite inevitable, de la causalidad como exigencia de transparencia y de los sistemas complejos como advertencia sobre la imprevisibilidad.

La discusión crítica mostró que estas analogías no deben aplicarse de manera literal, para evitar caer en determinismo o simplificación excesiva. Pero también reveló que integrarlas ofrece beneficios claros: universalidad, robustez y sostenibilidad. La conclusión es sencilla, aunque desafiante: la regulación de la IA debe ser interdisciplinaria, inspirada en principios científicos pero anclada en valores éticos y jurídicos. Solo así podremos domesticar esta fuerza transformadora sin sofocarla, asegurando que su desarrollo esté al servicio de la humanidad y no en su contra.

Referencias

Aquinas, T. (1947). Summa Theologica. Benziger Bros. (Trabajo original publicado entre 1265–1274).

Bostrom, N. (2014). Superintelligence: Paths, dangers, strategies. Oxford University Press.

Cannon, W. B. (1929). Organization for physiological homeostasis. Physiological Reviews, 9(3), 399–431.

Clausius, R. (1865). Über verschiedene für die Anwendung bequeme Formen der Hauptgleichungen der mechanischen Wärmetheorie. Annalen der Physik, 125(7), 353–400.

Darwin, C. (1859). On the origin of species by means of natural selection. John Murray.

Doshi-Velez, F., & Kim, B. (2017). Towards a rigorous science of interpretable machine learning. arXiv preprint arXiv:1702.08608.

European Commission. (2021). Proposal for a Regulation laying down harmonised rules on artificial intelligence (Artificial Intelligence Act). Brussels: European Commission.

Floridi, L., & Cowls, J. (2019). A unified framework of five principles for AI in society. Harvard Data Science Review, 1(1). https://doi.org/10.1162/99608f92.8cd550d1

Fuller, L. (1969). The morality of law. Yale University Press.

Hume, D. (2000). An enquiry concerning human understanding. Oxford University Press. (Trabajo original publicado en 1748).

IEEE. (2019). Ethically aligned design: A vision for prioritizing human well-being with autonomous and intelligent systems. IEEE Standards Association.

Kitano, H. (2004). Biological robustness. Nature Reviews Genetics, 5(11), 826–837. https://doi.org/10.1038/nrg1471

Lorenz, E. N. (1963). Deterministic nonperiodic flow. Journal of the Atmospheric Sciences, 20(2), 130–141.

Mayr, E. (1982). The growth of biological thought: Diversity, evolution, and inheritance. Harvard University Press.

Mitchell, M. (1996). An introduction to genetic algorithms. MIT Press.

Mittelstadt, B. (2019). Principles alone cannot guarantee ethical AI. Nature Machine Intelligence, 1(11), 501–507. https://doi.org/10.1038/s42256-019-0114-4

Moore, G. E. (1903). Principia Ethica. Cambridge University Press.

Pearl, J. (2000). Causality: Models, reasoning and inference. Cambridge University Press.

Platón. (1997). Complete works (J. M. Cooper, Ed.). Hackett Publishing.

Popper, K. (1959). The logic of scientific discovery. Hutchinson.

Prigogine, I., & Stengers, I. (1984). Order out of chaos: Man's new dialogue with nature. Bantam Books.

Ramírez, D. (2022). High heating efficiency of magnetite nanoparticles synthesized with citric acid. Journal of Electronic Materials, 51(6), 3065–3073. https://doi.org/10.1007/s11664-022-09678-5

Searle, J. R. (1995). The construction of social reality. Free Press.

Shannon, C. E. (1948). A mathematical theory of communication. Bell System Technical Journal, 27(3), 379–423.

Strogatz, S. H. (2001). Nonlinear dynamics and chaos: With applications to physics, biology, chemistry, and engineering. Westview Press.

Thompson, J. N. (1994). The coevolutionary process. University of Chicago Press.

Agencia Artificial y responsabilidad moral: ¿quién debe responder por los daños causados por la IA?

Tatiana Lozano Ortega

Resumen: En este capítulo argumento que la Inteligencia Artificial introduce la posibilidad de causar daños morales —por lo tanto, evitables— sin que haya algún agente moral intencional (humano) que deseara causar el daño o que pudiera preverlo. En este sentido, considero que el mayor reto de la IA a la ética es el problema de la atribución de responsabilidades y sugiero un modelo de distribución que contemple tanto a los humanos detrás de la IA, como a la IA misma. Después del plantear el problema en la introducción, el argumento se desarrolla en cinco partes. Para empezar (i) presento a la IA como agencia artificial (AA), para identificar el alcance de estas herramientas. Posteriormente, (ii) presento el problema de las lagunas de responsabilidad ocasionado por la delegación de acciones moralmente relevantes a la IA. Luego, para poder atribuir responsabilidades, (iii) presento una distinción clave entre agencia intencional (humana) y agencia causal (artificial). Esta distinción me lleva a (iv) identificar a la IA como un nuevo tipo de agente artificialmente moral, que no es ni enteramente causal ni intencional. Y para concluir, presento (v) un modelo de agencia distribuida y distribución de responsabilidades para atender el problema de las lagunas de responsabilidad y la evasión de responsabilidades.

Palabras clave: Agencia Artificial · responsabilidad moral · ética de la IA · agencia distribuida · rendición de cuentas

1. Introducción

Dentro del mar de riesgos y oportunidades que puede causar la irrupción de la Inteligencia Artificial (IA) en nuestras sociedades, me interesa identificar cuál es el principal reto presentado por la IA al pensamiento ético y, por consecuencia, legal y político. Considero que el principal reto que plantea la IA al pensamiento moral es su capacidad de desempeñar un papel decisivo en acciones moralmente relevantes sin ser, por sí misma, un agente moral tradicional. Dado que las IA están programadas para alcanzar objetivos específicos, esto implica un grado de control humano sobre su programación y, por lo tanto, de responsabilidad moral humana. Sin embargo, estas herramientas también tienen la capacidad de actuar de forma *autónoma* —o, más bien, inesperada—, lo que abre la posibilidad de cometer daños morales involuntarios.

En consecuencia, las interacciones entre humanos e IA en situaciones moralmente relevantes pueden dar lugar a la búsqueda de chivos expiatorios: ya sea que se culpe a la IA misma —que no es un agente intencional y es incapaz de brindar las reparaciones adecuadas—; o a las personas detrás de la IA —quienes no siempre pueden prever o controlar los daños causados por estos sistemas—. Ante esta situación, la pregunta es: ¿cómo operan las interacciones moralmente relevantes entre humanos e IA y cómo podemos prevenir daños futuros? De manera preliminar y siguiendo el trabajo de autores como Floridi (2004, 2016, 2023, 2025), Johnson y Verdicchio (2019), Coeckelbergh (2020) y Strasser (2021), propongo un modelo de responsabilidad distribuida que enfatiza el papel de los agentes intencionales (i.e., humanos) en las interacciones entre humanos e IA.[1]

Para comprender este problema conviene aterrizarlo en casos reales de uso de la IA para decisiones moralmente relevantes. Un ejemplo común es el de los vehículos autónomos (*self-driving cars*, SDC). Imaginemos un SDC que conduce en el carril de alta velocidad y varios metros delante de él se encuentra un tráiler detenido, completamente inmóvil. Como consecuencia, los autos delante del SDC cambian de carril y así

1. La versión completa de este argumento fue desarrollada en mi tesis de maestría (2025) por lo que aquí se publica una versión sintetizada en español.

evitan chocar contra el tráiler. Sin embargo, el vehículo autónomo no logra cambiar de carril a tiempo y entonces tiene que decidir en cuestión de segundos entre tres escenarios. En el primero, el auto choca con el tráiler en lugar de cambiar de carril y esto ocasiona la muerte de los pasajeros del auto, pero nadie más resulta herido. En el segundo escenario, el sistema decide salirse de la carretera para salvar a los pasajeros y atropella a un peatón en su lugar. Los pasajeros salen intactos, pero el auto mata a un tercero inocente. En el tercer escenario, el auto cambia de carril rápidamente, lo que ocasiona un choque con otro auto que pasaba por el segundo carril. Como consecuencia, los pasajeros de ambos autos resultan heridos y al menos uno pierde la vida.

En este tipo de casos es importante destacar que, en principio, los resultados dañinos de la interacción humano-IA van en contra de los objetivos de sus desarrolladores, usuarios y programadores. Quienes diseñan sistemas autónomos de navegación pretenden lograr que sus vehículos sean seguros. Su objetivo es, en principio, ser una opción más segura que los conductores humanos dadas las capacidades predictivas de los modelos.[2] Y si bien eso no significa que lo vayan a lograr —ni que su objetivo sea posible—; podemos decir que los choques ocasionados por vehículos autónomos son un resultado imprevisto y no intencional desde el punto de vista de los humanos detrás de la IA. Entonces, la pregunta es: ¿quiénes deben hacerse responsables por los daños causados por las interacciones humano-IA? ¿Serán los pasajeros del vehículo autónomo o los programadores o las empresas que diseñaron el auto o los gobiernos encargados de regular el uso de este tipo de sistemas? Más aún, ¿deberíamos considerar la responsabilidad de la IA como tal? Pero, sobre todo, ¿cómo podemos evitar este tipo de daños y no simplemente minimizarlos para justificarlos estadísticamente?

2. Su desarrollo suele justificarse bajo el argumento de que, si todos los vehículos en la calle fueran autónomos, no habría accidentes dado que las acciones de todos serían siempre predecibles para los demás.

2. IA como Agencia Artificial

Para identificar el papel de la IA en este tipo de interacciones es necesario comprender cómo opera, cuáles son sus capacidades y límites en cuanto se refiere a la toma de decisiones moralmente relevantes. Un primer paso en este sentido es desvincular las capacidades, llamadas "cognitivas" de la IA de la manera en que las capacidades cognitivas humanas se relacionan con la acción moral. A diferencia de los humanos, las inteligencias artificiales no son seres intencionales, con comprensión de un contexto normativo, con afecciones, miedos y deseos. Muy por el contrario, la IA es más bien la capacidad de realizar cosas y solucionar problemas que antes requerían de inteligencia, porque sólo los humanos podíamos hacerlas, pero que ahora son posibles mediante otras estrategias, como la inferencia estadística. En palabras de Luciano Floridi:

> La inteligencia artificial se entiende mejor como una nueva forma de agencia, no de inteligencia, entonces, la IA es una sorprendente revolución, pero en un sentido pragmático y no cognitivo [... En este sentido,] los retos y oportunidades concretos y urgentes derivados de la IA provienen de la separación entre la agencia y la inteligencia, que continúan alejándose en la medida en que la IA se vuelve más exitosa (Floridi, 2023, p. xiii).[3]

Esta aclaración es importante porque la etiqueta imprecisa de "inteligencia artificial" puede provocar la confusión de que un agente artificial (AA) actúe de forma similar a un humano (inteligente) cuando se le delega una decisión moralmente relevante. Un primer paso para entender las interacciones humano-IA es identificar estas diferencias. La agencia artificial se explica en términos de funcionalidad, que en última instancia se remonta a los sustratos materiales y algorítmicos de estas tecnologías. Comprender estos componentes nos permite entender las

3. En línea con esta definición, empleo los términos agencia artificial (AA) e inteligencia artificial (IA) de manera intercambiable a lo largo del capítulo.

limitaciones de la IA. Por ejemplo, sus *inputs* se limitan a un lenguaje simbólico cerrado, desprovisto de claves semánticas para la comprensión (Searle, 1984, p. 16), lo que restringe significativamente su capacidad para resolver tareas cognitivas (Bender et al., 2021, p. 617). Dadas estas limitaciones, su forma de abordar este tipo de problemas es fundamentalmente diferente a la nuestra. Además, la IA está limitada por sus objetivos de diseño, que permiten un cierto grado de autonomía[4] contenida.

3. Lagunas de responsabilidad

La raíz del problema radica en la tensión entre los límites de la IA y sus capacidades: aunque estos sistemas no tienen una comprensión de la dimensión moral de sus decisiones, pueden causar daños que sus programadores buscan evitar. Para ilustrar el problema de la atribución de responsabilidades por acciones moralmente relevantes que involucran a la IA, podemos volver al ejemplo del accidente ocasionado por el vehículo autónomo. Es altamente probable que un conductor humano hubiera identificado el tráiler parado desde una mayor distancia y hubiera cambiado de carril como hicieron los demás coches. Sin embargo, la IA no comprendió el contexto y mató a una persona en los tres escenarios. Esto se podría haber evitado con una intervención humana oportuna para cambiar de carril. También se podría evitar mediante la integración de claves contextuales relevantes en el proceso de entrenamiento.

4 Es importante aclarar que se trata de un sentido de "autonomía" débil o coloquial que refiere a la capacidad de actuar de formas imprevistas y no a un sentido estricto de autonomía (i.e., kantiano) que refiere a la capacidad exclusivamente humana de elegir acatar un código moral por la convicción personal de actuar desde el deber. Decimos que la IA es autónoma porque la comparamos con otros artefactos tradicionales que no tienen capacidades discrecionales, sino que toda su operación se limita a una serie de reglas preprogramadas por un humano.

Por ejemplo, planteando un escenario general del tipo 'si todos los vehículos que lo anteceden cambian de carril antes de alcanzar un objeto en el camino, el sistema debe cambiar de carril antes de alcanzar tal objeto. Igualmente, se puede argumentar que estos accidentes se evitarían si las autoridades regularan adecuadamente el uso de vehículos autónomos en la vía pública.

Cuando decimos que un daño se puede prevenir es porque su existencia depende de las decisiones de un agente moral (humano) que puede elegir actuar de manera que se evite el daño. Si bien en las interacciones entre humanos e IA la posibilidad de evitar daños se debe al papel de los agentes morales involucrados, también es cierto que las causas decisivas del daño pueden no recaer en estos agentes, sino que pueden depender de las decisiones tomadas por la IA. Esto ilustra cómo el uso de agentes artificiales crea lo que Andreas Matthias (2004) denominó "lagunas de responsabilidad" (*responsibility gaps*). Esto es, casos en los que la causa del daño puede atribuirse al AA y no a sus desarrolladores o usuarios (Matthias, 2004, p. 182), o casos en los que las causas relevantes se distribuyen entre el AA y los seres humanos que interactúan con él (Strasser, 2021, p. 528).

Las lagunas de responsabilidad son un resultado directo de la naturaleza del aprendizaje automático (Matthias, 2004, p. 177). Dado que estos sistemas están diseñados para integrar continuamente nueva información y crear nuevas estrategias, que pueden diferir de las introducidas por los desarrolladores, se produce una pérdida deliberada del control humano en la interacción. En este sentido, lo que hace posible la agencia artificial —la delegación de acciones y decisiones— también plantea un reto ético particular: la dificultad de atribuir la responsabilidad por los posibles daños. Se podría argumentar que hay un nivel relevante de participación humana en la programación de la IA y que esto podría resolver la falta de responsabilidad. En tal caso, la responsabilidad se tendría que atribuir por completo a las personas que intencionalmente desarrollan y usan una IA para causar un daño. Sin embargo, para fines de mi argumento solo me interesan los casos en donde los humanos detrás de un agente artificial no tienen la intención de causar ningún daño o no pueden preverlo, pues estos casos ilustran el problema real de las lagunas de responsabilidad.[5]

4. Agencia intencional y agencia causal

Para comprender adecuadamente hasta qué punto los agentes artificiales pueden considerarse moralmente relevantes, debemos explorar qué constituye una agencia moralmente relevante. A saber, ¿por qué puedo culpar a un vehículo autónomo por chocar contra mi coche, pero no a la rama de un árbol por caerme en la cabeza? Para abordar esta cuestión, introduzco una distinción entre agencia causal e intencional (Johnson y Verdicchio, 2019, p. 640; Coeckelbergh, 2020a, p. 2054; Strasser, 2021, p. 525; Véliz, 2021, p. 489). La concepción subyacente es que los daños y beneficios morales pueden ser resultado de decisiones tomadas por agentes intencionales (seres humanos), pero también pueden ser resultado de agentes no intencionales o aintencionales (como las fuerzas naturales, los animales irracionales, o las máquinas).

La primera característica de un agente intencional es que tiene libre albedrío y la autonomía (en sentido estricto) para elegir acciones justas entre una serie de alternativas. Las acciones de un agente moral tradicional —i.e., humano— pueden merecer desprecio o reconocimiento en la medida en que el agente actúe desde un sentido del deber que sólo se puede obtener mediante el conocimiento de un contexto social normativo (Kant, 1785, pp. 4:397-4:400). En este sentido, las decisiones intencionales son la causa relevante de las acciones morales. Esto se debe a que, como afirman Johnson y Verdicchio (2019, p. 641), "las intenciones

5. Si una persona *X* usa un martillo para lastimar a la persona *Y*, es claro que la responsabilidad total recae en *X*, ya que el martillo no podría haber causado el daño por sí solo. En cambio, una IA puede causar un daño evitable sin ninguna intención dolosa o negligente por parte de los humanos que la desarrollan o usan.

del agente inician la cadena de causalidad". Por estas razones, la responsabilidad por el daño causado se atribuye al agente intencional que decidió provocarlo o a aquellas partes involucradas sin las cuales el daño no habría ocurrido.

Cuando hay más de un agente intencional involucrado, determinar la responsabilidad se vuelve más difícil. Además, en el contexto de las acciones moralmente relevantes que involucran a agentes artificiales, se traza una línea divisoria entre las acciones causadas por intenciones provenientes de los estados mentales humanos y las acciones causadas por una cadena causal compleja que involucra artefactos de manera decisiva. No se puede decir que los agentes artificiales tengan los estados mentales necesarios para la acción intencional, ni es necesario que los posean para causar daño. Dado que sus acciones pueden causar daño moral de manera decisiva, son agentes moralmente relevantes aunque carezcan de intencionalidad.

La forma más común de tener en cuenta a la IA en las interacciones entre humanos y máquinas es considerarlas agentes causales. La idea es que, dado que intervienen en la cadena causal que conduce al daño, pueden ser sus agentes causales (Johnson y Verdicchio, 2019, p. 641). A diferencia de un agente intencional, que establece la causa primera, las IA suelen participar en el proceso, pero no inician la acción. Por esta razón, la responsabilidad suele atribuirse a los agentes intencionales por encima de otros agentes causales involucrados. Sin embargo, las acciones moralmente relevantes pueden comenzar con una buena intención humana, y luego ser pervertidas por las estrategias o comprensiones del contexto de un agente causal artificial.[6]

Más allá de la IA, cualquier artefacto puede convertirse en un agente causal por su papel como causa eficiente de un efecto. Esto puede

6. Por ejemplo, un algoritmo sesgado podría llevar al encarcelamiento de una persona inocente, aunque los agentes intencionales que lo diseñaron tuvieran la intención de evitar ese resultado.

ocurrir, por ejemplo, por un mal funcionamiento: un coche defectuoso —no autónomo— puede provocar un accidente si sus frenos fallan. En ese caso, es necesario reconocer la agencia causal del coche para reducir la responsabilidad del agente intencional implicado, es decir, un ser humano cuya intención era detener el coche adecuadamente. La agencia causal permite realizar este tipo de evaluaciones matizadas de la culpabilidad moral. En esta línea, un agente causal tradicional puede ocasionar daños por dos motivos: (1) un mal funcionamiento, en cuyo caso el daño provocado es un accidente trágico —i.e., que no se puede evitar—; y (2) por el uso malintencionado de un agente intencional. En el primer caso, se puede responsabilizar al fabricante, en el segundo caso, la culpa recae en el agente intencional.

En contraste con los agentes causales tradicionales, la IA está diseñada para interpretar problemas y encontrar estrategias para resolverlos a partir de ciertas claves de programación y los datos que posee. En este sentido, los agentes de la IA no son causales de la misma manera en que lo son aquellos agentes causales tradicionales sin capacidades de decisión. Quienes desarrollan IA esperan que estos sistemas creen sus propias estrategias para la toma de decisiones, mientras que los diseñadores de artefactos "tontos" deben especificar de entrada todas las reglas necesarias para su funcionamiento. En este sentido, una IA puede causar daño al optar por una estrategia peligrosa o al emplear los datos de formas problemáticas. Por estas razones, sugiero que las IA no son simples agentes causales, sino algo intermedio entre los agentes intencionales y causales.

5. La IA como un nuevo tipo de agente artificialmente moral

Podemos entender a la IA como un agente artificialmente moral (AAM): un agente amoral —carente de intencionalidad— diseñado para actuar como un agente moral. Esto es, un agente que realiza acciones moralmente relevantes que antes del desarrollo de la IA sólo los agentes intencionales (humanos) podían realizar. Para comprender cómo se desarrolla este tipo de agencia artificialmente moral es necesario atender al flujo de trabajo general en el que se desarrollan las interacciones humano-IA. Como todo proceso de automatización, automatizar los procesos de toma de decisiones conlleva una atomización de la acción —en este caso, moral—. A saber, la acción moral se divide en acciones granulares, algunas de las cuales pueden ser moralmente neutrales —ni malas ni buenas de suyo— aunque en conjunto provoquen daños morales. Este análisis permite ilustrar por qué la automatización propia de los sistemas de IA es particularmente desafiante desde una perspectiva ética.

En una acción moralmente relevante básica, un individuo considera el contexto de la acción, sus objetivos y cómo se ejecutará (el *dónde*, el *qué*, el *cómo* y el *porqué* forman parte de este proceso). Con este conocimiento, el individuo puede decidir entre actuar correcta o incorrectamente. Dado que ejecuta deliberadamente la acción en un contexto y de una manera determinados, se le considera responsable de sus consecuencias. Sin embargo, los procesos automatizados atomizan las acciones morales de manera que desintegran estos elementos entre muchos agentes diferentes con objetivos distintos, comprensiones variadas del contexto y estrategias de actuación diferentes.[7]

Dado que se delegan decisiones morales a estos sistemas, la posibilidad de diluir —y evadir— responsabilidades parece ser un factor clave en el desarrollo de la IA. Aunque no todas las aplicaciones de IA facilitan esto, entre los usos más comunes se incluyen el análisis de *big data* para distribuir beneficios (como créditos) o castigos (como

7. Por ejemplo, en una empresa tecnológica, el director general puede tener un objetivo específico en mente para una tarea determinada, pero los desarrolladores pueden tener objetivos y comprensiones del contexto diferentes. El algoritmo que desarrollan, a su vez, puede tener un objetivo específico y una comprensión particular de la información relevante. Además, dada su comprensión de los datos, el algoritmo podría desarrollar nuevas estrategias para alcanzar el objetivo. Esto crea una dilución inicial de las responsabilidades.

detenciones) y la elaboración de planes de acción mediante la elección entre alternativas. Todas estas acciones tienen consecuencias morales que bien pueden ser el resultado de artefactos amorales (la IA misma) o el resultado de decisiones moralmente cuestionables de los agentes intencionales que participan en el diseño y aplicación de la IA. En este sentido, si bien es importante reconocer el papel que juega la IA como agente moralmente relevante, también es necesario poder identificar aquellos casos donde el uso de la IA es una estrategia deliberada de evasión de responsabilidades. En aquellos casos, desde luego, los principales responsables deben ser los humanos detrás de la IA. Sin embargo, para fines del análisis de este problema sólo me interesa atender los casos donde los daños derivados de una interacción humano-IA no fueron el producto directo de la decisión de un agente intencional (humano) si no de la distribución de la acción entre humanos e inteligencias artificiales.

6. Agencia distribuida y distribución de responsabilidades

Hay al menos tres maneras de abordar el problema de la atribución de responsabilidades en las interacciones humano-IA. El primer enfoque atribuye responsabilidades morales a los agentes artificiales; el segundo atribuye toda la responsabilidad moral a los humanos que están detrás de la IA; y el tercer enfoque, que desarrollaré a continuación, sugiere un modelo distribuido para atribuir responsabilidades tanto a los agentes artificiales relevantes como a los humanos que los diseñan, desarrollan y emplean. Los tres enfoques están estrechamente relacionados con el problema de la atribución de inteligencia o agencia a la IA.

En consecuencia, quienes consideran que los AA comparten características similares a las humanas —como la inteligencia y la capacidad de evaluación normativa— tienden a atribuirles responsabilidad moral (ver Bostrom, 2017, p. 114). Por otro lado, quienes sostienen que las IA no son inteligentes ni agentes en un sentido moralmente relevante afirman que todas las responsabilidades de las interacciones humano-IA deben atribuirse a los humanos (ver Véliz, 2021, p. 487). Por último, quienes atribuimos niveles relevantes de agencia a las IA sin atribuirles inteligencia o intencionalidad tendemos a defender un modelo de responsabilidad distribuida entre los seres humanos y los agentes artificiales (Floridi y Sanders, 2004, p. 28; Floridi, 2016, p. 7; Gunkel, 2018, p. 318; Coeckelbergh, 2020, p. 2058; Strasser, 2021, p. 523).

A diferencia de los dos primeros enfoques, el modelo de responsabilidad distribuida parte de la base de que la IA presenta casos en donde ni las decisiones intencionadas de los seres humanos ni las acciones de la IA por sí solas explican plenamente las causas del daño moral que estas interacciones pueden producir. El objetivo del modelo distribuido es identificar claramente cómo las diferentes decisiones, aparentemente neutrales, de todos los agentes implicados pueden contribuir al daño, para comprender mejor los eslabones problemáticos en las cadenas de acciones (Floridi, 2016, p. 7). En este sentido, la explicabilidad algorítmica (*explainability*) es un requisito para el modelo de distribución de responsabilidades, ya que las evaluaciones adecuadas requieren procesos de toma de decisiones transparentes y comprensibles. Una vez identificadas las acciones o decisiones problemáticas, podemos evaluar las interacciones entre la IA y los seres humanos de manera más adecuada e, idealmente, podemos proponer estrategias para evitar daños futuros.

Es importante señalar que el modelo de responsabilidad distribuida requiere un enfoque caso por caso en el cual puede haber situaciones en donde toda la responsabilidad pueda atribuirse a los seres humanos. Sin embargo, no es posible atribuir toda la responsabilidad a las máquinas porque todas las cadenas causales se remontan en última instancia a una decisión humana inicial de automatizar o delegar una acción moralmente relevante a una IA. Siguiendo esta lógica, quienes buscan atribuir toda responsabilidad a los humanos podrían argumentar que el accidente causado por el vehículo autónomo podría haberse evitado si dichos sistemas nunca se hubieran creado. Sin embargo, este tipo de sistemas se están desarrollando e integrando a nuestras sociedades, y podría haber buenas razones para hacerlo. Además, recurrir al primer humano en la cadena de acciones es problemático en aquellos casos donde esa persona no tenía la intención de causar daño o no podía preverlo. Más aún, este enfoque no permite avanzar en el desarrollo responsable de la IA, ya que niega la posibilidad de que surjan resultados positivos (en un sentido moral) de las interacciones entre humanos e IA, lo que debería ser nuestro objetivo dado el crecimiento de esta industria.

Siguiendo el ejemplo del vehículo autónomo, un modelo de responsabilidad distribuida trataría primero de identificar qué hizo posible el accidente. Esto implica comprender con precisión cómo se desarrolló el sistema en términos de la interacción entre humanos y agentes artificiales en cada etapa: desde el diseño y el desarrollo hasta el momento en que los pasajeros humanos delegan la conducción a un AA. El análisis también profundizaría en el funcionamiento del sistema para identificar cómo interpreta los elementos de la calle (por ejemplo, por qué no reconoció el tráiler detenido como un obstáculo que debía evitarse) y cómo se representan en el proceso de aprendizaje automático (ML) situaciones similares a la que provocó el accidente. Luego, se buscaría identificar las decisiones humanas intencionadas que, de haberse abordado de otra manera, podrían haber evitado el accidente. Por ejemplo, tal vez los desarrolladores humanos subestimaron la necesidad de controles de velocidad para permitir predicciones oportunas y prevenir accidentes. Además, es posible que los pasajeros humanos hayan sobreestimado de forma negligente las capacidades del SDC, lo que los haría al menos parcialmente responsables del accidente. Desde esta perspectiva, es probable que el accidente haya sido causado por una combinación de las decisiones tomadas por los humanos involucrados y las rutas específicas tomadas por la IA.

Aunque el alcance de mi argumento se limita a destacar cómo la agencia artificial plantea un reto particular al pensamiento moral y a proponer una forma de abordar este reto, me gustaría ofrecer un panorama inicial de lo que esto podría significar en términos de medidas prácticas. Por un lado, la naturaleza distribuida de la interacción humanos-IA implica un enfoque diferenciado de los distintos agentes que participan en acciones moralmente relevantes. La responsabilidad causal de las IA debe tratarse de forma diferente a la responsabilidad intencional de los humanos que la desarrollan o usan. El objetivo en el caso de las IA no es sancionar o incentivar algún comportamiento, sino limitar su control y su poder de decisión para prevenir daños. Así, mientras que los seres humanos deben ser sancionados e incentivados para evitar decisiones o comportamientos problemáticos, las IA potencialmente dañinas deben ser limitadas y contenidas hasta que se demuestre que son seguras —i.e., incapaces de causar daños no intencionados—.

Como argumentaba en un inicio, los daños morales se pueden prevenir porque su existencia depende de las decisiones de agentes intencionales a quienes podemos incentivar para actuar de forma segura y justa —o sancionar en caso de que no lo hagan—. En este sentido, es importante añadir que para prevenir daños es necesario recurrir al carácter intencional de los humanos que desarrollan y usan la IA para asegurarnos de que la agencia distribuida no se emplee como una estrategia para diluir o evadir responsabilidades. Si los humanos tienen la intención de causar daño a través de la IA, se les debe considerar como los únicos responsables. Igualmente, deben ser conscientes de que su uso de la IA podría causar daños no intencionados, de los que también serían responsables —aunque sea en menor medida—.

7. Conclusiones

Un modelo de responsabilidad distribuida permite, en primer lugar, comprender mejor cómo las interacciones humano-IA dan lugar a resultados moralmente relevantes. Necesitamos una comprensión profunda, caso por caso, para proponer nuevos mecanismos de rendición de cuentas. En segundo lugar, este enfoque nos permite avanzar hacia un estado de prevención. Cuando atribuimos toda la responsabilidad a los seres humanos o a la IA, surgen lagunas de responsabilidad, lo que da lugar a respuestas insuficientes. Este enfoque nos lleva de nuevo al problema de los chivos expiatorios —ya sea un desarrollador concreto o la propia IA— sin abordar la cuestión más profunda sobre cómo prevenir estos daños. Sin embargo, cuando distribuimos la responsabilidad según el caso de uso específico, podemos identificar los puntos concretos de la cadena de acciones que causan el daño moral y, así, prevenir daños futuros.

Dentro de sus múltiples novedades, el desarrollo de la IA plantea la posibilidad de provocar daños morales —i.e., evitables— no intencionados derivados de las interacciones entre humanos e IA. Una adecuada distribución de responsabilidades en este tipo de acciones permitiría identificar los puntos problemáticos de acción para proveer reparaciones y evitar riesgos. En el contexto de una creciente industria de la IA donde se delegan decisiones moralmente relevantes a agentes artificiales, se vuelve fundamental comprender cómo asignar responsabilidades de manera clara y decisiva. A partir de ello debemos empezar a ofrecer propuestas viables y responsables para atender este problema. Si bien la tarea de garantizar una IA segura para nuestras sociedades recae en buena medida en quienes toman decisiones en la industria de la IA y en nuestras instituciones sociales, la teoría normativa debe señalar la dirección correcta para evaluar y, potencialmente, informar las acciones de quienes tienen la obligación de hacer que la tecnología sea segura para nuestras sociedades.

Referencias

Bender, E. M., Gebru, T. McMillan-Major, A., and Shmitchell, S. (2021) 'On the Dangers of Stochastic Parrots: Can Language Models Be Too Big?', *Proceedings of ACM Conference on Fairness, Accountability, and Transparency,* 610-623 (2021). https://doi.org/10.1145/3442188.3445922

Birhane, A. (2021) 'Algorithmic injustice: a relational ethics approach', *Patterns* 2, pp. 1-9 https://doi.org/10.1016/j.patter.2021.100205

Bostrom, N. (2017) *Superintelligence. Paths, Dangers, Strategies,* Oxford: Oxford University Press.

Coeckelbergh, M. (2020a) 'Artificial Intelligence, Responsibility Attribution, and a Relational Justification of Explainability', *Science and Engineering Ethics* 26, pp. 2051–2068 https://doi.org/10.1007/s11948-019-00146-12

_____ (2020b) *AI Ethics*, Cambridge MA: The MIT Press.

Floridi, L., Sanders, J.W. (2004) 'On the Morality of Artificial Agents', *Minds and Machine,* 14 (3), pp. 349-379, http://dx.doi.org/10.1023/b:-mind.0000035461.63578.9d

Floridi, L. (2016) 'Faultless responsibility: on the nature and allocation of moral responsibility for distributed moral actions', *Philosophical Transactions Royal Society A* 374, pp. 1- 13, http://dx.doi.org/10.1098/rsta.2016.0112

_____ (2023) *The Ethics of Artificial Intelligence. Principles, Challenges, and Opportunities*. Oxford: Oxford University Press.

_____ (2025) 'AI as Agency without Intelligence: On Artificial Intelligence as a New Form of Artificial Agency and the Multiple Realisability of Agency Thesis', *Philosophy & Technology*, 38 (30), pp. 1-27, https://doi.org/10.1007/s13347-025-00858-9

Johnson, D. G., Verdicchio, M. (2019) 'AI, agency and responsibility: the VW fraud case and beyond', *AI & Society* 34, pp. 639-647 https://doi.org/10.1007/s00146-017-0781-9

Kant, I. (1785) *Groundwork for the Metaphysics of Morals*, Wood A. W. (ed., trans.) (2018), New Haven: Yale University Press.

Matthias, A. (2004) 'The responsibility gap: ascribing responsibility for the actions of learning automata', *Ethics and Information Technology* 6, pp. 175-183, https://doi.org/10.1007/s10676-004-3422-1

Searle, J. (1984) *Minds, Brains and Science*, Cambridge MA: Harvard University Press.

Strasser, A. (2021) 'Distributed responsibility in human machine interactions', *AI and Ethics* 2, pp. 523-532, https://doi.org/10.1007/s43681-021-00109-40

Véliz, C. (2021) 'Moral zombies: why algorithms are not moral agents', *AI & Society*, 36, pp. 487-497 https://doi.org/10.1007/s00146-021-01189-x

Inteligencia Artificial Agéntica: Autonomía, Transformación y Responsabilidad Ética

Laura Truijillo Liñán

Resumen: La inteligencia artificial (IA) ha evolucionado desde sistemas simbólicos, pasando por enfoques conexionistas y generativos, hasta la actual IA agéntica, caracterizada por una autonomía sin precedentes. A diferencia de las generaciones previas, que operaban como sistemas puramente reactivos limitados a seguir instrucciones, la IA agéntica se compone de agentes capaces de percibir el entorno, razonar, aprender y actuar para cumplir objetivos con mínima supervisión humana. No obstante, esta autonomía trae consigo nuevos retos éticos. Un desafío central es asegurar la alineación de sus decisiones con los valores humanos y delimitar claramente la responsabilidad en caso de errores o daños. La opacidad de muchos modelos dificulta la explicabilidad de sus decisiones, lo que complica su auditoría y mina la confianza en los resultados. La perpetuación de sesgos discriminatorios y las posibles violaciones a la privacidad son riesgos latentes que exigen salvaguardas.

Frente a estos desafíos, urge fortalecer la gobernanza mediante la actualización de marcos regulatorios y el establecimiento de nuevos estándares para supervisar la IA agéntica, así como impulsar la cooperación internacional para acordar principios éticos y legales comunes. La automatización avanzada que permite la IA agéntica plantea, además, riesgos socioeconómicos de desplazamiento de empleos y podría aumentar la desigualdad, pero también promete efectos positivos: estos agentes pueden asumir tareas peligrosas o repetitivas, liberando a las personas para labores de mayor valor, agregado y potenciando la colaboración humano-máquina. La conformación de equipos híbridos humano-IA puede elevar la productividad y generar formas de trabajo flexibles, siempre que las organizaciones adapten sus métricas para valorar la colaboración en lugar de la sustitución. En última instancia, el capítulo ofrece una visión positiva y responsable en el desarrollo y aplicación de la IA agéntica, de modo que esta tecnología se integre de forma beneficiosa en la sociedad. Solo así podrán maximizarse sus aportes positivos y minimizarse sus riesgos, asegurando que la IA agéntica beneficie a la humanidad.

Palabras clave: IA Agéntica · responsabilidad · autonomía · tipos de IA · futuro del trabajo

1. Introducción

La inteligencia artificial ha experimentado una evolución acelerada en los últimos años, al pasar de simples asistentes virtuales y sistemas de reglas fijas a modelos de aprendizaje profundo capaces de resolver problemas complejos. En este contexto de progreso continuo, surge la llamada inteligencia artificial *agéntica* como un nuevo hito que marca un énfasis sin precedentes en la autonomía de los sistemas inteligentes. A diferencia de las generaciones previas de IA, como los chatbots tradicionales o incluso muchas aplicaciones de IA generativa que se limitaban a responder instrucciones o generar contenido según patrones, la IA agéntica se caracteriza por estar compuesta de agentes autónomos capaces de percibir su entorno, tomar decisiones informadas y actuar de forma proactiva para alcanzar objetivos predefinidos, con mínima o nula supervisión humana. Este cambio de enfoque representa una evolución cualitativa dentro del campo de la IA, en este sentido, las máquinas dejan de ser meros sistemas reactivos para concebirse como agentes semi-independientes, capaces de llevar a cabo tareas complejas de principio a fin por sí mismos.

Sin embargo, junto con estas promesas surgen desafíos importantes que exigen atención desde sus etapas iniciales de desarrollo, por ejemplo, la independencia de estos sistemas ¿garantizarían que sus decisiones y acciones se alineen con valores humanos y normas sociales?, por otra parte, ¿quién asumiría la responsabilidad cuando un sistema autónomo comete un error o provoca un perjuicio?, de la misma manera, surgen retos técnicos y de gobernanza. Es necesario dotar a estos agentes de mecanismos de transparencia en sus procesos de razonamiento, establecer controles de supervisión humana adecuados y robustecer su seguridad para prevenir comportamientos imprevistos o usos malintencionados. En el plano social, la integración de agentes inteligentes en entornos laborales y cotidianos obliga a reflexionar sobre impactos como el posible desplazamiento de ciertos roles laborales, la afectación de la privacidad de los usuarios y el nivel de confianza pública en las decisiones automatizadas. Por consiguiente, resulta imperativo abordar el fenómeno de la IA agéntica de forma holística, incorporando perspectivas éticas, técnicas y sociales que garanticen que el avance tecnológico vaya acompañado de la debida responsabilidad en su implementación.

Es por estas razones que el objetivo de este capítulo es examinar este fenómeno emergente desde diversas aristas; en primer lugar, a partir el surgimiento de la IA agéntica como una evolución muy importante en el campo de la inteligencia artificial, en segundo lugar, se revisarán cuestiones relativas a la responsabilidad ética y social que la adopción de la IA Agéntica conlleva. De este modo, se busca ofrecer una visión más amplia y clara de lo que la IA Agéntica es y la importancia en su desarrollo y correcta aplicación para el beneficio de la humanidad. Adelanto que el tema es extenso y no será posible profundizar y tocar todos los temas implicados en este concepto.

2. La IA agéntica: una evolución histórica

Para comprender qué significa la **IA Agéntica**, primero debemos mirar hacia atrás en la historia de la inteligencia artificial. Así, durante varias décadas, desde mediados de los años cincuenta hasta los ochenta, la investigación estuvo dominada por lo que se llamó **IA simbólica** o **IA basada en reglas**, este enfoque consistía en representar el conocimiento mediante símbolos (por ejemplo, palabras o números) y aplicar reglas lógicas fijas para tomar decisiones. Un ejemplo de esto es el programa **ELIZA**, creado en 1964 por Joseph Weizenbaum. ELIZA imitaba a un psicoterapeuta: detectaba palabras clave en lo que decía el usuario y respondía con frases preprogramadas, esto daba la ilusión de una conversación real, pero en realidad el sistema no entendía nada; solo seguía un guion escrito de antemano (Besaldi, 2025). En este modelo, los sistemas resolvían problemas de manera muy rígida ya que usaban lo que se llamaba **algoritmos de búsqueda en espacios de estados**, es decir, probaban distintas rutas posibles hasta encontrar la solución, como alguien que explora un laberinto paso a paso. También aplicaban **reglas de producción**, que eran instrucciones del tipo "si ocurre A, entonces haz B", sin embargo, no podían aprender de la experiencia ni modificar su comportamiento por sí solos (Besaldi, 2025).

Esto significa que los primeros programas de IA no eran agentes autónomos, sino herramientas estáticas. Su "autonomía" era casi nula, actuaban únicamente dentro de los límites impuestos por sus programadores. Incluso cuando parecían tener un objetivo, como jugar ajedrez o demostrar un teorema, en realidad ese objetivo había sido definido externamente. En los años ochenta y noventa, la inteligencia artificial dio un giro con el surgimiento de la **IA conexionista**, inspirada en cómo funciona el cerebro humano.

En lugar de usar solo reglas fijas, este enfoque se basó en **redes neuronales artificiales**, que son modelos matemáticos que imitan de forma muy simplificada a las neuronas del cerebro. Lo importante es que estos sistemas podían **aprender a partir de datos,** por ejemplo, una red neuronal podía ser entrenada con miles de fotos de gatos hasta reconocerlos en imágenes nuevas. Este aprendizaje se lograba ajustando sus conexiones internas mediante procesos llamados **algoritmos de entrenamiento**, como la retropropagación del error introducida en 1986 (Rumelhart et al., 1986). Esto supuso un gran cambio respecto a la IA simbólica; en lugar de depender de reglas preescritas, los sistemas conexionistas desarrollaban cierta capacidad de adaptación.

Como señalan LeCun, Bengio y Hinton (2015), esta aproximación permitió avances en el reconocimiento de voz, visión por computadora y procesamiento del lenguaje, sin embargo, aunque podían aprender, estas redes no eran completamente autónomas. Su "inteligencia" estaba limitada a la tarea para la que fueron entrenadas. El sistema no decidía por sí mismo qué aprender ni qué objetivos perseguir; esas metas seguían siendo fijadas por los humanos (Besaldi, 2025).

Desde finales de la década de 2010, apareció una nueva revolución: la **IA generativa**; este sistema no solo reconoce patrones, sino que **crea contenido nuevo**: texto, imágenes, música o código, a partir de los datos que ella misma aprendió.

Tecnologías como las **redes generativas antagónicas (GAN)**, presentadas en 2014, o los **modelos de lenguaje de gran tamaño (LLMs)**, como GPT-3 en 2020, mostraron la capacidad de producir resultados que parecen creados por humanos. Un caso emblemático fue la aparición de **ChatGPT** en 2022, que popularizó la generación de texto conversacional coherente (Besaldi, 2025). Esto llevó a pensar que las máquinas mostraban una especie de "agencia", ya que podían responder con creatividad o sostener un diálogo, sin embargo, como explica Floridi (2023), su "agencia" es limitada pues no tienen metas propias ni verdadera comprensión, solo generan respuestas "estadísticas" a partir de los datos. Dicho de otro modo, pueden escribir un poema si se les pide, pero nunca lo harán por iniciativa propia.

En la práctica, la IA generativa sigue siendo **reactiva**: responde a lo que un humano le solicita. Su creatividad es sorprendente, pero no equivale a una autonomía real (IBM, 2024). El paso más reciente es la llamada **IA agéntica.** A diferencia de la IA generativa, que espera instrucciones, la IA agéntica busca que los sistemas **tomen la iniciativa**, es decir, que planifiquen, decidan y actúen con mínima supervisión humana (IBM, 2024). Un agente de este tipo sigue un ciclo de **percibir** – **razonar** – **actuar** – **aprender**, por ejemplo, un vehículo autónomo "percibe" su entorno con sensores, "razona" para decidir si debe frenar o girar, "actúa" controlando el volante y los frenos, y "aprende" con la experiencia de conducción.

Lo mismo ocurre con asistentes virtuales avanzados que ya no solo responden preguntas, sino que realizan tareas completas, como programar una aplicación de inicio a fin (Loucks et al., 2024). La gran diferencia es la **autonomía**; estos sistemas no necesitan que un programador les indique cada paso. Aunque los objetivos generales siguen siendo definidos por humanos (por ejemplo, "llevar pasajeros de forma segura"), el agente "decide" por sí mismo cómo alcanzarlos (Loucks, Crossan, Sarer, Widener, & Bucaille, 2024).

De esta manera, los aspectos clave de la IA Agéntica son (PwC Middle East, 2024):

- Autonomía: Los sistemas de IA agéntica pueden operar de manera independiente, tomando decisiones basadas en su programación, aprendizaje y entradas del entorno.
- Comportamiento orientado a objetivos: Estos agentes de IA están diseñados para perseguir objetivos específicos, optimizando sus acciones para lograr los resultados deseados.
- Interacción con el entorno: Una IA agéntica interactúa con su entorno, percibiendo cambios y adaptando sus estrategias en consecuencia.
- Capacidad de aprendizaje: Muchos sistemas de IA agéntica emplean técnicas de aprendizaje automático o de aprendizaje por refuerzo para mejorar su rendimiento con el tiempo.
- Optimización de flujos de trabajo: Los agentes de IA agéntica mejoran los flujos de trabajo y los procesos empresariales al integrar la comprensión del lenguaje con el razonamiento, la planificación y la toma de decisiones. Esto implica optimizar la asignación de recursos, mejorar la comunicación y la colaboración, así como identificar oportunidades de automatización.
- Conversación multiagente y con sistemas: La IA agéntica facilita la comunicación entre diferentes agentes para construir flujos de trabajo complejos. También puede integrarse con otros sistemas o herra-

mientas, como correo electrónico, ejecutores de código o motores de búsqueda, para realizar una variedad de tareas.

Desde la filosofía, este avance plantea dilemas importantes, ¿podemos atribuir intención a estas máquinas? Floridi (2025) sostiene que, aunque parezcan actuar con voluntad, en realidad se trata de "**agencia artificial**", sus "decisiones" siguen siendo producto de algoritmos y metas establecidas por humanos. La ilusión de autonomía es poderosa, pero no implica conciencia o responsabilidad moral (Bryson, 2020). Asimismo, no es posible hablar de "decisión" en el caso de una máquina, ya que, la decisión implica libertad, así también reflexión y proyección. Asimismo, cuando se habla de razonar o percibir, son conceptos que se refieren a un ser humano y en este caso, se aplican a un sistema que realiza una función a la que hemos llamado en comparación al ser humano: "razonar" y "percibir".

Finalmente, para cerrar este apartado, se presenta una tabla en la que se comparan cuatro tipos fundamentales de enfoques de IA: simbólica, conexionista, generativa y agéntica, en función de cómo tratan el concepto de agencia, su nivel de autonomía, su capacidad de aprendizaje y su orientación a objetivos:

Tabla 1: Comparación tipos de IA en la historia. (ChatGPT, 2025)

Paradigma	¿Cómo funciona?	Ejemplos	Nivel de autonomía	Limitaciones
IA simbólica (1950–1980)	Usa símbolos y reglas lógicas predefinidas para resolver problemas.	ELIZA (1964), programas de ajedrez clásicos.	Muy baja: solo sigue instrucciones fijas.	No aprende de la experiencia, no tiene metas propias.
IA conexionista (1980–1990)	Usa redes neuronales artificiales que aprenden de datos ajustando conexiones internas.	Perceptrón (Rosenblatt), retropropagación (Rumelhart et al., 1986).	Media: aprende de patrones y se adapta a ejemplos.	Su autonomía depende de los datos; no decide qué aprender ni por qué.

IA generativa (2010–actualidad)	Crea contenido nuevo (texto, imágenes, audio) a partir de patrones en grandes bases de datos.	GANs, GPT-3, ChatGPT.	Mayor: produce resultados creativos sin guiones fijos.	Reactiva: necesita instrucciones humanas, no tiene metas propias.
IA agéntica (2020–futuro)	Percibe, razona, actúa y aprende para cumplir objetivos con mínima supervisión humana.	Vehículos autónomos, agentes de software ("copilotos").	Alta: planifica y decide cómo lograr un objetivo dado.	Sus metas siguen siendo definidas por humanos; no posee intención consciente.

3. Retos éticos de la IA agéntica

La irrupción de la inteligencia artificial agéntica (sistemas de IA capaces de actuar de forma autónoma, adaptarse en tiempo real y colaborar como agentes digitales) plantea una serie de retos éticos importantes. A diferencia de las aplicaciones de IA asistenciales o herramientas puramente reactivas, estos agentes autónomos pueden planificar estrategias, tomar decisiones y ejecutar acciones con una mínima intervención humana, lo que los acerca a desempeñar el papel de "colaboradores digitales" más que de simples herramientas.

Si bien esta autonomía amplía el potencial de la IA para transformar sectores enteros y resolver problemas complejos, también introduce cuestiones complejas y riesgos que deben ser anticipados. Y en primer lugar, el tema de la responsabilidad es uno de los desafíos éticos centrales de la IA agéntica; dado que estos sistemas toman decisiones y actúan de forma autónoma, resulta complejo determinar quién debe rendir cuentas o asumir la responsabilidad cuando algo sale mal.

Si un agente de IA comete un error grave, por ejemplo, un vehículo autónomo que provoca un accidente; surge la pregunta de quién es el responsable legal, ¿el desarrollador del algoritmo, la empresa que desplegó el sistema, el usuario que interactuó con él, o algún otro sujeto?

La legislación vigente típicamente no reconoce a la IA como sujeto legal responsable, por lo que la responsabilidad civil por daños recae generalmente en las personas físicas o jurídicas involucradas (por ejemplo, fabricantes o proveedores del sistema). Este vacío legal ha motivado debates sobre posibles reformas; incluso se llegó a proponer en el Parlamento Europeo la creación de una figura de "personalidad electrónica" (2017) para ciertas IAs avanzadas, aunque dicha idea fue descartada por sus implicaciones éticas y prácticas. En la actualidad, la postura predominante es que la IA en sí misma no puede ser considerada jurídicamente responsable y que la rendición de cuentas debe recaer siempre en seres humanos u organizaciones legalmente constituidas, nunca en la propia máquina (Sun, 2025).

Ligado estrechamente a la responsabilidad está el principio de transparencia, que supone la capacidad de comprender cómo y por qué un sistema de IA toma determinadas decisiones. Muchos sistemas de IA actuales, especialmente los basados en aprendizaje profundo, operan como verdaderas "cajas negras", dado que sus procesos internos son opacos incluso para sus creadores (Agdestein, 2025). En el caso de la IA agéntica, esta opacidad se agrava, ya que los agentes toman decisiones de manera autónoma y pueden modificar su comportamiento en respuesta al entorno.

La falta de transparencia dificulta la explicabilidad (*explainability*) de las decisiones automatizadas, lo que a su vez complica la tarea de auditar el sistema, detectar sesgos o errores, y confiar en sus resultados (European Parliament, 2020). De este modo, la explicabilidad se ha convertido así en un objetivo fundamental para la IA responsable pues, implica dotar a los sistemas de mecanismos que permitan ofrecer explicaciones inteligibles a usuarios y reguladores sobre los criterios utilizados en sus decisiones (por ejemplo, por qué un agente de IA denegó un crédito bancario o tomó cierta ruta en un coche autónomo). Diversas iniciativas apuntan a desarrollar técnicas de IA explicable (XAI: *Explainable Artificial Intelligence*), que buscan extraer reglas o resúmenes comprensibles del funcionamiento interno de modelos complejos (Agdestein, 2025). Igualmente, se promueve que los sistemas incluyan interfaces de interpretación (por ejemplo, destacar qué variables influyeron más en una decisión) y que los desarrolladores documenten adecuadamente los algoritmos y datos empleados. En este sentido, la Unión Europea en sus propuestas regulatorias, subraya que la explicabilidad y trazabilidad deben integrarse "desde el diseño" de los sistemas de IA de alto riesgo, a fin de garantizar la rendición de cuentas efectiva (Parlamento Europeo, 2020). En la práctica, esto se traduce en exigir que los desarrolladores proporcionen documentación técnica, evalúen la interpretabilidad de sus modelos y cuando sea pertinente, ofrezcan mecanismos de explicación a los afectados por una decisión automatizada.

Otro desafío ético fundamental es el de los sesgos algorítmicos y su impacto en la equidad. Los sistemas de IA aprenden de datos, los cuales con frecuencia contienen prejuicios existentes en la sociedad y si no se toman precauciones, la IA agéntica puede perpetuar o incluso amplificar estos sesgos presentes en los datos de entrenamiento, conduciendo a resultados discriminatorios o injustos (Agdestein, 2025). Han sido documentados casos de algoritmos de IA que presentan sesgos raciales o de género, por ejemplo en sistemas de selección de personal, en herramientas de reconocimiento facial menos precisas para personas de ciertas etnias, o en algoritmos de riesgo criminal que perjudican desproporcionadamente a minorías (O'Neil, 2016). Este riesgo se ve acentuado en agentes autónomos que operan en ámbitos sensibles (como recursos humanos, finanzas, seguridad) donde decisiones sesgadas pueden tener consecuencias graves para individuos o colectivos. Así, garantizar la imparcialidad de la IA agéntica requiere múltiples esfuerzos.

Finalmente, la privacidad constituye otro frente crítico de riesgo en los sistemas de IA agéntica. Estos agentes suelen operar procesando volúmenes masivos de datos, muchos de los cuales pueden ser datos personales sensibles. Su capacidad para recopilar, cruzar y analizar información a gran escala genera preocupación por posibles violaciones a la intimidad de las personas y por escenarios de vigilancia masiva (Agdestein, 2025). Por ejemplo, un agente de IA desplegado en una ciudad inteligente podría monitorear constantes flujos de datos de cámaras, sensores y redes sociales, conociendo información detallada sobre los hábitos o incluso la salud de los ciudadanos, con el consiguiente riesgo para la privacidad individual. Para evitar esto, hoy en día, en jurisdicciones como la Unión Europea, el Reglamento General de Protección de Datos (GDPR, por sus siglas en inglés) establece principios estrictos sobre cómo deben manejarse los datos personales, estos principios deben ser plenamente incorporados cuando se desarrollan agentes autónomos: privacidad desde el diseño (*privacy by design*) significa que las arquitecturas de IA deben incluir salvaguardas técnicas (encriptación, anonimización, etc.) y límites claros al uso de datos personales. Asimismo, se explora la necesidad de actualizar leyes de privacidad a medida que surgen nuevas prácticas de IA (por ejemplo, entrenamiento de modelos con datos sensibles obtenidos de internet).

Por último, no se puede obviar el riesgo de ciberseguridad asociado: si un agente de IA tiene acceso a grandes bases de datos personales, se convierte en un blanco atractivo para ataques informáticos. Una brecha de seguridad en un sistema agéntico podría exponer información personal de miles de individuos, por tanto, se demanda robustez en la protección de datos, fuertes medidas de seguridad, pruebas de penetración, y protocolos de respuesta ante incidentes.

4. Impacto laboral y socioeconómico

La capacidad de la IA agéntica para automatizar tareas complejas tiene implicaciones socioeconómicas significativas, en particular respecto al empleo y la estructura del mercado laboral pues, a medida que los agentes de IA adquieren competencias que antes eran exclusivas de los seres humanos, existe el temor de un desplazamiento masivo de puestos de trabajo, que de hecho ya está sucediendo, por ejemplo, en la industria tecnológica, durante 2023 se registraron despidos vinculados al avance de la IA, con más de 212,000 trabajadores despedidos. Un ejemplo es Dropbox que redujo un 16% de su plantilla, citando la IA como factor (CNN Español, 2023). Asimismo, según un informe del Foro Económico Mundial, se estima que para 2025 la IA habrá desplazado 75 millones de empleos en todo el mundo. Aunque se crearán 133 millones de nuevos empleos, el desplazamiento masivo afectará especialmente a trabajos rutinarios y repetitivos (Adecco Institute, 2024). El Banco Interamericano de Desarrollo señala que en Estados Unidos 43 millones de empleos se verán afectados en un año por la IA, y en México 16 millones; en cinco años, estas cifras aumentarán considerablemente (El País, 2024).

Otro posible efecto económico es el aumento de la desigualdad, si la productividad incrementada por la IA agéntica se traduce en ganancias que se concentran en los propietarios de la tecnología (grandes empresas de tecnología, por ejemplo) y simultáneamente reduce el poder negociador de la mano de obra, podría ampliarse la brecha entre capital y trabajo. Para contrarrestar esto, se discute la implementación de políticas redistributivas o modelos como renta básica universal, aunque estas soluciones aún están en debate. Algunos países exploran también la idea de gravar el uso de robots o IAs (el llamado "impuesto al robot") para financiar la seguridad social de los desempleados tecnológicos (Sun, 2025).

Por otra parte, conviene senalar que la IA agéntica no solo elimina empleos o tiene efectos negativos, sino que también puede mejorar la calidad del trabajo humano en muchas áreas, por ejemplo, al automatizar tareas peligrosas, repetitivas o monótonas, los agentes de IA pueden liberar a las personas para labores de mayor valor agregado, potenciando la creatividad y la innovación. En contextos profesionales, la colaboración entre humanos y agentes de IA, algo a lo que podemos llamar:

equipos híbridos, puede aumentar la productividad y dar lugar a nuevas formas de trabajo más flexibles como las que se tienen hoy en día.

De hecho, la verdadera medida no debería ser cuántas tareas hace la IA, sino qué tan bien colaboran humanos y agentes de IA para lograr objetivos (Sun, 2025). Las organizaciones tendrán que redefinir métricas e indicadores de desempeño para esta nueva era, valorando la efectividad de dicha colaboración ser humano-máquina en vez de la mera sustitución.

Finalmente, un desafío transversal a todos los anteriores es el de la gobernanza de la IA agéntica y la adecuación del marco normativo vigente. El desarrollo acelerado de estas tecnologías ha superado en muchos casos la capacidad de las regulaciones actuales para abordarlas. A diferencia de ámbitos como la biotecnología o la medicina, donde existen marcos regulatorios bien establecidos, en la inteligencia artificial de uso generalizado todavía se está forjando el corpus normativo adecuado. Esto incluye tanto la creación de leyes y estándares específicos como la definición de instituciones y procesos de supervisión.

En la actualidad, no existe una legislación específica para la IA agéntica a nivel global. Sin embargo, las leyes y marcos existentes, por ejemplo, en materia de protección de datos, seguridad o responsabilidad por productos defectuosos, siguen siendo aplicables y proporcionan una base de partida para su gobernanza (Sun, 2025). La clave está en cómo interpretar y extender esas normas al contexto de sistemas autónomos y si es necesario crear nuevas normas.

En Europa, se ha avanzado con la Propuesta de Ley de Inteligencia Artificial de la UE, un reglamento pionero que busca clasificar los sistemas de IA según su nivel de riesgo e imponer requisitos proporcionados al riesgo en cuestiones como transparencia, trazabilidad y supervisión humana (Agdestein, 2025). Por ejemplo, esta ley (aún en proceso de aprobación) prohíbe ciertos usos de IA considerados inaceptables (como la vigilancia masiva indiscriminada o la puntuación social al estilo chino), impone obligaciones estrictas a las IAs de alto riesgo (ej. algoritmos para diagnósticos médicos, vehículos autónomos o selección de personal), incluyendo evaluaciones de conformidad, documentación técnica detallada y controles humanos y libera en gran medida a las IAs de bajo riesgo (Consejo de la Unión Europea, 2024). Esta aproximación basada en el riesgo pretende equilibrar la innovación con la protección de los ciudadanos, un equilibrio fundamental reconocido por expertos: una regulación demasiado laxa podría ser peligrosa, pero una excesivamente estricta podría asfixiar la innovación (Agdestein, 2025).

Fuera de la UE, también hay esfuerzos notables. En Estados Unidos se han publicado directrices como el Blueprint for an AI Bill of Rights (Casa Blanca, 2022), que esboza principios para proteger a los ciudadanos de discriminación algorítmica, garantizar la privacidad de los datos y promover la transparencia en sistemas de IA (Agdestein, 2025). Aunque no es vinculante, marca una postura gubernamental sobre el uso ético de la IA. Asimismo, China ha emitido regulaciones específicas, por ejemplo, para algoritmos de recomendación y aplicaciones de reconocimiento facial, enfatizando la seguridad de los datos, la transparencia algorítmica y el desarrollo ético de la IA en consonancia con las prioridades estatales (Agdestein, 2025).

En el ámbito internacional, organizaciones como la OCDE adoptaron ya en 2019 unos *Principios para una IA fiable*, que promueven valores como la inclusión, la equidad, la robustez, la transparencia y la rendición de cuentas en el desarrollo de IA (OCDE, 2019). Estos principios han sido respaldados por decenas de países, incluida la mayoría de economías desarrolladas, y sirvieron de base para iniciativas posteriores, como la mencionada ley europea o la Recomendación de la UNESCO (2021).

En este sentido, es importante hacer notar cómo la cooperación internacional será esencial, para la evolución de la tecnología y su aspecto internacional; los riesgos de la IA traspasan fronteras, por ejemplo, un agente de IA en la nube puede prestar servicios simultáneamente en muchos países, de modo que se necesitan normas coherentes que ayuden a garantizar que las reglas de cada país se sigan. Por otra parte, foros globales, desde Naciones Unidas hasta el G20, discuten la posibilidad de acuerdos sobre IA, al menos en temas críticos como armamento autónomo o uso gubernamental de IA en vigilancia, buscando establecer líneas rojas éticas compartidas.

Respecto a las empresas e instituciones educativas, se están adoptando directrices éticas y creando comités de ética de IA para revisar proyectos.

5. Conclusión

Como se ha podido observar en este capítulo, la tecnología ha evolucionado de manera muy rápida como para que el ser humano pueda entender cabalmente qué es y anticiparse a los efectos de la misma y a las necesidades regulatorias que éstas tienen. La Inteligencia Artificial, se presenta además como una tecnología que busca emular las habilidades del ser humano desde la determinación de las tareas hasta la agencia o "libertad" en tomar decisiones para cumplir o no un objetivo. Esto ha llevado a sugerir que, debemos ser cuidadosos con el empleo de la misma por el peligro en el desplazo de las personas de sus trabajos y la potencial pérdida de algunas habilidades humanas que se dejarían a la IA Agéntica. Como se vio anteriormente, las "capacidades" o "habilidades" de ésta, cada vez son más amplias y con logros incluso mejores que los del ser humano.

A partir de una orden, es posible realizar el trabajo que a un ser humano le tomaría días, en tan sólo unas horas. Esto, si bien, pone en peligro el desarrollo del hombre en el campo laboral, profesional e incluso educativo, veíamos que puede tener también aspectos positivos, por ejemplo, un trabajo híbrido: humano-máquina, llevaría a un desempeño aún mejor que el de la sola máquina o del ser humano por sí solo.

En este sentido, lo que se promueve en este trabajo, no es una visión negativa de la tecnología sino una visión preventiva y cautelosa para guiar con cuidado el paso de los desarrolladores, ingenieros, técnicos que se dedican a generar avances cada vez mayores en la Inteligencia Artificial. Asimismo, este capítulo busca que las personas vean en la IA Agéntica un medio positivo para verdaderamente evolucionar como personas, como sociedad de la mano de ésta y otras tecnologías futuras.

Referencias

Adecco Institute. (2024). El impacto de la inteligencia artificial en las funciones laborales, la fuerza laboral y el empleo. https://www.adeccoinstitute.es/futuro-del-trabajo-y-tecnologia/el-impacto-de-la-inteligencia-artificial-en-las-funciones-laborales-la-fuerza-laboral-y-el-empleo/

Agdestein, I. (2025, 27 de febrero). *Normativa y retos éticos de la IA: Navegando por el futuro de la Inteligencia Artificial.* FocalX. focalx.ai

BESALDI – Observatorio de Políticas Públicas. (2025). *Aplicación de la IA en los procesos de evaluación de las políticas públicas: Informe final.* Gobierno Vasco. observatoriopoliticaspublicas.esobservatoriopoliticaspublicas.es

Bryson, J. J. (2020). The artificial intelligence of the ethics of artificial intelligence: An introductory overview for law and regulation. En M. Dubber, F. Pasquale, & S. Das (Eds.), *The Oxford Handbook of Ethics of AI* (pp. 27–47). Oxford University Press. https://doi.org/10.1093/oxfordhb/9780190067397.013.2

CNN Español. (2023). La inteligencia artificial ya está vinculada a despidos en la industria tecnológica. CNN. https://cnnespanol.cnn.com/2023/07/04/inteligencia-artificial-despidos-industria-tecnologia-trax

Casa Blanca, La (Oficina de Política de Ciencia y Tecnología de EE.UU.). (2022). *Blueprint for an AI Bill of Rights: Making Automated Systems Work for the American People* (Anteproyecto de Carta de Derechos de la IA).

Consejo de la Unión Europea. (2024). *Ley de inteligencia artificial: El Consejo adopta nuevas normas para garantizar una IA segura y respetuosa con los derechos fundamentales.* Consejo de la UE. https://www.consilium.europa.eu/es/press/press-releases/2024/

ChatGPT. (2025). *Tabla comparativa de paradigmas de IA: simbólica, conexionista, generativa y agéntica*. Tabla inédita.

El País. (2024). La inteligencia artificial afectará a 60 millones de empleos en Estados Unidos y México en un año. El País. https://elpais.com/us/economia/2024-09-13/la-inteligencia-artificial-afectara-a-60-millones-de-empleos-en-estados-unidos-y-mexico-en-un-ano.html

Floridi, L. (2023). *AI as Agency Without Intelligence: On ChatGPT, Large Language Models, and Other Generative Models*. Philosophy & Technology, 36(1), 1–7. philpapers.org

Floridi, L. (2025). *AI as Agency without Intelligence: On Artificial Intelligence as a New Form of Artificial Agency and the Multiple Realisability of Agency Thesis*. Philosophy & Technology, 38(1). researchgate.net

Foro Económico Mundial. (2020). *The Future of Jobs Report 2020* (Informe El futuro del empleo). Ginebra: World Economic Forum. infobae.com

IBM. (2024, 27 de diciembre). *IA agéntica vs. IA generativa*. IBM Think Blog. ibm.comibm.com

LeCun, Y., Bengio, Y., & Hinton, G. (2015). Deep learning. *Nature, 521*(7553), 436–444. https://doi.org/10.1038/nature14539

Loucks, J., Crossan, G., Sarer, B., Widener, C., & Bucaille, A. (2024). *Autonomous generative AI agents: Under development*. Deloitte Insights – TMT Predictions 2025. deloitte.comdeloitte.com

OCDE. (2019). *Principios de la OCDE sobre Inteligencia Artificial*. París: Organización para la Cooperación y el Desarrollo Económicos.

O'Neil, C. (2016). *Weapons of math destruction: How big data increases inequality and threatens democracy*. Crown.

Parlamento Europeo. (2017, 16 de febrero). *Resolución del Parlamento Europeo, de 16 de febrero de 2017, con recomendaciones destinadas a la Comisión sobre normas de Derecho civil sobre robótica* (2015/2103(INL)) [Documento C 252/239]. Diario Oficial de la Unión Europea.

PwC Middle East. (2024). *Agentic AI – the new frontier in GenAI: An executive playbook*. PwC. https://www.pwc.com/m1/en/publications/documents/2024/agentic-ai-the-new-frontier-in-genai-an-executive-playbook.pdf

Rumelhart, D. E., Hinton, G. E., & Williams, R. J. (1986). Learning representations by back-propagating errors. *Nature, 323*(6088), 533–536. https://doi.org/10.1038/323533a0

Sun, W. (2025, 3 de julio). *De la IA asistencial a la IA agéntica: riesgos, responsabilidades y camino por recorrer.* La Ecuación Digital. laecuaciondigital.comlaecuaciondigital.com

UNESCO. (2021). *Recomendación sobre la ética de la inteligencia artificial.* París: Organización de las Naciones Unidas para la Educación, la Ciencia y la Cultura. unesco.orgunesco.org

III. La empresa en la industria 4.0

El *Chief Artificial Intelligence Officer* (CAIO): Un nuevo liderazgo para Europa y América Latina

José Luis Hernández Sánchez[1]

Resumen: El presente ensayo analiza el surgimiento del *Chief Artificial Intelligence Officer* (*CAIO*) como un nuevo puesto en las organizaciones ya sea dentro de su estructura o desde el ámbito una actividad de consultoría externa que da soporte temas de gobernanza y de gestión de riesgos. Se describen algunas funciones básicas (técnicas, éticas y de compliance), que definen este nuevo perfil puesto. Se explica cómo el CAIO hace un tipo de *compliance* especializado. Finalmente, se presentan algunos ejemplos de organizaciones que lo utilizan y de organizaciones que están reclutando personas para la realización de gobernanza de la IA. Se reflexiona sobre los retos para América Latina en la institucionalización de este liderazgo.

Palabras clave: *Chief Artificial Intelligence Officer*, Ética, Compliance, ISO/IEC 42001, Gobernanza de IA, Riesgos de IA,

1. Surgimiento del CAIO

El rol de *Chief Artificial Intelligence Officer* (CAIO) surge como respuesta al creciente uso de modelos de inteligencia artificial avanzada que han generado un nuevo tipo de responsabilidad en las organizaciones y entre las personas (algorítmica). Estos modelos de inteligencia

1. Doctor en Derecho por la Universidad Panamericana. Fundador de The White Box Project Institute, organización especializada en la formación de Chief Artificial Intelligence Officers para Europa y América Latina.

artificial predictiva, generativa y/o agentica, cuando toman decisiones, sin intervención humana, pueden generar impactos negativos que deben de estar sujetos a supervisión humana. Sin embargo, dicha supervisión tiene diversos grados de responsabilidad y posibilidades de control cuyo origen no es sencillo determinar por el ciudadano.

Desde la etapa de desarrollo e implementación hasta que concluye su uso, los modelos de inteligencia artificial (IA) deben ser supervisados. Esta es una de las reglas universales para el uso de IA avanzada que podemos encontrar en diversas legislaciones o regulaciones ya que la IA es una tecnología de carácter general (como la electricidad), cuyo uso es diverso y se encuentra omnipresente en la sociedad.

El origen de los CAIOs parte de estas preocupaciones, pero también, deriva del surgimiento de una tecnología que está creando nuevos puestos de trabajo de forma directa e indirecta. Así como ahora hablamos de ingenieros de prompts, también se discute sobre la necesidad de los CAIOs en las organizaciones.

Adicional a las preocupaciones operativas, existen también preocupaciones jurídicas, derivadas del mundo de los despachos y el incremento de los litigios. Por ejemplo, en los Estados Unidos, entre 2024 y 2025, proliferaron demandas, medidas cautelares, sentencias, acuerdos y licencias de contenido que afectaron la forma en que las organizaciones entrenan, despliegan y supervisan sistemas de IA. Esta presión legal, documentada en cronologías actualizadas de litigios y acuerdos comerciales, refuerza la necesidad de un liderazgo especializado en el uso de sistemas de gestión de IA, gobernanza y riesgos.

Litigios y acuerdos judiciales por uso de IA y el papel del CAIO

Caso	Riesgo	Estado	Implicación CAIO
NYT vs. OpenAI	Copyright / entrenamiento	El pleito reclama el uso de contenidos periodísticos	Reforzar licencias/consentimientos, *model cards* con fuentes, trazabilidad de *datasets*
Anthropic	Copyright / obtención de datos	Entrenamiento vs. origen de copias	Diligencia sobre origen lícito de datos; cláusulas contractuales y registros de procedencia
Meta	Copyright / *fair use*	Fallo favorable a Meta ad cautelum	Evaluar riesgo caso por caso; análisis de mercado y sustitución; documentación de usos transformativos
The Washington Post – OpenAI	Contratos / licencias	Acuerdo comercial	Hoja de ruta para licenciamiento y mitigación de litigios; gestionar mix *licencia + filtrado*
Reddit demanda a Anthropic por scraping no autorizado (violación de ToS / *robots.txt*)	Scraping / ToS	Demanda en curso	Controlar *crawlers*, respetar ToS/robots, registro de *dataset ingestion*, y pruebas de exclusión
Demanda contra OpenAI por presunta contribución a suicidio	Producto/daño / seguridad	Demanda en trámite	Reforzar *safety by design* (derivaciones, *rate limits*, verificación de edad), protocolos de incidentes
Character.AI: tribunal	Producto/daño / seguridad	Demanda continúa	Validar límites de uso, advertencias, *guardrails* y procedimientos de escalamiento humano

Fuente: Elaboración propia. Datos de: https://sustainabletechpartner.com/topics/ai/generative-ai-lawsuit-timeline

En este sentido, los retos que actualmente tiene el CAIO están en asegurar a su organización (1) un portafolio de evidencias (inventario de modelos, *model cards*, hojas de datos, cadena de licencias), (2) supervisión del cumplimiento de la debida diligencia al interior y exterior de la organización (*stakeholders* como proveedores y *datasets*), (3) recolección de pruebas de seguridad y procedimientos de respuesta a incidentes de IA, y (4) controles de producto y salvaguardas para minimizar daños previsibles a usuarios (p. ej., derivaciones a recursos de crisis, verificación de edad cuando corresponda).

Cabe señalar que antes de 2022, la labor de supervisión de la IA recaía en posiciones como el *Chief Data Officer* (CDO) o el *Chief Information Officer* (CIO). Sin embargo, la magnitud de los riesgos y la complejidad del uso de conceptos que parten de la ética y los derechos humanos, han dado vida al surgimiento de este nuevo rol en las organizaciones, cuyo nivel jerárquico, funciones y responsabilidades requieren de un perfil altamente especializado que no puede ser creado o ejercido sin una capacitación previa en temas básicos como la gobernanza de la IA, los tipos de IA que existen, la forma de gestionar su uso y mitigar sus riesgos; entre otros.

En el ámbito empresarial, compañías líderes han sido pioneras en incluir este puesto en su estructura. General Motors, por ejemplo, nombró en 2025 a Barak Turovsky como su primer CAIO, con el objetivo de integrar la IA en todas las operaciones del fabricante automotriz, desde el diseño de vehículos hasta la interacción con clientes (CBTNews, 2024). El Bank of Montreal (BMO) creó en 2024 un cargo híbrido de *Chief AI & Data Officer*, reforzando la convergencia entre gobernanza de datos y ética algorítmica en el sector financiero (BMO, 2025). De 2022 a 2025, The White Box Project Institute, organización especializada en la formación de CAIOs para América Latina, capacitó a más de doscientos expertos de más de ciento cuarenta organizaciones (privadas y públicas) con sede en Brasil, Colombia, Guatemala, Ecuador, México y Perú, convirtiéndose en un referente global (The White Box Project Institute, 2025).

En el sector público, el punto de inflexión se dio en marzo de 2024, cuando la Oficina de Gestión y Presupuesto de Estados Unidos (OMB) emitió el memorándum M-24-10, ordenando a todas las agencias federales designar un CAIO con autoridad ejecutiva, encargado de gobernar la innovación y los riesgos asociados al uso de IA (OMB, 2024). Esta decisión convirtió al CAIO en una figura obligatoria dentro de la administración pública estadounidense y fijó un precedente a nivel internacional.

El Departamento de Justicia del Gobierno de los Estados Unidos fue el primer ente público que nombró un CAIO (Fedscoop, 2024) con resultados destacables al actualizar sus directrices para empresas e incluir la obligación de realizar reportes con un soporte técnico y documental para todas las empresas que están utilizando alguna tecnología (entre ellas la IA).

De manera paralela, la Unión Europea promulgó en 2024 el Reglamento de Inteligencia Artificial (AI Act, 2024), que, aunque no establece explícitamente la figura de un CAIO, sí exige que exista un responsable del despliegue de la IA que implemente estructuras de gobernanza robustas, gestión de riesgos y contribuya a la supervisión de la IA (Comisión Europea, 2024). Estos requisitos han obligado a que muchas organizaciones busquen capacitar a su personal o abrir ofertas de empleo para temas de gobernanza de la IA, privacidad, uso de datos personales o realizar análisis de temas vinculados a la IA. Algunos ejemplos de organizaciones que durante 2024 reclutaron expertos con este perfil son las siguientes:

Organización	País	Cargo
Siemens Energy	Portugal	AI Governance Consultant
BASF	España	Data & AI Governance Facilitation
Xero	Australia	Data & AI Governance Specialist
Hyatt Hotels Corporation	EE. UU.	Director, Data & AI Governance
Schaeffler	Alemania	Consultant – Data & AI Governance
Snowflake	EE. UU.	Senior PMM – Data & AI Governance

Analog Devices	Irlanda	Senior Manager, AI Governance
TRUSTEQ GmbH	Alemania	AI-Governance Senior Consultant
Hays	Alemania	Data & AI Governance Automation Specialist
Forsyth Barnes	EE. UU.	AI Governance Lead
The Future Society	EE. UU.	Director, U.S. AI Governance
Radiant Systems Inc	EE. UU.	Generative AI Governance Analyst

Fuente: Linkedin. Elaboración propia con ChatGPT. Durante 2024, múltiples organizaciones en América, Europa y Oceanía han abierto posiciones específicas de gobernanza de IA, lo que evidencia la consolidación de funciones profesionales dedicadas (consultores, managers, directores) y refuerza la necesidad de un liderazgo ejecutivo especializado (CAIO).

La necesidad de crear un perfil especializado o el apoyo de un consultor externo que nos auxilie a supervisar el modelo de inteligencia artificial, su política de IA, la gobernanza y los riesgos que generan impactos adversos, proviene de una finalidad: La protección de la persona, su dignidad y los derechos que de ella derivan.

Si bien, en el pasado ya existía la IA y durante todo el siglo XX y primeras dos décadas del XXI no se requería un CAIO de la IA, ahora con el poder de cómputo que se está desarrollando y la carrera por lograr la IA General, se están presentando casos problemáticos cuyos impactos a derechos humanos son adversos y requieren de ser mitigados por el propio ser humano bajo el principio técnico: a mayor autonomía, mayor supervisión humana.

Las llamadas auditorias algorítmicas, un nuevo tipo de control, dan vida a esa gestión de riesgos da vida al modelo de negocio, debe ser atendida con elementos que derivan de un perfil transdisciplinario que sepa de modelos de IA, pero también, de derechos humanos, dignidad de la persona, el Estado de Derecho y los principios de las democracias contemporáneas. Esto convierte al CAIO en un perfil complejo que requiere alta especialización. No tendría sentido delegar esta función de supervisión en puestos que fueron diseñados para necesidades previas a la llegada de la IA generativa y/o de la IA agentica, que, además, ya se encuentran saturadas de pendientes que deben atener (no compatibles con el tiempo que se requiere para ser un supervisor de la IA).

La complejidad técnica, amerita capacitación constante de los cambios permanentes que están llegando con el uso de la inteligencia artificial avanzada. En este contexto, el CAIO se consolida como función ejecutiva con facultades para gobernar el ciclo de vida de la IA: guiar la construcción y cumplimiento de la política de IA, implementa un Sistema de Gestión de IA (ejemplo: ISO/IEC 42001), articula el Comité de uso responsable de la IA, establece métricas y contribuir a la mejora de la trazabilidad y explicabilidad de los modelos de IA. Su ubicación orgánica debe garantizar independencia e impacto (reporte a CEO/Consejo), coordinación efectiva con CDO/CTO/CISO/Legal, y alineación con el esquema de tres líneas de defensa (negocio, gestión de riesgos/compliance, auditoría interna).

2. Funciones del CAIO vinculadas al *compliance*

De 2016 a 2022, a nivel mundial, se presentaron más de 600 propuestas normativas[2] para regular o estandarizar con principios éticos y de *compliance* para la utilización de inteligencia artificial. Todas, tenían un elemento en común: la necesidad de que las organizaciones, cuenten con responsable humano para su supervisión.

En 2022, White Box Project y NYCE, desarrollaron el primer programa de capacitación y certificación para CAIOs con un enfoque ético y de *compliance*, basado en el uso de IA dentro de organizaciones públicas y privadas que, a la vez, comenzaron a detectar dicha necesidad y a experimentar dicha supervisión con sus estructuras actuales. Lo que intensificó el uso del CAIO fue la liberación comercial de los LLMs (*Large Lenguage Models*) y la inteligencia artificial generativa (o avanzada), la cual, a partir de la llegada del ChatGPT amplió la necesidad. Basta recordar

2. Consúltese la estadística en: https://www.coe.int/fr/web/artificial-intelligence/national-initiatives

la sorprendente cifra reportada a los dos meses de su lanzamiento: 100 millones de usuarios (The Guardian, 2023).

Empresas, gobiernos, líderes de opinión, académicos e investigadores, coinciden en que la IA coadyuva a mejorar la toma de decisiones, disminuye costos, tiempos y permite dar un respaldo más ágil a soluciones que puedan transformar negocios para beneficio de la sociedad. Para lograrlo, quienes tengan la responsabilidad de decidir e incidir en las estructuras internas de la organización, deben tener en cuenta que el CAIO, es un actor clave para aprovechar este enorme potencial, protegiendo a las organizaciones de impactos adversos.

La función del CAIO trasciende la dimensión meramente tecnológica para convertirse en un eje de gobernanza, ética y cumplimiento normativo. En la práctica, este rol se sitúa en la intersección entre innovación y control, garantizando que el desarrollo y uso de sistemas de IA se alineen con marcos regulatorios internacionales, estándares de gestión de riesgos y principios de ética de la IA. Entre las principales funciones vinculadas al *compliance* tenemos las siguientes:

- *Gobernanza basada en un sistema de gestión de la IA:* El CAIO es responsable de diseñar y mantener un *Artificial Intelligence Management System* (AIMS) conforme a la norma ISO/IEC 42001:2023, la primera norma internacional que establece requisitos para la gestión de la IA (ISO/IEC, 2023). Este sistema incluye una política para el uso de IA, la asignación de responsabilidades por niveles jerárquicos, tomando en cuenta la estructura, capacitación, procesos de evaluación y control del ciclo de vida de los modelos, así como mecanismos de mejora continua (KPMG, 2024).
- *Cumplimiento regulatorio:* La entrada en vigor del Reglamento de IA de la Unión Europea en 2024 obliga a los desarrolladores y usuarios de sistemas de alto riesgo a documentar exhaustiva-

mente sus procesos, realizar pruebas de seguridad, garantizar la trazabilidad de los datos y establecer mecanismos de supervisión humana (Comisión Europea, 2024). Aunque este marco aplica principalmente a Europa, su alcance extraterritorial y el efecto de convergencia regulatoria internacional hacen que el CAIO deba asegurar la compatibilidad de los procesos internos con estas exigencias, especialmente en empresas latinoamericanas que buscan operar en mercados globales.

- *Gestión de riesgos:* La gestión de riesgos constituye una de las funciones centrales del CAIO. El CAIO debe ser experto en la mitigación de riesgos como lo son los sesgos algorítmicos, los ataques a los modelos de IA, la opacidad en la toma de decisiones o manipulación de IA generativa. El enfoque del NIST reconoce que la gestión de riesgos de IA no es un evento único, sino un proceso continuo: se identifica, mide, gestiona y vuelve a evaluar de forma cíclica y evolutiva, según cambian los contextos y emergen nuevos retos.
- *Implementación de una política de IA:* Además del cumplimiento de normas externas e internas, el CAIO debe ser el responsable de la coordinación de los trabajos para la construcción de la política de IA en las organizaciones con el fin de que los modelos de IA estén protegidos ante impactos adversos de diverso tipo (Floridi & Cowls, 2021). En este sentido, funge como garante de que la organización no solo cumpla con la letra de la ley, sino también con los principios de justicia y responsabilidad algorítmica (Hernández, 2022).
- *Cultura de cumplimiento y promoción de capacitación:* Finalmente, el CAIO promueve la alfabetización digital o para el desarrollo y uso de la IA en toda la organización. La AI Act establece que los actores involucrados deben recibir capacitación adecuada en materia de riesgo y gobernanza (Comisión Europea, 2024). En consecuencia, el CAIO lidera programas

de formación diferenciados por perfil (desarrolladores, áreas de negocio, comité ejecutivo), consolidando una cultura ética de IA.

3. El surgimiento del "AI compliance"

Históricamente, el *compliance* se ha centrado en garantizar la observancia de leyes y regulaciones financieras, bursátiles, penales, laborales, medioambientales, entre otras. Con el tiempo, este enfoque se expandió hacia industrias como la farmacéutica y el sector educativo. Con el creciente uso de inteligencia artificial avanzada, surge la necesidad de un *compliance* especializado en regulaciones que están emergiendo como la AI Act que entró en vigor el 1 de agosto de 2024.

Ante este panorama emerge el Artificial Intelligence Compliance o AI Compliance. Este concepto va más allá del cumplimiento tradicional, al proponerse como un pilar estratégico de gobernanza de la IA, su gestión y la mitigación de riesgos basado en el uso de conceptos novedosos como los derechos humanos y las auditorías algorítmicas.

El AI *Compliance* es la respuesta que los seres humanos tenemos ante los avances tecnológicos de la IA. Busca reducir los impactos adversos que surgen por el uso de esta tecnología, mediante el uso de la ética y las aportaciones de una gestión de la IA y de sus riesgos. Este paradigma añade dos exigencias específicas:

1. Uso de datos, privacidad y ciberseguridad, enfrentando retos como el manejo de datos sintéticos y la supervisión constante del flujo informacional en modelos de IA generativa o IA agéntica.
2. Interpretabilidad y explicabilidad, necesarias para desentrañar la protección de las personas, su dignidad, el medio ambiente, el gobierno corporativo, la democracia y el Estado de Derecho (los llamados "black boxes" y los retos que existen) mediante una supervisión humana especializada.

Este nuevo enfoque también encuentra soporte en las expectativas regulatorias, como la que emitió el Departamento de Justicia de los EE. UU., para incluir en los programas de *compliance* la gestión de riesgos de IA[3].

El AI *compliance* integra compromisos regulatorios (p. ej., EU AI Act), controles técnico-operativos (gestión del ciclo de vida, MLOps/AIOps, seguridad, explicabilidad) y principios éticos (no daño, equidad, rendición de cuentas) para que la IA sea segura, confiable y justa. En 2024-2025, el marco europeo fijó un precedente global con un régimen de altas sanciones (hasta €35 millones o el 7% del volumen de negocios mundial en casos de prácticas prohibidas) que obliga a profesionalizar la gobernanza y la trazabilidad de datos y modelos.

En paralelo, las autoridades de Estados Unidos han elevado sus expectativas de cumplimiento: el Departamento de Justicia advirtió que buscará penas más severas cuando el uso de IA agrave delitos económicos, y la FTC ha iniciado acciones contra afirmaciones engañosas y usos fraudulentos de productos "impulsados por IA". Estas señales, sumadas a estándares como ISO/IEC 42001 (sistema de gestión de IA) y el NIST AI RMF (gestión de riesgos), consolidan la necesidad de un programa de AI *compliance* liderado por un CAIO, con métricas, portafolio de evidencias ¡y supervisión continua.

En definitiva, el nacimiento del Chief Artificial Intelligence Officer, operado por un "AI Officer", marca una transición decisiva y convierte el cumplimiento no en una carga, sino en un catalizador de confianza en la IA siguiendo tres principios: IA ética, confiable y segura. Un ejemplo de una actividad que debe supervisar como parte de sus actividades lo podemos comprender en la la siguiente tabla:

3. Consúltese más información en: https://apnews.com/article/justice-department-artificial-intelligence-ai-google-a29ebfbb63411a816af1c40483d1b627

Periodo	Entregables	Gobierno	Operación	Evidencia/Métrica
0/90 días	Política de IA; Comité de IA; Programa anual de capacitación	Definir sesiones del de Comité de IA	*Model card* plantilla; checklists de proveedores, usuarios, stakeholders;	% inventario cubierto; tiempo de respuesta a incidentes
90/180 días	Validación de indicadores para gestión de riesgos; capacitación por rol y área de uso de la IA	Reporte trimestral a Comité de IA y Consejo	Due diligence de usuarios	% modelos con pruebas; % usuarios evaluados
180/365 días	Gestión de IA (ISO/IEC 42001) implementación, certificación	KPIs definidos en la auditoría interna	Integración MLOps/AIOps; reporting regulatorio según aplique	Cobertura de *model cards*; tiempo a remediación; hallazgos cerrados

Fuente: Elaboración propia con apoyo de ChatGPT

Un *AI compliance* eficaz no "ralentiza" la innovación: la ordena, la prueba y la hace defendible frente a posibles riesgos regulatorios o judiciales. Por eso, el CAIO (apoyado en ISO/IEC 42001) se convierte en el garante del funcionamiento del modelo de IA y del modelo de negocio al que le da vida. La organziación debe fortalecerlo para mantener su innovación. Un ejemplo de matriz de AI Compliance es la siguiente:

Matriz de AI *compliance*

Pilar	Objetivo	Controles	Evidencia	Métricas
Legal-Regulatorio	Cumplir con marcos (AI Act, privacidad, consumo)	Política de IA; clasificación de riesgos; cláusulas y licencias; evaluación de terceros	Registro de tratamientos; cadena de licencias; contratos/DPA; decisiones de clasificación	% casos clasificados; % *vendors con due diligence*; no. de excepciones aprobadas

Técnico-Operativo	Asegurar el ciclo de vida y la calidad	Inventario de modelos; *model cards/ data sheets*; pruebas de seguridad; monitoreo de **drift** y sesgo; *kill-switch*	Repositorio de *model cards*; reportes de validación; bitácoras de monitoreo; planes de retraining	% modelos con *model card* completa; tiempo a remediación; incidentes por trimestre
Ético-Social	Minimizar daño y sesgos; explicabilidad	Revisión ética; *human-in-the-loop*; UX con advertencias/ derivaciones; FRIA/ DPIA cuando aplique	Dictámenes del comité; guías de uso; trazas de intervención humana; evidencia de capacitación	Satisfacción de usuarios; tasa de escalamiento humano; % personal capacitado por rol

Fuente: Elaboración propia con apoyo de ChatGPT

Aquí tenemos tres beneficios concretos por realizar su cumplimiento:

1. *Defendibilidad regulatoria y contractual:* Permite que la organización cumpla con sus responsabilidades legales-regulatorias (política de IA, clasificación de riesgos, licencias y due diligence a terceros) al generar evidencia probatoria ordenada (registros de tratamiento, cadena de licencias, contratos) y reducir posibles sanciones o litigios. Además, facilita auditorías internas/externas y mejora la posición de la organización ante reguladores y contrapartes.

2. *Calidad y seguridad del modelo algorítmico*: Aplicar los controles técnico-operativos (inventario de modelos, model cards/data sheets, pruebas de seguridad, monitoreo de sesgos) disminuye incidentes y tiempo de remediación, eleva la explicabilidad y confiabilidad de los sistemas, y protege a usuarios con respuestas verificables ante desviaciones que impacten de forma adversa.

3. *Aceleración responsable de la innovación y ventaja competitiva*: El pilar ético-social (revisión ética, human-in-the-loop, UX con advertencias/derivaciones, capacitación por rol) fortalece la confianza

de clientes, socios e inversionistas, habilita el acceso a mercados exigentes (p. ej., cadenas de suministro con estándares elevados), y acelera el time-to-market al contar con criterios claros de go/no-go sustentados en métricas (KPI/KRI) y evidencias.

Antes de concluir este apartado, consideramos de la mayor relevancia definir o delimitar algunos conceptos que se utilizan en el punto 3 de los beneficios, ya que el pilar ético es el de mayor complejidad. En primer lugar, una "Revisión ética" es un análisis estructurado de evaluación de impactos adversos a derechos humanos y la dignidad de la persona, comienza desde de diseño, despliegue o cambio o conclusión del uso del sistema de IA. Esto sirve para anticipar daños, fijar salvaguardas y decidir si se sigue adelante o se pausa el modelo de IA. Aquí el Comité de uso responsable de la IA debe participar (CAIO (preside), Legal/Compliance, DPO/privacidad, Seguridad/CISO, líderes de producto/dominio, y cuando corresponda un experto externo o representante de usuarios).

Respecto a la aplicación del concepto "Human-in-the-loop" (HITL), podemos decir que consiste en la supervisión y capacidad de intervención humana significativa en puntos críticos del ciclo de vida de la IA y de la forma en la que toma decisiones sin intervención humana. Su uso permite evitar automatismos dañinos y asegurar rendición de cuentas a través de las siguientes reglas y métricas:

Reglas

- *in-the-loop* (aprobación humana previa),
- *on-the-loop* (monitoreo con posibilidad de intervención)
- *over-the-loop* (auditoría y control ex-post).

Métricas:

- Tasa de overrides;
- SLA de revisión;
- Precisión post-intervención;

- Porcentaje de decisiones de alto riesgo con revisión humana;
- Hallazgos de la auditoría algorítmica.

Los UX con advertencias/derivaciones, son diseños de experiencia del usuario que informan límites y riesgos del sistema y redirigen a la persona a ayuda humana o recursos apropiados cuando hay señales de un posible impacto adverso, daño o salida del parámetro de control programado. Se implementan mediante advertencias visibles como: Propósito, límites, fuentes aproximadas, "no asesoría legal/médica", condiciones de uso:

- Intersticiales de confirmación: "¿Deseas continuar?" ante consultas sensibles.
- Derivaciones: Escalamiento a agente humano, canales de soporte, recursos de crisis, verificación de edad cuando aplique.
- Controles técnicos: Clasificadores de contenido/seguridad, filtros de entrada/salida, *rate limits* y *kill-switch* de sesión. Entregables/evidencia: Flujos UX anotados, política de seguridad de producto, resultados de *red-teaming* y pruebas de usabilidad, registro de derivaciones.

Finalmente, la capacitación por rol es aquella formación diferenciada según responsabilidades (consejo/alta dirección, producto, datos/ingeniería, legal/*compliance*, atención a clientes, compras/proveedores). Permite crear una cultura de IA responsable y alinear decisiones diarias con la política de IA y el marco regulatorio. Las responsabilidades, se pueden asignar de la siguiente manera:

- Consejo/CEO: riesgos estratégicos, responsabilidades y *reporting*.
- Producto/Negocio: selección de casos de uso, *go/no-go*, métricas.
- Datos/Ingeniería: MLOps/AIOps, sesgo, explicabilidad, seguridad.
- Legal/*Compliance*: AI Act/privacidad/consumo, contratos y evidencias.
- Compras/Vendor: *due diligence* a terceros, licencias/datos.

- Atención a clientes: límites del sistema, escalamiento humano.

Con estos elementos el CAIO, el Comité de uso responsable de la IA y los demás directivos o alta gerencia, pueden lograr una IA ética, responsable y segura.

4. Perfil profesional

Describir o construir el perfil del puesto de un CAIO dentro de una organización no es nada sencillo. Es una posición estratégica que debe tener diversas habilidades para poder ser el responsable de supervisar el despliegue de la IA y prever la gestión de los riesgos, con el fin de que la organización no impacte de forma negativa a los derechos de las personas, el entorno social, ambiental, la democracia o el Estado de Derecho. El CAIO, además de lidiar con esos conceptos debe garantizar que el modelo de IA mantenga e incremente los beneficios que recibe la organización, sin afectar los estándares éticos y regulatorios existentes. El CAIO, será quien implemente las normas ISO, las normas creadas por el Institute of Electrical and Electronics Engineers (IEEE) o cualquier otra especializada que se encuentren en los diversos sectores de la producción o de los servicios que existen en un país.

En este orden de ideas, su función va más allá del respeto a la privacidad y seguridad de los datos personales, tampoco se debe ver como el responsable de la ciberseguridad o el director de tecnologías de la información. El diseño del perfil de puesto debe partir de entender estos temas y añadir otros más que derivan de los modelos de IA. En resumen, actúa como un puente entre la tecnología, el negocio, los marcos éticos y regulatorios vigentes para la empresa, y, por otra parte, asegura que el modelo de negocio y el modelo de IA sean compatibles, evitando consecuentemente, la imposición de sanciones o de multas cuyos montos pudieran ser extremadamente onerosos.

El puesto de CAIO requiere la formación de un profesional que tenga las bases fundamentales de la Ingeniería, el Derecho y la Filosofía. Por ello, se requiere que el candidato a CAIO tenga una profunda comprensión de los diversos tipos de IA que existen, sus usos y riesgos y una sólida base de la ética y de conocimientos de las diferentes normas jurídicas que regulan el sector en el que se desarrolla la organización.

En este sentido, el responsable de CAIO debe comprender que la gestión de riesgos está presente como en cualquier otra posición de *compliance* dentro de la organización, pero los riesgos derivan del modelo de IA que da vida o contribuye a la operación del modelo de negocio. También debe entender la estructura de las normas internacionales que protegen derechos humanos, y en su caso, de la forma también, en cómo el régimen constitucional en el que se ve inmerso entiende estos temas y su protección. Además, debe contar con habilidades blandas (pensamiento estratégico, comunicación efectiva, gestión del cambio, persuasión y negociación, entre otros) para liderar equipos multidisciplinarios de personas y fomentar los valores éticos que dan vigencia a una IA responsable. Entre las responsabilidades, habilidades, formación y experiencia requerida están:

Responsabilidades

- Diseñar e implementar una Política de AI que integre principios éticos y de *compliance*.
- Adoptar una política de gobernanza de la IA para fomentar su uso ético, responsable y seguro.
- Supervisar de forma continua los modelos de IA a lo largo de su ciclo de vida —desde el diseño hasta su operación— mediante auditorías internas, monitoreo y evaluación de riesgos emergentes.
- Definir y velar por la adopción de principios éticos: equidad, explicabilidad, responsabilidad, privacidad y no discriminación en los algoritmos utilizados.
- Colaborar con las áreas de Desarrollo de Producto, TI, Legal, Transformación Digital y Seguridad para asegurar la alineación de políticas y prácticas éticas en IA.

- Mantenerse actualizado con la evolución regulatoria global y adaptar estrategias de cumplimiento en función de nuevas leyes, estándares o guías.
- Promover una cultura interna de conciencia y responsabilidad en IA, incluyendo la formación del personal, la sensibilización ética y la implantación de procedimientos de mitigación cuando se identifiquen sesgos o riesgos.
- Integrar y supervisar herramientas tecnológicas —como herramientas de auditoría, explicabilidad (*explainability*) o agentes de cumplimiento basados en IA— que permitan automatizar y anticipar riesgos regulatorios.

Habilidades requeridas

- Conocimientos técnicos sólidos en inteligencia artificial, algoritmos, aprendizaje automático, gobernanza de datos y ciberseguridad.
- Dominio ético, regulatorio, legislativo y corregulatorio.
- Pensamiento estratégico y liderazgo para influir en la cultura organizacional.
- Excelentes capacidades de comunicación y colaboración, para hacer puente entre áreas técnicas, jurídicas, de riesgo y la alta dirección.
- Orientación al riesgo y proactividad, evaluando situaciones emergentes y anticipándose a escenarios regulatorios o éticos adversos.

Experiencia

- Título superior en Derecho, Ingeniería, Ciencias de la Computación, Ética Digital, o campos afines.
- Contar con una certificación como CAIO garantiza que la persona cuenta con los conocimientos básicos.

- Experiencia práctica en entornos regulatorios complejos, idealmente en sectores regulados (finanzas, salud, tecnología, gobernanza pública).
- Historial comprobable en la implementación de políticas de IA responsable, auditorías de modelos, gestión de sesgos o construcción de mecanismos de transparencia explicable.

Beneficios para la organización

1. Reducción de riesgos legales y reputacionales frente a incumplimientos normativos o éticos.
2. Impulso a la innovación responsable, integrando cumplimiento y confianza como diferenciadores competitivos.
3. Adaptabilidad internacional, esencial para operar con éxito en regiones con regulación avanzada como la Unión Europea.

Sin entrar a detalles sobre el costo de un perfil profesional así, es válido afirmar que este puesto es necesario para la organización que pretende desarrollar o implementar IA. El Informe Foundry reveló que el 11 % de las organizaciones medianas y grandes ya han nombrado a un director de IA, y un 21 % adicional de las grandes organizaciones están buscando uno. Los nombramientos son transversales y se producen tanto en organizaciones públicas como privadas (Chalamish, 2024). La entrada en vigor de la AI ACT y el enorme cúmulo de reformas legislativas que están por entrar en vigor en todo el mundo hacen más que evidente la inaplazable creación de esta posición en las organizaciones de los sectores público, privado y social. Sea que se incluya en su estructura interna, sea que se tercerice, el CAIO será un puesto nuevo en la era de la IA. A continuación, presentamos una tabla que puede ser de utilidad para las áreas de recursos humanos o consultores que desean o requieren contratar un CAIO:

Campo	Descripción
Título del puesto	Chief Artificial Intelligence Officer (CAIO)
Área / Unidad	Gobernanza de IA, Riesgos y Cumplimiento (AI Governance, Risk & Compliance)
Reporta a	CEO y/o Consejo (vía Comité de Riesgos/Ética/IA)
Misión del puesto	Establecer y liderar el Sistema de Gestión de IA (AIMS), construir la Política de IA, garantizar el uso ético, responsable y seguro de la IA; alinear los casos de uso con la Política de IA; implementar el modelo de gobernanza de la IA.
Alcance y autoridad	Mandato corporativo sobre política de IA; facultad de veto en despliegues de alto impacto; autoridad presupuestal; coordinación transversal con CDO/CTO/CISO/Legal y unidades de negocio; esquema de tres líneas de defensa.
Objetivos (12 meses)	1) Política de IA aprobada y inventario de modelos al 100%; 2) Model cards/data sheets completas ≥90%; 3) Monitoreo de sesgo y drift operativo; 4) Due diligence a proveedores críticos; 5) AI Incident Response Plan probado; 6) Capacitación por rol ≥85% de cobertura.
Responsabilidades clave	· Diseñar e implementar el AIMS (ISO/IEC 42001) y gobierno (Comité, RACI). · Clasificar riesgos por caso de uso y aplicar controles (preventivos/detectivos/correctivos). · Asegurar trazabilidad de datos/licencias y documentación probatoria (inventario, model cards, DPIA/FRIA). · Integrar MLOps/AIOps: validación, seguridad de modelos, monitoreo, *kill-switch*, retraining. · Gestionar terceros (contratos, DPA, licencias, evaluación técnica y ética).· Liderar cultura y capacitación diferenciada por rol; reporte a Alta Dirección/Consejo. · Liderar cultura y capacitación diferenciada por rol; reporte a Alta Dirección/Consejo.
Formación académica	Maestría o Doctorado en Ingeniería/CS/Datos, Derecho/Regulación Tecnológica: Filosofía o Ética de la IA. Se valora la formación transdisciplinaria (p. ej., Derecho + Ciencia de Datos).

Experiencia mínima	8–12 años en IA/analítica/transformación digital; 4+ años liderando gobernanza o riesgo tecnológico; experiencia en sectores regulados (finanzas, salud, gobierno, automotriz) es un plus.
Competencias técnicas	IA/ML y MLOps/AIOps; gobernanza y calidad de datos; explicabilidad y evaluación de sesgo/robustez; seguridad de modelos; *product safety* y UX con advertencias/derivaciones.
Competencias regulatorias	AI Act (UE) y categorías de riesgo; ISO/IEC 42001 (AIMS); NIST AI RMF; privacidad (GDPR/LGPD/LFPDPPP), consumo, ciberseguridad (ISO 27001/NIST CSF); regulación sectorial aplicable.
Habilidades directivas	Liderazgo ejecutivo, gestión del cambio, negociación, comunicación con Consejo, pensamiento estratégico, toma de decisiones basada en riesgo y evidencia.
Certificaciones deseables	CAIO (The White Box Project Institute) o equivalente; ISO/IEC 42001 (knowledge/implementer), ISO 27001 (Lead Implementer/Auditor), privacidad (CIPP/E o afín).
Herramientas / stack	Plataformas ML/observabilidad; herramientas de evaluación de sesgo/explicabilidad; GRC/IRM; gestión de contratos/licencias; wikis/repositorios de evidencia.
Indicadores de desempeño (KPI/KRI)	· % modelos inventariados y con model card completa. · Tiempo a remediación (sesgo/drift/vulnerabilidades). · Incidentes de IA por trimestre; hallazgos de auditoría cerrados en plazo.· % proveedores críticos con due diligence concluida. · Cobertura de capacitación por rol; NPS de áreas de negocio.
Relaciones clave	Internas: CEO, Consejo, CDO/CTO/CISO, Legal/Compliance, Riesgos, Producto, Auditoría Interna. Externas: reguladores, auditores, proveedores de IA/datos, asociaciones sectoriales.
Condiciones / Ética	Declaración y gestión de conflictos de interés; código de ética y confidencialidad; disponibilidad para comités y crisis.

Proceso de selección	1) Caso práctico (clasificación de riesgo + controles/artefactos). 2) Evaluación técnica (sesgo/explicabilidad/seguridad). 3) Board-fit (presentación ejecutiva). 4) Referencias y *background check*.
Rango salarial	Según mercado, seniority y sector. Incluir banda interna al publicar (fijo + variable atado a KPIs).

Fuente: Elaboración propia con ChatGPT.

5. Casos de uso

La creación del puesto de CAIO, refleja un reconocimiento de la importancia estratégica de la IA para el futuro mediato de las empresas. A medida que se avanza hacia un mundo cada vez más impulsado por esta tecnología, la figura del CAIO será esencial para liderar con éxito la transformación digital de las empresas, gobiernos y sociedad en general, asegurando que las organizaciones no solo se mantengan a la vanguardia de la innovación, sino que también transiten por el complejo panorama ético y regulatorio que ya se encuentra presente el uso de la IA.

Las organizaciones que reconozcan y se adapten a esta evolución, estarán mejor posicionadas para aprovechar las oportunidades que la IA ofrece. El mercado laboral exige que las universidades y centros de formación directiva deban planear una trayectoria académica que permita atender la necesidad de un perfil de egresado que pueda hacerse responsable de las funciones del CAIO. Como en todo cambio de esta importancia, siempre surgirán personas que tengan sus reservas o también sean escépticos, y por otra parte, se encuentran aquellos que sean optimistas y promotores del cambio. Al final del día, en esto se debe pensar: los empresarios, gobierno y sociedad en general, deben de construir un ecosistema de protección social para la utilización de una IA responsable.

El rol del CAIO encuentra su sentido práctico en la gestión de casos de uso concretos de la inteligencia artificial, como los siguientes:

1. Automotriz: En la industria automotriz, el nombramiento de Barak Turovsky como CAIO en General Motors (2024) representa un hito. Su mandato consiste en integrar IA en diseño, fabricación, vehículos conectados y servicios postventa (Reuters, 2025). El CAIO asegura que el despliegue de IA cumpla estándares de seguridad, confiabilidad y equidad, alineándose con requisitos regulatorios internacionales.

2. Financiero: La banca ha sido pionera en formalizar estructuras de IA responsable. El Bank of Montreal (BMO) creó en 2024 un cargo híbrido de Chief AI & Data Officer para unificar estrategia de datos y gobernanza algorítmica, reforzando su cultura de cumplimiento frente a normativas como la AI Act y lineamientos de riesgo (Vantedge Search, 2025). De igual forma, el Metropolitan Commercial Bank de Nueva York nombró a su primer CAIO en 2025 para liderar la automatización de procesos, gestión de riesgos crediticios y experiencia del cliente, con un enfoque explícito en gobernanza y cumplimiento (Metropolitan Commercial Bank, 2025).

3. Gobierno: En el ámbito gubernamental, el memorándum M-24-10 de la OMB (2024) obligó a todas las agencias federales de EE. UU. a designar un CAIO. Casos emblemáticos son:
   - La Cybersecurity and Infrastructure Security Agency (CISA), que designó a Lisa Einstein como su primera CAIO para coordinar IA en ciberseguridad (IBM, 2024).
   - La Commodity Futures Trading Commission (CFTC), que nombró a Ted Kaouk como CAIO para supervisar riesgos de IA en mercados financieros (The Wall Street Journal, 2024).

4. Salud: En la industria farmacéutica y hospitalaria, el CAIO desempeña un papel esencial en garantizar que los sistemas de

diagnóstico y apoyo clínico cumplan con principios de seguridad, explicabilidad y equidad. Un ejemplo es el uso de IA para descubrimiento de fármacos en Bristol-Myers Squibb, donde la gobernanza de algoritmos ha sido vinculada a estándares de ética biomédica (Harvard Business Review, 2023).

6. Retos

La consolidación del CAIO en América Latina se enfrenta a una doble dinámica: retos estructurales que dificultan su institucionalización y oportunidades estratégicas para posicionar a la región en la vanguardia de la gobernanza de IA.

Retos

1. Ausencia de marcos regulatorios homogéneos: mientras la UE avanza con el AI Act y EE. UU. con mandatos OMB, en la mayoría de países latinoamericanos aún no existen leyes de IA específicas, lo que genera incertidumbre regulatoria (CAF, 2023).
2. Limitaciones de talento especializado: escasez de profesionales con formación híbrida en IA, *compliance* y derecho tecnológico, lo que dificulta cubrir el perfil de CAIO.
3. Restricciones presupuestarias: las PYMEs, predominantes en la región, enfrentan barreras para financiar oficinas de gobernanza algorítmica.
4. Cultura organizacional reactiva: en muchos contextos, el cumplimiento se percibe como una carga y no como un valor estratégico, retrasando la adopción de prácticas proactivas.

Oportunidades

1. Alineación anticipada a estándares internacionales: la adopción temprana de ISO/IEC 42001 puede dar a las empresas latinoa-

mericanas una ventaja competitiva en cadenas de suministro globales.

2. CAIO fraccional o compartido: modelos en los que un mismo CAIO asesora a varias PYMEs o entidades públicas, optimizando recursos y acelerando la profesionalización.
3. Centros de excelencia regionales: universidades, cámaras empresariales y asociaciones de *compliance* pueden crear *hubs* de IA responsable, generando talento y certificaciones locales.
4. Atracción de inversión internacional: contar con estructuras sólidas de gobernanza algorítmica puede convertirse en un diferenciador clave para inversionistas que buscan operar en mercados emergentes con seguridad jurídica.
5. Posicionamiento en foros multilaterales: la participación activa en espacios como UNESCO, OCDE y CAF permite a la región influir en estándares globales y adaptar principios a su contexto.

En The White Box Project Institute estamos comprometidos con una IA ética, responsable y segura. Para ello creamos un programa de formación para CAIOs que se imparte para expertos en toda América Latina y que busca formar profesionales debidamente capacitados y competentes para ocupar un puesto de CAIO.

Referencias

Chalamish, E. (2024, mayo 2). Introducing The Chief AI Officer. Global Finance Magazine. Recuperado de https://gfmag.com/capital-raising-corporate-finance/chief-ai-officer/?utm_source=chatgpt.com

CBTNews. (2024, diciembre 18). *General Motors appoints first Chief AI Officer.* CBT News.

Comisión Europea. (2024). *AI Act—Regulatory framework for AI: Application timeline.* Dirección General de Redes de Comunicación, Contenido y Tecnología. Recuperado de https://digital-strategy.ec.europa.eu/

Development Bank of Latin America (CAF). (2023). *Inteligencia artificial en América Latina: desafíos regulatorios y oportunidades*. Banco de Desarrollo de América Latina.

Fedscoop. (2024, abril 15). *DOJ names first Chief AI Officer under OMB guidance*. Fedscoop.

Floridi, L., & Cowls, J. (2021). A unified framework of five principles for AI in society. *Harvard Data Science Review, 3*(1). https://doi.org/10.1162/99608f92.8cd550d1

Harvard Business Review. (2023). *How to implement AI—Responsibly*. Harvard Business Publishing. https://hbr.org/

Hernández Sánchez, J. L. (2022). *Análisis de la aplicación de las categorías de responsabilidad jurídica a casos de uso de sistemas autónomos de Inteligencia Artificial para la toma de decisiones y la utilización de la Ética empresarial. Estudio del caso Watson Health de IBM* (Tesis doctoral, Universidad Panamericana, Facultad de Derecho). https://scripta.up.edu.mx/handle/123456789/7714

IBM. (2024). *CISA announces its first Chief Artificial Intelligence Officer*. IBM Think News. https://www.ibm.com/think/news/

ISO/IEC. (2023). *ISO/IEC 42001—Artificial intelligence management system standard*. International Organization for Standardization. https://www.iso.org/

KPMG. (2024). *ISO/IEC 42001: A new standard for AI governance*. KPMG Insights. https://kpmg.com/

Metropolitan Commercial Bank. (2025, agosto 4). *Appoints Ali Abedini as Chief AI Officer*. CityBiz. https://www.citybiz.co/

National Institute of Standards and Technology (NIST). (2023). *Artificial Intelligence Risk Management Framework (AI RMF 1.0)*. U.S. Department of Commerce. https://nvlpubs.nist.gov/

OMB. (2024, marzo 28). *M-24-10: Advancing governance, innovation, and risk management for agency use of AI*. Casa Blanca, Oficina de Gestión y Presupuesto. https://www.whitehouse.gov/

Reuters. (2025, marzo 3). *GM hires chief AI officer for new role*. Reuters. https://www.reuters.com/

Sustainable Tech Partner. (2025). *The rise of Chief AI Officers in corporate governance*. Sustainable Tech Partner.

The Guardian. (2023). *ChatGPT reaches 100 million users two months after launch*, The Guardian. https://www.theguardian.com/technology/2023/feb/02/chatgpt-100-million-users-open-ai-fastest-growing-app?utm_source=chatgpt.com

The Wall Street Journal. (2024). *U.S. CFTC names first Chief AI Officer*. The Wall Street Journal. https://www.wsj.com/

The White Box Project Institute. (2025). *Informe de resultados del Programa Académico 2022-2025*, The White Box Project Institute.

Vantedge Search. (2025, enero 7). *Bank of Montreal appoints new Chief AI & Data Officer*. Vantedge Search News. https://vantedgesearch.com/

La ecuación humana de la transformación digital

Ariana Guadalupe Bucio Ramírez[1]

Resumen: Mediante un análisis de la transformación digital en la empresa que va desde los riesgos posibles hasta las oportunidades abiertas por la irrupción de la IA, se propone una comprensión humana de la innovación y el liderazgo. Se trata de entenderlos como el equilibrio entre el manejo de las tecnologías de la información (ITSM), la experiencia —tanto de usuarios como de colaboradores— y las preocupaciones humanas sociales contenidas en los principios éticos y de gobernanza de la IA. Mediante un recorrido por las mejores prácticas y los marcos regulatorios pertinentes, se propone promover soluciones tecnológicas desde la experiencia humana y dirigidas hacia la experiencia humana bajo principios que garanticen las mejores prácticas, eviten riesgos y potencien una innovación con sentido humano, ético.

Palabras clave: Inteligencia artificial · transformación digital · inversión vs. valor · ética · innovación

1. Introducción

La transformación digital ha sido interpretada por muchos como un proyecto tecnológico. Sin embargo, las organizaciones más avanzadas

1. COO de BP Gurus, Profesional experimentada en Tecnologías Avanzadas, Gestión de Servicios de TI (ITSM), *Customer Experience* (CX), *Service Desks* y Ciberseguridad. Es egresada de la carrera de Ingeniería en Cibernética y Sistemas Computacionales de la Universidad La Salle, cuenta con maestría y doctorado en Tecnología Avanzada por el Instituto Politécnico Nacional y Chief Artificial Intelligence Officer de White Bx Project (México).

han descubierto que la verdadera transformación no comienza en la tecnología, sino en la forma en que ésta se pone al servicio de las personas. La digitalización debe ir más allá de sistemas, herramientas o automatización: debe inspirar experiencias que generen valor, confianza y compromiso, para convertir la tecnología en valor humano.

Durante la última década, la transformación digital se ha presentado como el camino inevitable para la competitividad de las organizaciones. Sin embargo, múltiples estudios demuestran que este viaje no siempre ha dado los resultados esperados. De acuerdo con McKinsey (2023), más del 70% de las iniciativas de transformación digital fracasan en alcanzar sus objetivos debido a factores culturales, falta de alineación con el negocio y un enfoque excesivamente técnico.

En contraste, las organizaciones que ponen a las personas y sus experiencias en el centro de la transformación logran resultados significativamente mejores. Según Forrester (2024), las empresas con una estrategia madura de *Customer Experience* (CX) superan a la competencia en crecimiento de ingresos en un 40%, mientras que las que priorizan la *Employee Experience* (EX) reportan un 23% más de productividad y un 25% menos de rotación (Gallup, 2023).

Estos hallazgos nos permiten destacar que la digitalización auténtica sucede cuando las tecnologías emergentes se convierten en un habilitador estratégico, cuando la gestión de servicios de Tecnologías Informáticas (TI; IT Service Management, ITSM) garantiza orden y resiliencia, cuando la experiencia de clientes, usuarios y empleados guía las decisiones, y cuando la indiferencia, ese enemigo silencioso de la innovación, es erradicado de la cultura organizacional. De esta visión surge una ecuación poderosa que sirve como brújula:

$$IA \times (ITSM + Experiencia^2 - Indiferencia) = Transformación\ Estratégica$$

Esta ecuación no pretende ser un modelo matemático estricto, sino un marco conceptual que conecta las mejores prácticas internacionales como ITIL®, ISO/IEC 20000:2018, ISO/IEC 27001:2022, ISO/IEC 42001:2023, SDI (Estándar de Mejores Prácticas Globales para Service

Desk del Service Desk Institute) y *Experience Management*, con la realidad de las organizaciones en América Latina, donde los desafíos de infraestructura, cultura y gobernanza exigen un enfoque humanizado para que se pueda conseguir una transformación digital sostenible, ética y centrada en las personas. En este contexto, resulta clave comprender que la Gestión de Servicios de TI es la disciplina que permite diseñar, implementar, operar y mejorar de manera continua los servicios de tecnología para alinearlos con las necesidades del negocio y con las expectativas de clientes, usuarios y colaboradores. ITSM no se limita a procesos técnicos, sino que es un marco holístico que asegura calidad, consistencia y la co-creación de valor en la entrega de servicios digitales, convirtiéndose en la columna vertebral que integra la innovación tecnológica con la experiencia humana.

2. El lado humano de la transformación digital

El fracaso de proyectos de transformación digital es una realidad recurrente. De acuerdo con Boston Consulting Group (2020), el 70% de las iniciativas digitales no logran cumplir con las expectativas de retorno. La mayoría de los casos se deben a factores humanos: resistencia al cambio, falta de comunicación, procesos diseñados sin considerar la experiencia del usuario final y ausencia de métricas de valor más allá del costo y la eficiencia.

Diversos estudios estiman que entre el 70% y el 84% de los proyectos de transformación digital fracasan o no cumplen con los beneficios esperados (McKinsey, 2018). Un ejemplo emblemático fue el sistema de salud Care.data en el Reino Unido, cancelado en 2016 tras la inversión de millones de libras, debido a la desconfianza ciudadana respecto al uso de datos personales y a una comunicación deficiente (Cavoukian y Jonas, 2012).

En América Latina, estos fracasos se intensifican debido a la brecha en capacitación tecnológica y a una cultura organizacional que en ocasiones privilegia la implementación acelerada sobre la adopción sostenible (CAF, 2023). Un ejemplo recurrente se observa en bancos y entidades financieras que implementaron plataformas digitales sin acompañar a sus clientes y usuarios en la transición, provocando desconfianza, incremento de quejas y pérdida de clientes.

El fracaso de proyectos emblemáticos en el mundo corporativo ha dejado lecciones claras: la innovación sin un enfoque humano es insostenible. Un ejemplo es el caso de Hershey's en 1999, donde la implementación de un ERP costó más de 100 millones de dólares y derivó en pérdidas del 8% en el valor de sus acciones por no considerar la experiencia de usuarios clave (Davenport, 2000).

Otro caso es el de Citibank en 2020, cuando un error en la experiencia de uso de su sistema interno llevó a la transferencia indebida de 900 millones de dólares, evidenciando que la tecnología sin procesos bien diseñados y con foco en la usabilidad puede convertirse en un riesgo (Reuters, 2020).

Más recientemente, varios intentos de hiperpersonalización han mostrado vulnerabilidades. En el sector asegurador, algoritmos diseñados para "ajustar primas de manera individualizada" terminaron excluyendo a segmentos completos de clientes, provocando un efecto contrario al deseado: pérdida de mercado y reputación por prácticas percibidas como discriminatorias (OECD, 2022).

Estos ejemplos muestran que la experiencia no es un accesorio, sino un componente estructural del éxito. La ecuación aquí propuesta busca poner en el centro lo que ha estado ausente: la experiencia y la eliminación de la indiferencia.

3. La ecuación de la transformación

La inteligencia artificial (IA) es hoy el gran multiplicador de capacidades. Según PwC (2023), la IA podría aportar hasta 15.7 mil millones de dólares a la economía global en 2030, siendo el mayor impacto en productividad, automatización inteligente y personalización de experiencias. Sin embargo, este potencial requiere gobernanza: la falta de controles éticos y de seguridad ha generado que un 67% de los consumidores desconfíe de las decisiones tomadas por algoritmos (Edelman Trust Barometer, 2024). Aquí surge el papel esencial de la ISO/IEC 42001:2023, el primer estándar internacional para la gestión responsable de la IA.

La gestión de servicios de TI (ITSM) es el cimiento de la confiabilidad. Un 65% de los CIOs encuestados por Gartner (2024) identifican que la falta de madurez en ITSM es uno de los principales obstáculos para aprovechar al máximo la transformación digital. Adoptar ITIL® 4 e implementar ISO/IEC 20000:2018 permite no solo mantener la operación estable, sino garantizar la mejora continua y la alineación con la estrategia del negocio.

La experiencia, tanto de clientes como de empleados, es el verdadero diferenciador competitivo. Un estudio de Qualtrics XM Institute (2023) señala que las organizaciones que gestionan de forma sistemática la experiencia tienen un 2.3 veces más probabilidades de superar sus objetivos de ingresos. Al elevar la experiencia al cuadrado, combinando experiencia del cliente (CX) y experiencia del empleado (EX), se logra un círculo virtuoso: empleados comprometidos entregan experiencias excepcionales a los clientes. La evolución hacia XLAs (Experience Level Agreements) refuerza esta visión, pasando de métricas técnicas a resultados emocionales.

Finalmente, la indiferencia es el gran enemigo de la transformación. Un análisis de Deloitte (2022) indica que el 62% de los proyectos digitales fallan no por falta de presupuesto ni tecnología, sino por apatía, resistencia al cambio y falta de compromiso del liderazgo. Restar la indiferencia significa impulsar una cultura de empatía, comunicación transparente y propósito compartido.

4. Estado actual en Latinoamérica: entre el entusiasmo y la deuda digital

América Latina se encuentra en un punto crítico en su camino hacia la digitalización. Según el Banco Interamericano de Desarrollo (BID, 2023), más del 60% de las organizaciones de la región aún no cuentan con una estrategia integral de transformación digital, y en muchas ocasiones la IA se adopta sin marcos de gobernanza claros. La región enfrenta las siguientes brechas:

- Infraestructura tecnológica: el 45% de la población aún carece de acceso a internet de calidad (GSMA, 2022).
- Capital humano: solo el 25% de las organizaciones invierte de forma sistemática en programas de capacitación en tecnologías emergentes (CEPAL, 2023).
- Gobernanza y ética de la IA: pese al auge de iniciativas, menos del 10% de los países han avanzado en marcos regulatorios específicos, lo que aumenta el riesgo de aplicaciones no éticas o discriminatorias (UNESCO, 2022).

Esto genera un ecosistema en el que la inteligencia artificial se desarrolla y despliega sin un enfoque ético ni sostenible, lo que amplifica la vulnerabilidad de empresas y ciudadanos.

El gasto en transformación digital en la región alcanzó los 57,000 millones de dólares en 2022, con un crecimiento proyectado del 15% anual hasta 2026 (IDC, 2022). Sin embargo, el avance no es homogéneo. Mientras sectores como el financiero y telecomunicaciones lideran, otras industrias como manufactura y sector público enfrentan limitaciones de inversión y talento especializado.

Además, solo el 35% de las organizaciones latinoamericanas cuentan con estrategias claras de gobernanza de datos e IA (OECD, 2023). Esto genera riesgos de proyectos que priorizan la adopción tecnológica sin un marco ético o sostenible, exponiéndose a sesgos algorítmicos, vulnerabilidades de ciberseguridad y pérdida de confianza social.

5. El espejismo digital: cuando la inversión crece, pero el valor se desvanece

Durante los últimos años, las organizaciones han incrementado de manera exponencial sus presupuestos en proyectos de transformación digital. La adquisición de plataformas, la migración a la nube, la incorporación de inteligencia artificial y el despliegue de aplicaciones móviles han pasado a formar parte del discurso estratégico de cualquier organización que desee proyectarse como innovadora. Sin embargo, detrás de este entusiasmo tecnológico se esconde una realidad inquietante: mientras el gasto en tecnología crece, la satisfacción de usuarios, clientes y del propio negocio tiende a decrecer. Este fenómeno, al que podemos denominar espejismo digital, refleja la desconexión entre inversión tecnológica y percepción de valor.

El espejismo digital se manifiesta de múltiples formas. Desde el punto de vista de los usuarios o clientes internos, sufren la falta de integración entre herramientas y plataformas, flujos de trabajo más complejos y procesos diseñados desde la lógica técnica, pero alejados de la experiencia cotidiana. En lugar de facilitar sus actividades, muchas veces las tecnologías terminan añadiendo capas de fricción y burocracia. Para los clientes externos, la situación no es distinta: aunque la promesa de la digitalización es ofrecer agilidad y personalización, lo que en realidad experimentan son aplicaciones que demandan múltiples pasos de validación, interfaces que son poco intuitivas y un servicio cada vez más automatizado, pero menos empático. En consecuencia, las métricas de satisfacción tienden a estancarse o incluso a disminuir, aun cuando las compañías presuman inversiones récord en innovación. Esto lo representa la siguiente Gráfica 1 Espejismo digital en donde vemos que el nivel de inversión crece y con el paso del tiempo la satisfacción decrece.

Gráfica 1

Espejismo digital

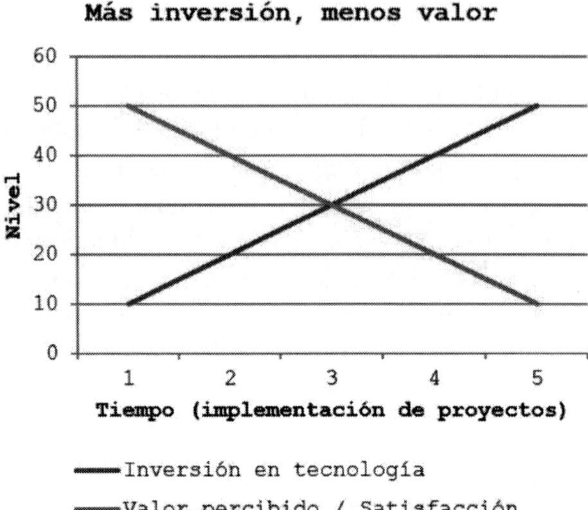

Este espejismo no solo afecta la experiencia, también erosiona el rendimiento del negocio. Organizaciones que destinan millones en nuevas plataformas digitales descubren que los indicadores de satisfacción, lealtad y retención se debilitan, mientras los costos de soporte y atención aumentan. Lo que debía ser una inversión para generar ventajas competitivas se convierte en una carga que reduce márgenes y amplifica la desconfianza. Este círculo vicioso conduce a un error común: tratar de resolver los problemas derivados de una mala experiencia con más gasto tecnológico, sin abordar el problema de fondo. La verdadera transformación digital no puede medirse únicamente en términos de presupuestos ejecutados o en la cantidad de sistemas implementados; su éxito radica en la capacidad de generar confianza, simplicidad y propósito en cada interacción con los clientes y usuarios. Solo así se rompe el espejismo digital y se avanza hacia una innovación auténticamente sostenible.

6. La innovación sin ética es insostenible

En los últimos años, IA ha dejado de ser una promesa futurista para convertirse en un motor real de transformación en sectores como la banca, la salud, la educación, la logística y el *retail*. Sin embargo, el ritmo acelerado con el que las organizaciones adoptan estas tecnologías ha puesto en evidencia una verdad incuestionable: innovación sin ética es insostenible.

El auge de la IA ha traído beneficios evidentes, pero también riesgos profundos. Uno de los mayores desafíos es la opacidad de los algoritmos. Cuando los modelos de IA se convierten en una "caja negra", las organizaciones pierden la capacidad de explicar por qué se toman ciertas decisiones, lo que afecta la confianza del usuario y puede generar responsabilidades legales (Burrell, 2016).

La inteligencia artificial no es neutral. Cada algoritmo refleja las decisiones, sesgos y valores de quienes lo diseñan y entrenan. Estudios recientes revelan que el 73% de los líderes empresariales a nivel global reconocen que sus organizaciones aún carecen de marcos claros de gobernanza ética para IA (Deloitte, 2024). En América Latina, la situación es aún más crítica: de acuerdo con el BID (2023), menos del 15% de las empresas que desarrollan o implementan IA cuentan con lineamientos formales sobre uso responsable y sostenible de la tecnología.

La inteligencia artificial representa una oportunidad transformadora, pero también un riesgo si se desarrolla sin ética. Casos de algoritmos discriminatorios en procesos de reclutamiento o en concesión de créditos han demostrado que la hiperpersonalización puede generar exclusión social y riesgos reputacionales. De hecho, Gartner (2023) estima que para 2026, el 60% de las organizaciones que no implementen marcos éticos para IA enfrentarán incidentes significativos de pérdida de confianza pública.

Aquí entra en juego la ISO/IEC 42001:2023, la primera norma internacional para sistemas de gestión de IA. Esta norma no busca limitar la innovación, sino garantizar que los sistemas de IA se desarrollen y utilicen bajo principios de responsabilidad, transparencia, seguridad, explicabilidad y sostenibilidad. Entre los elementos más relevantes que introduce, se encuentran:

- La necesidad de definir roles específicos en gobernanza de IA, como el Chief AI Officer o comités de ética de datos, responsables de supervisar la alineación de la IA con los objetivos estratégicos y con el respeto a los derechos humanos.
- La obligación de documentar la trazabilidad de los datos y los modelos, para evitar que los algoritmos se conviertan en cajas negras cuyo funcionamiento nadie puede explicar, lo que incrementa riesgos legales, reputacionales y operativos.
- El establecimiento de mecanismos de gestión de riesgos de IA, que contemplen desde la privacidad y el sesgo hasta los impactos económicos y sociales.

La falta de adopción de estas prácticas puede derivar en situaciones críticas. Por ejemplo, el caso de Apple Card en 2019, donde se denunció que el algoritmo otorgaba límites de crédito más bajos a mujeres que a hombres, incluso con mejores historiales financieros. O el caso de COMPAS en Estados Unidos, un algoritmo de predicción de reincidencia criminal que mostró fuertes sesgos raciales, afectando decisiones judiciales de manera injusta (Angwin et al., 2016). Ambos ejemplos son prueba de que, sin ética ni supervisión, la IA puede amplificar desigualdades en lugar de corregirlas.

Pero la falta de gobernanza no solo trae riesgos sociales: también puede llevar a pérdidas económicas y de reputación. Según Gartner (2023), el 40% de los proyectos de IA fracasan al pasar de piloto a producción, en gran medida por no considerar la gestión ética, la experiencia del cliente, usuario o la transparencia en los resultados. Este porcentaje aumenta al 60% en organizaciones de Latinoamérica, donde además persisten brechas en infraestructura, educación digital y cultura organizacional.

7. Hiperpersonalización ¿valor o vulnerabilidad?

La hiperpersonalización de productos y servicios, basada en datos e IA, puede ser un diferenciador competitivo, pero también una fuente de riesgos. Accenture (2022) reportó que el 91% de los consumidores son más propensos a comprar con marcas que ofrecen recomendaciones relevantes, pero el 72% expresa preocupación por el uso de sus datos.

La IA ha hecho posible la hiperpersonalización de servicios, ofreciendo experiencias únicas y adaptadas al perfil de cada usuario. Empresas de e-commerce, banca digital o streaming han logrado niveles de fidelización sin precedentes gracias a la capacidad de anticipar lo que sus clientes quieren. Sin embargo, esta personalización extrema también puede convertirse en una vulnerabilidad estratégica.

El sector asegurador es un ejemplo claro. Si los algoritmos determinan primas y coberturas de forma demasiado personalizada, puede llegar un punto en que ciertos perfiles de clientes sean automáticamente excluidos por ser considerados de "alto riesgo". Esto no solo genera discriminación, sino que puede provocar la pérdida de un mercado completo. Según McKinsey (2023), un 32% de aseguradoras en Norteamérica ya reportan conflictos entre la hiperpersonalización de riesgos y la sostenibilidad de su modelo de negocio.

El impacto negativo surge cuando las organizaciones cruzan la delgada línea entre personalizar y manipular, o cuando no protegen adecuadamente la privacidad del usuario. Casos de fugas masivas de datos en *e-commerce* y bancos en han evidenciado que la confianza es el verdadero activo estratégico. En América Latina, algunos *startups insurtech* han comenzado a enfrentar cuestionamientos similares, donde la búsqueda de eficiencia algorítmica choca con el principio de inclusión. La pregunta estratégica es: ¿hasta qué punto la personalización aporta valor, y en qué momento destruye la confianza y sostenibilidad del negocio?

Este dilema refuerza la necesidad de marcos de gobernanza como ISO/IEC 42001:2023, ISO/IEC 27001:2022, ITIL®4 y de prácticas de *Experience Management* (XM) y XLAs (Experience Level Agreements), que permiten equilibrar los beneficios tecnológicos con la percepción, confianza y bienestar de clientes, usuarios y empleados. Al final, la transformación digital no se trata de segmentar hasta excluir, sino de diseñar cadenas de valor centradas en las personas.

Figura 7

Mejores prácticas globales que impulsan la transformación digital.

Por ello, ITIL®4 y los estándares ISO/IEC 27001:2022 e ISO/IEC 42001:2023 insisten en una cadena de valor digital que equilibre la innovación con la seguridad y la experiencia humana.

8. Diseño de productos y servicios considerando la cadena de valor

La transformación digital no puede limitarse a la incorporación de herramientas tecnológicas. Requiere repensar el diseño de productos y servicios como una cadena de valor que conecte estrategia, entrega y experiencia centrados en el ser humano. ITIL®4 propone este enfoque a través del *Service Value System*, mientras que el SDI enfatiza el papel de las mesas de servicio como embajadoras de la experiencia.

La ecuación de transformación digital integra este principio: cuando la IA se aplica sobre una base de ITSM sólido, con foco en la experiencia del cliente y del empleado, y se elimina la indiferencia organizacional, los productos y servicios dejan de ser procesos aislados y se convierten en experiencias integradas de valor.

9. La indiferencia el mayor enemigo de la transformación

Uno de los hallazgos más relevantes en proyectos fallidos es la presencia de la indiferencia:

- Indiferencia de líderes que ven la transformación solo como un gasto.
- Indiferencia de empleados que no se sienten parte del cambio.
- Indiferencia de usuarios que perciben servicios impersonales y complejos.

La fórmula propuesta plantea que restar la indiferencia es tan importante como sumar experiencia. Porque no hay inteligencia artificial, ITSM o marco normativo que funcione en un entorno donde las personas no se sienten valoradas.

10. Ecosistema de mejores prácticas

La fórmula propuesta encuentra sustento en un ecosistema sólido de normas y marcos de referencia internacionales. El Service Desk Institute (SDI) ofrece estándares de certificación que garantizan que las mesas de servicio sean más que un punto de soporte, convirtiéndose en un espacio estratégico de experiencia y valor. ITIL®4, por su parte, integra metodologías ágiles, DevOps, DevSecOps y enfoques colaborativos, constituyéndose como un marco flexible y adaptativo para la gestión de servicios en la era digital.

La norma ISO/IEC 20000:2018 consolida la madurez operativa garantizando no solo que los servicios funcionen, sino que estén alineados a los objetivos del negocio y que impulsen la mejora continua, mientras que ISO/IEC 27001:2022 asegura la confidencialidad, integridad y disponibilidad de la información como fundamento de la confianza digital. A ello se suma la relevancia de la nueva ISO/IEC 42001:2023, que introduce lineamientos pioneros en gobernanza y uso responsable de la inteligencia artificial.

Finalmente, la experiencia, entendida como la suma del *Customer Experience* (CX) y el *Employee Experience* (EX), se eleva al cuadrado porque no es solo un complemento, sino un factor multiplicador. Una organización que satisface a sus colaboradores logra que estos generen experiencias memorables para los clientes. Aquí entran en juego prácticas modernas como *Experience Management* y la definición de XLAs (Experience Level Agreements), que superan los tradicionales Acuerdos de Nivel de Servicio (SLAs) y miden lo que realmente importa: la percepción, las emociones y entrega de valor.

El triángulo es la mejor forma de representar este paradigma porque refleja equilibrio y complementariedad. Cada vértice sostiene a los otros: el propósito marca la dirección y asegura que la transformación tenga sentido; la tecnología actúa como el motor que habilita la velocidad y la escala; y las mejores prácticas son la base que garantiza disciplina, seguridad y confianza. Al igual que en una estructura arquitectónica, si uno de los lados se debilita, todo el sistema pierde estabilidad. Por eso el triángulo no es solo un gráfico: es una metáfora de cómo la transformación digital sostenible requiere alinear visión, medios y método para generar resultados reales.

Figura 2
El triángulo de la transformación digital

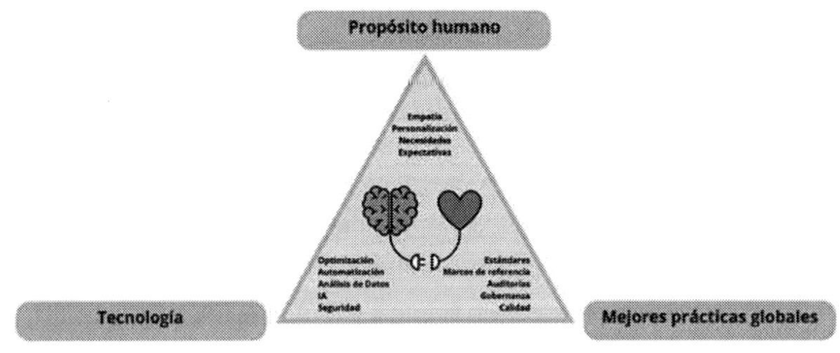

La transformación digital no se trata de acumular sistemas ni de perseguir modas tecnológicas, sino de dar sentido a la innovación a través del propósito. Este vértice del triángulo nos obliga a preguntarnos: ¿para qué transformamos? El propósito es la brújula que conecta la estrategia de negocio con la vida de clientes y colaboradores. Sin él, cualquier inversión tecnológica corre el riesgo de convertirse en un espejismo digital: costosa, compleja y, en muchos casos, decepcionante para quienes deberían beneficiarse.

El segundo vértice es la tecnología, el habilitador que multiplica la capacidad de las organizaciones. Herramientas como la inteligencia artificial, la automatización o el ITSM moderno permiten escalar servicios, reducir tiempos y anticipar necesidades. Sin embargo, la tecnología es un medio, no un fin. Su verdadero valor aparece cuando está alineada al propósito y se aplica con empatía digital: escuchar, interpretar y responder de forma proactiva a las necesidades reales de clientes y colaboradores.

Aquí entra en juego la empatía digital, entendida como la capacidad de una organización para leer las señales del usuario y cliente, reconocer sus expectativas y responder de manera humana, aunque la interacción sea mediada por tecnología. Un asistente virtual puede resolver una consulta en segundos, pero lo que el cliente recordará no es la rapidez, sino la sensación de haber sido comprendido. En el caso de los colaboradores, un sistema que automatiza tareas rutinarias no solo mejora la eficiencia, también les devuelve tiempo para enfocarse en lo que genera mayor valor y satisfacción en su trabajo.

El tercer vértice son las mejores prácticas, la base que da disciplina, seguridad y confianza. Marcos como ITIL®, las normas ISO/IEC 20000 y 27001, o los estándares del SDI, evolucionaron para integrar conceptos de valor, experiencia y gobernanza. Lejos de ser burocracia, son las estructuras que permiten que el propósito no quede en discursos y que la tecnología no se convierta en improvisación. Las mejores prácticas aseguran que cada decisión tecnológica esté orientada a crear valor sostenible, con métricas claras y principios de ética y seguridad.

Cuando estos tres vértices se integran, el triángulo se convierte en el paradigma de la transformación digital: innovar con propósito, potenciar con tecnología y sostener con mejores prácticas. Como consecuencia, las organizaciones alcanzan un doble impacto: eficiencia operativa y satisfacción humana. Y al lograr ambos, se produce el resultado natural: crecimiento del negocio, lealtad de clientes, motivación de colaboradores y una reputación sólida en el mercado.

11. Liderazgo humano en la era de la IA

En la era de la IA, el liderazgo humano adquiere un papel más trascendente que nunca. Los líderes ya no son únicamente responsables de definir estrategias de negocio, sino de guiar a sus organizaciones en la adopción consciente y responsable de tecnologías que, aunque poderosas, requieren de brújula ética, sensibilidad social y visión humanista. Liderar con IA significa inspirar confianza, fomentar la inclusión, acompañar el cambio cultural y asegurar que las decisiones tecnológicas estén siempre al servicio de las personas. La autoridad del líder ya no se mide solo en la capacidad de innovar, sino en la habilidad de conectar la innovación con los valores, la empatía y la creatividad que distinguen a lo humano.

Figura 3

Capas de valor en la transformación con IA

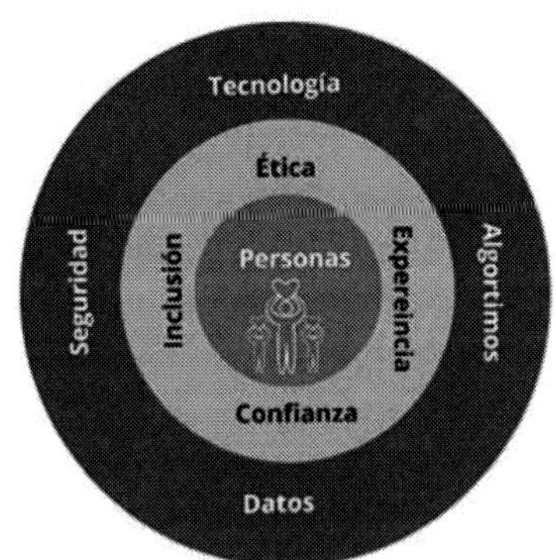

La inteligencia artificial amplifica las capacidades humanas, pero nunca reemplaza la intuición, la empatía ni la creatividad que distinguen a las personas. El verdadero liderazgo en la era digital no consiste en delegar decisiones ciegamente a los algoritmos, sino en garantizar que estas herramientas estén alineadas con la cultura, los valores, el propósito y los objetivos de la organización. La confianza y la adopción cultural se convierten en pilares para que la IA sea aceptada y utilizada de forma productiva, sin estos elementos, incluso las tecnologías más sofisticadas se convierten en recursos desaprovechados, un gasto más que una inversión.

El rol de la alta dirección es guiar esta transición asegurando que la IA no se limite a mejorar indicadores de eficiencia, sino que contribuya a elevar la experiencia de clientes, usuarios, colaboradores y de la sociedad en general. Esto implica apostar por la transparencia, explicar cómo funcionan los algoritmos y reducir la percepción de "caja negra" que genera desconfianza. Cuando los líderes comunican con claridad por qué y cómo se utilizan los modelos, la organización avanza de consumidores de tecnología a guardianes de la ética y la confianza, consolidando la legitimidad del cambio, lo que impulsa una adopción más exitosa.

La verdadera transformación viene acompañada de una evolución del papel humano en el trabajo: de operadores de procesos a orquestadores de decisiones asistidas por IA; de trabajadores repetitivos a gestores de valor, creatividad y pensamiento crítico; de usuarios pasivos de tecnología a líderes que protegen la ética y refuerzan la confianza. Como señala la frase central de este capítulo: "La verdadera transformación con IA no comienza con algoritmos, sino con las personas que los usan y confían en ellos". Esta visión se representa en un diagrama de círculos concéntricos: en el núcleo, datos, tecnología, seguridad y algoritmos; en el siguiente nivel, inclusión, ética, experiencia y confianza; y, en el círculo exterior, las personas como centro y fin último de la transformación.

Aplicar esta fórmula requiere una visión integral. En primer lugar, implica evolucionar el ITSM hacia un modelo ágil y centrado en el valor. Luego, incorporar métricas de experiencia que permitan escuchar y actuar en función de clientes, usuarios y colaboradores. La inteligencia artificial debe implementarse con propósito, bajo políticas de gobernanza claras que garanticen transparencia y seguridad. La cultura organizacional debe transformarse para eliminar la indiferencia, mediante liderazgo, comunicación y un enfoque humano en cada iniciativa. Y, por último, las organizaciones deben validar y certificar sus avances con marcos reconocidos internacionalmente, demostrando su compromiso con la calidad, la ética y la excelencia.

12. Beneficios y evolución: hacia un futuro humano en la era de la IA

Los beneficios de la transformación digital no se miden únicamente en procesos más rápidos o en menores costos operativos; se miden en la capacidad de generar confianza, inclusión y experiencias significativas para las personas. Una organización que adopta tecnología con propósito logra crear un entorno donde clientes, colaboradores y sociedad perciben valor real. Sin embargo, este beneficio no surge de manera automática: requiere liderazgo humano que dé sentido a la innovación y que traduzca cada algoritmo en una experiencia empática, transparente y cercana. La transformación, al fin y al cabo, no empieza con máquinas, sino con las personas que las utilizan y confían en ellas.

La evolución hacia 2030 pone de manifiesto que las habilidades humanas son el verdadero acelerador de esta ecuación. Según el Foro Económico Mundial, casi el 40% de las competencias actuales cambiarán en este periodo, y lo que marcará la diferencia no será la capacidad técnica aislada, sino el desarrollo de pensamiento analítico, resiliencia, creatividad, liderazgo ético y aprendizaje continuo. Estos atributos no solo complementan a la IA: la guían, la equilibran y la convierten en un medio de progreso compartido. Los beneficios de la transformación se multiplican cuando la tecnología potencia y no reemplaza la intuición, la empatía y el pensamiento crítico de las personas.

Figura 4

Habilidades clave en el 2025 por el Foro Económico Mundial

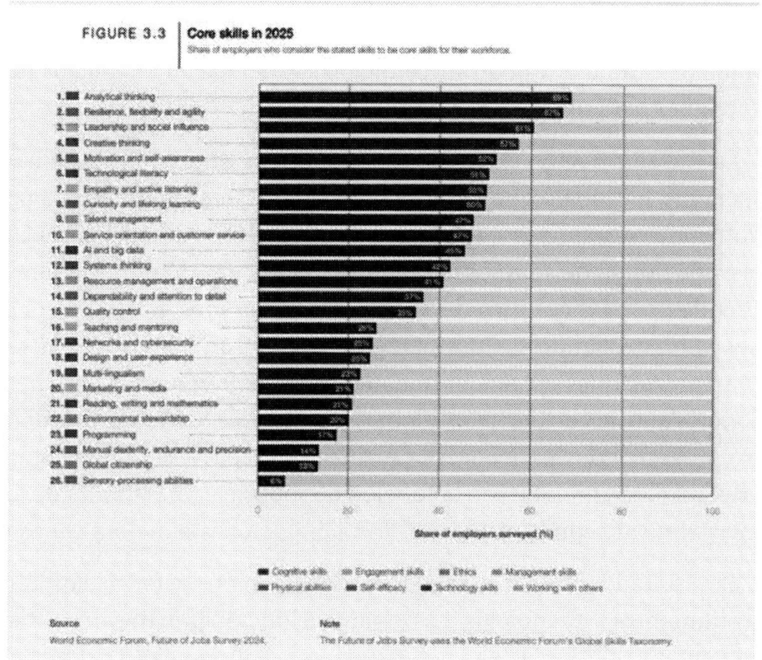

La evolución del trabajo nos lleva a evolucionar de ser operadores de procesos a convertirnos en orquestadores de decisiones asistidas por IA, de desempeñar tareas repetitivas a gestionar valor, creatividad y pensamiento crítico, de consumir tecnología sin cuestionar a ser guardianes de la ética y la confianza. Este cambio no solo redefine los roles individuales, también redefine el propósito colectivo de las organizaciones. Los beneficios de esta evolución no se limitan a métricas de eficiencia, sino a construir ecosistemas donde las personas se sienten parte, reconocidas y motivadas a contribuir en un futuro sostenible.

El ver la transformación desde esta perspectiva permite trascender la obsesión por la inmediatez del retorno financiero y abrazar un concepto más amplio de valor como el retorno en la experiencia. El beneficio de la transformación digital no es solo aumentar ingresos o reducir costos, sino preparar a las organizaciones para un mundo donde la capacidad de adaptarse, aprender y conectar humanamente será la ventaja competitiva más importante. Así, la evolución tecnológica se convierte en evolución humana, y la promesa digital se traduce en beneficios reales y tangibles para todos.

La transformación de los roles laborales es otra de las evoluciones esperadas. El trabajo que antes se definía por tareas repetitivas da paso a funciones estratégicas, creativas y de gestión de valor. Los trabajadores evolucionan de simples operadores de procesos a orquestadores informados por IA, gestores del cambio, y guardianes de la ética digital. Este cambio, cuando se apoya en prácticas estructuradas, permite que las organizaciones entren en una nueva era centrada en la experiencia de vida. Aquí, la certificación Global Best Practice Standard v9.0 del SDI y su programa de Service Desk Certification representan una columna vertebral clave, pues elevan la función de soporte a un estándar de excelencia alineado con la confianza, la colaboración y la mejora continua.

El resultado de aplicar esta ecuación es una transformación digital que humaniza la tecnología. Las organizaciones logran mayor confianza de clientes y socios gracias a la seguridad y la gobernanza. La innovación se acelera porque la inteligencia artificial permite liberar tiempo y recursos para enfocarse en lo estratégico. La experiencia se convierte en el verdadero diferenciador competitivo, impulsando lealtad y satisfacción. Y lo más importante: se supera la resistencia al cambio, porque la indiferencia deja de ser un obstáculo y da paso a una cultura comprometida con el propósito.

13. Conclusiones

La ecuación IA x (ITSM + Experiencia^2 – Indiferencia) sintetiza de manera poderosa la lógica de la transformación digital sostenible. Cada elemento de la fórmula representa una pieza indispensable: la Inteligencia Artificial como multiplicador de capacidades; el ITSM como cimiento estructurado que garantiza orden, confiabilidad y alineación estratégica; la experiencia al cuadrado, que une a clientes, usuarios y colaboradores en un mismo eje de valor; y la eliminación de la indiferencia, ese freno cultural que invisibiliza a las personas y condena al fracaso incluso las iniciativas mejor financiadas.

El verdadero liderazgo en esta era consiste en orquestar estos componentes de forma equilibrada. La IA debe implementarse con gobernanza, transparencia y ética, no como caja negra, sino como un aliado confiable. El ITSM debe evolucionar de procesos rígidos a cadenas de valor vivas, centradas en la mejora continua. La experiencia, multiplicada por sí misma, es la métrica que permite que la innovación se convierta en impacto humano real. Y la indiferencia debe ser desterrada de las organizaciones, sustituyéndose por empatía, comunicación y compromiso compartido.

Esta ecuación también refleja la evolución de las capacidades humanas hacia 2030. Pasamos de ser operadores de procesos a orquestadores de decisiones asistidas por IA, de realizar tareas repetitivas a gestionar creatividad y pensamiento crítico, de consumidores de tecnología a guardianes de la ética y la confianza. La transformación no comienza con algoritmos, sino con las personas que los usan y creen en ellos. Así, el liderazgo se redefine no como el arte de dirigir máquinas, sino como la habilidad de inspirar a las personas a evolucionar junto con ellas.

Las mejores experiencias impulsadas por tecnología serán aquellas diseñadas por humanos y para humanos, con las mejores prácticas globales como columna vertebral: desde la certificación de excelencia del SDI v9.0, hasta los marcos internacionales que integran calidad, seguridad y gobernanza. El beneficio de esta fórmula no es solo digitalizar, sino humanizar: construir un futuro donde el dato se transforma en confianza, la innovación en ética, y la tecnología en un puente hacia experiencias más ricas, inclusivas y sostenibles. En última instancia, la ecuación no es sobre sistemas, sino sobre humanidad amplificada por la inteligencia.

Referencias

Accenture. (2022). Personalization Pulse Check. Accenture Research.

Angwin, J., Larson, J., Mattu, S., & Kirchner, L. (2016). Machine bias. ProPublica.

AXELOS. (2019). ITIL 4: Managing Professional Publications. AXELOS Limited.

Boston Consulting Group (BCG). (2020). The Digital Transformation Imperative.

Burrell, J. (2016). How the machine 'thinks': Understanding opacity in machine learning algorithms. Big Data & Society, 3(1), 1–12. https://doi.org/10.1177/2053951715622512

CAF. (2023). Estado de la digitalización en América Latina. Banco de Desarrollo de América Latina.

Cavoukian, A., & Jonas, J. (2012). Privacy by design in the age of big data. Information and Privacy Commissioner of Ontario, Canada.

CEPAL. (2022). Transformación digital en América Latina y el Caribe. Naciones Unidas.

Deloitte. (2021). The future of personalization. Deloitte Insights.

Deloitte. (2022). Digital transformation 2022: Overcoming cultural barriers. Deloitte Insights.

Deloitte. (2024). State of AI in the enterprise. Deloitte Insights.

Edelman. (2024). Edelman Trust Barometer 2024: Trust in technology. Edelman.

Forrester. (2022). Customer experience drives business growth. Forrester Research.

Forrester. (2024). The business impact of customer experience. Forrester Research.

Gallup. (2023). State of the global workplace 2023. Gallup Press.

Gartner. (2022). Top Strategic Predictions for 2022 and beyond. Gartner Research.

Gartner. (2023). Customer experience and ITSM maturity. Gartner Research.

GSMA. (2022). The Mobile Economy: Latin America. GSMA Intelligence.

IDC. (2021). Digital Transformation in Latin America. International Data Corporation.

IDC. (2022). Latin America Digital Transformation Spending Guide. International Data Corporation.

ISO. (2023). ISO/IEC 42001: Artificial Intelligence Management System. International Organization for Standardization.

McKinsey & Company. (2018). Unlocking success in digital transformations. McKinsey Digital.

McKinsey & Company. (2019). The future of work in Latin America. McKinsey Global Institute.

McKinsey & Company. (2022). The State of Digital Transformation. McKinsey Digital.

McKinsey & Company. (2023). Global AI adoption report. McKinsey Digital.

O'Neil, C. (2016). Weapons of math destruction: How big data increases inequality and threatens democracy. Crown Publishing.

PwC. (2023). Sizing the prize: What's the real value of AI for your business and how can you capitalize? PwC Global.

Qualtrics XM Institute. (2023). Experience management benchmarks 2023. Qualtrics Research.

Reuters. (2020). Citi accidentally pays $900 million to Revlon lenders. Reuters Business.

SDI. (2023). Best Practice Standard for Service Desk v8.0. Service Desk Institute.

SDI. (2025). Global Best Practice Standard for Service Desk v9.0. Service Desk Institute.

UNESCO. (2021). Science Report: The race against time for smarter development. UNESCO Publishing.

UNESCO. (2022). Recommendation on the Ethics of Artificial Intelligence. UNESCO.

Westerman, G., Bonnet, D., & McAfee, A. (2014). Leading digital: Turning technology into business transformation. Harvard Business Review Press.

World Economic Forum. (2023). Future of Jobs Report 2025. World Economic Forum.

Construcción de una cultura global de integridad en empresas de rápido crecimiento

Jerónimo Ocejo Torres[1]

Paulina Medina Pedroza[2]

Resumen: Las *startups* siempre han estado asociadas con la velocidad, el riesgo y la innovación. Ese ADN cultural, heredado desde los años ochenta, ha permitido su expansión global, pero también las ha expuesto a riesgos legales, éticos y reputacionales que no se pueden ignorar. En este contexto, el *compliance* no es un freno ni un conjunto de reglas rígidas; es un sistema vivo, capaz de adaptarse al ritmo acelerado de las organizaciones y de sostenerse sobre principios universales de integridad. Este ensayo explora cómo se puede homologar un marco global de políticas, capacitaciones y canales de integridad en entornos multiculturales, y cómo la ética de la inteligencia artificial (IA) se incorpora como subsistema indispensable para que la innovación tecnológica no pierda legitimidad.

1. Global Compliance VP en Kavak. Fundador del departamento legal de Kavak, donde estructuró desde cero el marco jurídico que posibilitó el crecimiento de la compañía. Lideró la apertura internacional de la estructura legal en Kavak y Kuna Capital, consolidando la base regulatoria en múltiples jurisdicciones y Chief Artificial Intelligence Officer de White Bx Project (México).

2. Especialista en *Compliance* Penal y Global *Compliance Officer* en Kavak. Abogada con especialización en Prevención de Lavado de Dinero, Ciberinteligencia y Cumplimiento Penal. Posee la Certificación como Oficial de Cumplimiento en Inteligencia Artificial por The White Box Project, lo que le ha permitido integrar tecnología en procesos de prevención de riesgos y promoción de la ética empresarial y Chief Artificial Intelligence Officer de White Bx Project (México).

Palabras clave: Integridad, *compliance* global, ética de la IA, startups, cultura.

1. Introducción

Hablar de *startups* es hablar de disrupción, velocidad y riesgo. Desde su origen en los años ochenta, estas organizaciones se han caracterizado por moverse más rápido que las estructuras tradicionales, apostando por la innovación incluso cuando ello implica equivocarse y volver a empezar.

> "Equivocarse es humano, pero aprender de cada error nos permite que en cada proceso solo tropecemos una vez y avancemos más fuertes."

Ese dinamismo, que es su fortaleza, también genera vulnerabilidades. Una *startup* puede crecer en varios países en cuestión de meses, enfrentando distintos marcos regulatorios, culturas laborales y expectativas sociales. Si el *compliance* no acompaña ese ritmo, la empresa se expone a riesgos que tarde o temprano erosionan su credibilidad. Por eso, el *compliance* en startups no puede ser una lista de políticas estáticas. Tiene que pensarse como un sistema adaptativo, que combine un núcleo global de principios con la flexibilidad suficiente para responder a contextos locales. Su función es clara: no frenar la velocidad, sino darle legitimidad y confianza.

Hoy la conversación no estaría completa sin hablar de inteligencia artificial. La IA es el motor de la nueva innovación, pero también una fuente de dilemas éticos y riesgos inéditos. Integrar su uso bajo un marco de responsabilidad, transparencia y trazabilidad es uno de los mayores retos del *compliance* moderno y, al mismo tiempo, su mayor oportunidad para demostrar que la ética puede caminar al ritmo de la tecnología en empresas con crecimiento acelerado.

1.1. Orígenes culturales de las startups en los años ochenta

"En las *startups*, donde otros ven riesgos, nosotros vemos oportunidades para crecer y transformar."

Los años ochenta fueron una época de ruptura. El microprocesador y las computadoras personales transformaron la economía, y Silicon Valley se convirtió en un laboratorio de ideas donde pequeñas empresas se atrevían a desafiar gigantes. De ahí nacieron los rasgos culturales que aún definen a las *startups*: la velocidad como estrategia, el riesgo como condición natural y la innovación como identidad. No se trataba solo de tecnología; también era un nuevo modo de organizarse. Equipos pequeños, jerarquías planas, procesos flexibles. La lógica era clara: no había tiempo para burocracias, porque el primero en llegar al mercado ganaba.

En ese contexto también surgieron los primeros indicios de inteligencia artificial, con sistemas expertos y algoritmos simbólicos. Aunque todavía lejanos de lo que conocemos hoy, ya mostraban el potencial de una tecnología que podía transformar la forma de tomar decisiones. Si en los años ochenta el microprocesador fue el motor del cambio, hoy ese lugar lo ocupa la IA.

La herencia cultural de esa década sigue viva: rapidez, flexibilidad, crecimiento bajo incertidumbre. Pero esa misma cultura choca con los modelos clásicos de cumplimiento, pensados para corporaciones jerárquicas y lentas. La pregunta entonces no es si el *compliance* debe existir en startups, sino cómo debe reinventarse para no perder relevancia y recorrer con las *startups* el camino de crecimiento desmedido.

2. Compliance como sistema en la cultura startup

Hemos aprendido que el *compliance* en una *startup* no se puede dirigir desde un escritorio. Hay que conocer la operación: cómo se atiende a un cliente, cómo se mueve un inventario, cómo se diseña un producto. Si no, el alcance de protección llegará más lento que la empresa. Por eso, el *compliance* debe pensarse como un sistema adaptativo, un engranaje que respira con la organización y no un manual rígido. Se construye desde la operación, entendiendo que los riesgos no son teóricos: están en la interacción diaria, en la creatividad y en la innovación constante.

Este sistema propuesto se articula en cinco fases, que funcionan como un ciclo continuo:

Diagnóstico. Mapear riesgos no desde el escritorio, sino desde la operación real.

1. Diseño modular. Un núcleo global de principios universales con anexos locales que permitan flexibilidad.
2. Implementación ágil. Vínculos didácticos y tecnológicos que culturalicen la integridad y la hagan parte de la vida diaria.
3. Monitoreo. Mecanismos dinámicos que den visibilidad en tiempo real y permitan ajustes inmediatos.
4. Retroalimentación. Un proceso de mejora continua, tan iterativo como el desarrollo de producto.
5. El resultado de esta implementación es un *compliance* que no frena, sino que acompaña. Un sistema sólido en principios, pero flexible en ejecución, que se convierte en un socio estratégico de la startup para crecer con legitimidad.

3. Homologación de políticas, capacitaciones, canales de integridad y gobernanza

Una *startup* que se expande a distintos países se enfrenta a una paradoja: lo que le dio velocidad en un inicio —procesos flexibles y locales— ahora puede volverse un riesgo si no existe coherencia global. Políticas fragmentadas, capacitaciones dispares y canales de integridad con distintos estándares minan la confianza y generan mensajes contradictorios.

Homologar no significa uniformar hasta asfixiar. Significa crear un paraguas global de protección, sólido en principios, pero lo suficientemente flexible para reconocer la diversidad de culturas, leyes y expectativas locales. Esta necesidad de coherencia global coincide con los *Principios de gobierno corporativo para startups y empresas emergentes* de la OECD (2020), que recomiendan estructuras flexibles pero estandarizadas (OECD, 2020).

3.1. Políticas globales con adaptación local

> "Las políticas que combinan la visión global con la esencia local no imponen; inspiran, porque se convierten en marcos vivos que hablan el lenguaje de cada equipo."

Las políticas son la base del sistema. Un marco global debe contemplar los principios universales de integridad: prevención de lavado de dinero, anticorrupción, competencia económica, responsabilidad penal, privacidad, ciberseguridad, derechos humanos laborales, transparencia, ética de la IA, migración y prevención ambiental. Este alineamiento se fundamenta en los *Principios Rectores sobre las Empresas y los Derechos Humanos* de Naciones Unidas (2011), que sitúan el respeto a los derechos humanos como estándar mínimo transversal en la gestión de riesgos empresariales (Naciones Unidas, 2011)

Ese núcleo común se complementa con módulos locales que reconocen particularidades:

- Las leyes nacionales, que muchas veces son más exigentes en ciertos rubros.
- Las prácticas culturales, que determinan cómo se interpreta la integridad en cada país.
- Los riesgos propios del sector en cada mercado.

El reto entonces está en mantener la coherencia global sin perder pertinencia local.

Los proveedores de IA quedarán sujetos a debida diligencia reforzada (origen de datos, control de sesgos, seguridad y portabilidad) y a cláusulas de transferencias transfronterizas con garantías equivalentes.

3.2. Capacitaciones transversales e interculturales

> "No hay política que sobreviva sin capacitación"

Pero aquí también hay un riesgo: si la formación se limita a lo formal, se convierte en un trámite sin impacto. Por eso, las capacitaciones globales deben tener tres características:

1. Transversalidad. Los mismos principios de integridad se transmiten en todas las regiones, sin importar idioma o ubicación.
2. Contextualización. Los ejemplos y dilemas deben resonar con la realidad local. No es lo mismo hablar de conflictos de interés en un mercado emergente que en uno regulado con estándares europeos.
3. Innovación didáctica. La velocidad de una *startup* exige formatos ágiles: gamificación, microaprendizaje, simulaciones, herramientas tecnológicas.

   "Cuando la capacitación conecta con la realidad de los equipos y habla su lenguaje, no solo asegura el cumplimiento: convierte la integridad en cultura."

3.3. Canales de integridad homologados

> "La IA amplifica capacidades, pero es la capacitación humana la que sostiene la confianza."

El canal de integridad es probablemente la herramienta más sensible del sistema, porque representa la confianza en acción, aunque la tecnología sea de primer nivel. Si está fragmentado, pierde credibilidad; si es opaco, se convierte en un buzón muerto. Un canal homologado debe asegurar tres cosas:

- Procesos claros de investigación, con fases definidas y garantías de confidencialidad y protección al denunciante.
- Uso estratégico de la tecnología, que permita documentar con trazabilidad y generar reportes útiles, sin sacrificar agilidad.
- Análisis inteligente de la información, donde la IA juega un rol crucial: detectar patrones, medir reincidencias, mapear áreas de riesgo.

Pero nada de esto funciona sin personas capacitadas. Los comités de ética y los operadores del canal deben recibir formación constante, porque de su criterio depende que la confianza se mantenga. El marco internacional del *International Professional Practices Framework* (*IPPF*) del Institute of Internal Auditors subraya la importancia de estandarizar procesos de investigación y reporte, lo que refuerza la necesidad de homologar los canales de integridad en organizaciones globales. (The Institute of Internal Auditors, 2021). En nuestra experiencia, cuando se descuida la capacitación de quienes investigan, el canal pierde su efectividad, aunque el *stack* tecnológico sea de primer nivel.

3.4. Gobernanza: el equilibrio en la toma de decisiones

> "La tecnología innova; la gobernanza equilibra. Solo juntas, la inteligencia artificial y la inteligencia institucional, generan confianza."

La gobernanza es el andamiaje invisible que sostiene todo el sistema. Y aquí nos gusta pensarlo con una metáfora: así como un Estado necesita división de poderes para evitar abusos, una organización necesita órganos que equilibren las decisiones y aseguren legitimidad.

La gobernanza corporativa no se trata solo de cumplir con estructuras y documentos; su fin último es transparencia, comunicación interdisciplinaria y rendición de cuentas. Cuando hablamos de desarrollos tecnológicos como la IA aplicada a procesos comerciales, la gobernanza se vuelve todavía más crítica: asegurar que participen áreas técnicas, legales, comerciales, de ética y de *compliance* evita que un solo grupo concentre decisiones que impactan a toda la organización. Al final, la gobernanza no es un requisito legal: es el contrato social interno que garantiza que la innovación camine de la mano de la integridad.

4. *Compliance* Ágil en *startups*.

> "En una *startup*, la velocidad es ley; el *compliance* gana legitimidad cuando transforma la integridad en parte del mismo impulso innovador."

Una *startup* no espera. Su lógica es probar, fallar y ajustar rápido. En ese entorno, cualquier estructura que no se adapte termina siendo un lastre. Y el *compliance*, si quiere tener legitimidad, debe moverse a la misma velocidad. La clave no está en renunciar a los principios, sino en cambiar la forma en que se transmiten y aplican. El *compliance* ágil no se mide por el número de políticas publicadas, sino por la capacidad de culturalizar la integridad con la misma rapidez con la que la empresa innova. Es por eso que nos gusta emplear el concepto de *Compliance* Ágil y lo definimos en adaptar principios sólidos a procesos dinámicos, logrando que la integridad avance al ritmo de la innovación.

4.1. Metodologías ágiles aplicadas al *compliance*

> "El secreto del *compliance* ágil está en tratarlo como un producto: diseñar, probar y mejorar."

Así como los equipos de producto trabajan en ciclos iterativos, el *compliance* puede usar metodologías similares: identificar un riesgo, diseñar un control mínimo viable, probarlo, medirlo y ajustarlo. Este enfoque evita dos errores frecuentes:

- Implementar controles tan complejos que se vuelven obsoletos antes de aplicarse.
- Copiar modelos corporativos pesados que no funcionan en entornos de alta velocidad.

La agilidad en *compliance* significa estar dispuesto a iterar la integridad: diseñar, probar, equivocarse y mejorar.

4.2. Tecnología como aliada estratégica

En la práctica, la tecnología no es un accesorio: es el canal para que la integridad se vuelva cotidiana. Plataformas de *e-learning*, herramientas de microaprendizaje, simulaciones y hasta la gamificación pueden lograr que una política deje de ser un PDF olvidado y se convierta en una práctica diaria. La inteligencia artificial amplifica este potencial:

- Personaliza capacitaciones según el rol y los riesgos de cada colaborador.
- Identifica patrones en el cumplimiento de entrenamientos y anticipa áreas críticas.
- Automatiza reportes en tiempo real que facilitan la toma de decisiones.

Cuando se integra la tecnología, el *compliance* deja de sentirse como un requisito y empieza a vivirse como una experiencia que evita sesgos y garantiza transparencia en las decisiones automatizadas. Como recuerda Floridi (2023), los sesgos no son solo problemas técnicos, sino dilemas éticos que deben gestionarse desde el diseño. Todo despliegue de IA en *compliance* incorporará intervención humana en el ciclo (*human-in-the-loop*), pruebas de sesgo, y un registro de versiones del modelo y de sus datos (*model registry*). Así, cada decisión automatizada tiene responsable, trazabilidad y ruta de mejora.

4.3. Culturalización efectiva

La culturalización de la integridad no se logra con un curso anual, sino con mensajes constantes, claros y visibles. Aquí los líderes juegan un rol insustituible: no basta con que firmen políticas, deben ser embajadores de la integridad en su día a día.

El *Compliance* Ágil consiste en hablar el mismo lenguaje de la organización: usar ejemplos cercanos, reconocer dilemas reales y conectar la integridad con el propósito del negocio. Cuando los equipos ven que los valores éticos no son un discurso abstracto, sino una guía práctica que da sentido a su trabajo, la integridad deja de ser un "extra" y se convierte en parte de la identidad de la empresa.

"La tecnología y la inteligencia artificial potencian el *compliance*, pero es la cultura la que le da alma: solo cuando ambas se integran, la integridad se vuelve identidad."

En *compliance* ágil, usaremos IA también para tomarle el pulso a la cultura: detectar patrones de lenguaje y dilemas recurrentes por área y ajustar campañas, mensajes y simulaciones en tiempo real. Lo cultural se gestiona con datos y se gana con coherencia.

5. Ética de la inteligencia artificial como subsistema de *compliance*

> "La inteligencia artificial ya no es ciencia ficción: es poder real, y como todo poder, necesita ética, límites y gobernanza para sostener la confianza."

La inteligencia artificial ya no es un escenario futuro: está presente en los procesos comerciales, en la atención al cliente y hasta en la gestión interna de riesgos. Su potencial es enorme, pero también lo son sus dilemas. Si no se integra en el sistema de *compliance*, la IA puede convertirse en un punto ciego que erosione la confianza. La ética de la IA no debe pensarse como un apéndice técnico, sino como un *subsistema* dentro del engranaje general del *compliance*. Conecta con los mismos principios universales —transparencia, responsabilidad, derechos humanos—, pero exige controles y metodologías propios.

5.1. Culturalización ética

No se trata de que los ingenieros sepan programar bien un modelo, sino de que toda la organización entienda los principios que deben regir la IA:

- Transparencia: claridad sobre qué hace y qué datos utiliza.
- No discriminación: eliminar sesgos que pueden amplificar desigualdades.
- Responsabilidad humana: que la última palabra nunca recaiga solo en un algoritmo.
- Respeto a los derechos humanos: desde la diversidad hasta la equidad de trato.

Los principios anteriores resultan consistentes con marcos internacionales convergentes como la *Recomendación sobre la Ética de la IA* de la UNESCO (2021) y los *OECD Principles on Artificial Intelligence* (2019), que promueven transparencia, equidad, trazabilidad y supervisión humana proporcionada al riesgo. (UNESCO, 2021; OECD, 2019). La única forma de lograrlo es culturalizando: llevando estos principios a capacitaciones, dilemas prácticos y simulaciones que permitan a los equipos entender que la IA no es neutral, sino que refleja decisiones éticas.

"Como líderes, asumimos que la alfabetización en IA es parte del 'saber trabajar': no es opcional."

5.2. Trazabilidad y explicabilidad

Uno de los mayores riesgos de la IA es la "caja negra": decisiones que ni siquiera los desarrolladores pueden explicar. El *compliance* no puede aceptar esa opacidad. Se necesitan protocolos que garanticen:

- Trazabilidad: que cada paso del modelo —datos, parámetros, ajustes, resultados— pueda rastrearse.
- Explicabilidad: que las decisiones puedan comunicarse de manera comprensible para usuarios internos, clientes o reguladores.

Un modelo sin trazabilidad ni *explicabilidad* no es éticamente confiable, aunque sea técnicamente brillante. Axioma operativo: "Si no se puede explicar, no se despliega en producción". En esta línea, el *AI Risk Management Framework* (*AI RMF 1.0*) del NIST propone precisamente estos protocolos como requisitos mínimos para mitigar riesgos en la toma de decisiones automatizadas (National Institute of Standards and Technology, 2023).

5.3. Privacidad y ciberseguridad

"Los datos son un préstamo de confianza; tratarlos así es política de la casa."

La IA vive de datos, y ahí se juega una de las mayores responsabilidades. La protección de la información debe aplicarse con rigor:

- *Privacy by design:* limitar desde el inicio el uso innecesario de datos personales.
- Consentimiento informado: explicar con claridad cómo se usarán los datos.

- Ciberseguridad activa: auditorías periódicas, encriptación y monitoreo en tiempo real.

Integrar estas prácticas no es un lujo normativo, sino la condición mínima para sostener la confianza. En jurisdicciones bajo estándares europeos, el *Reglamento General de Protección de Datos* (RGPD) proporciona un marco robusto para el tratamiento lícito, la minimización y la protección por diseño y por defecto (Comisión Europea, 2016).

5.4. Gobernanza multidisciplinaria

> "La IA sin comités es poder sin control; con ellos, es innovación legítima."

La ética de la IA no puede quedar en manos de un solo equipo. Aquí es donde entra la gobernanza aplicada a tecnología: comités multidisciplinarios que reúnan perfiles técnicos, legales, de negocio y de derechos humanos. En lo personal, nos gusta pensarlo como una versión organizacional de la división de poderes: el área técnica puede construir, pero necesita contrapesos de *compliance*, visiones legales y perspectivas sociales para asegurar que la innovación no cruce límites éticos. Estos comités no son burocracia: son el contrato social interno que le da legitimidad a la IA en los procesos de negocio. No dictan velocidad: la calibran para que la innovación llegue más lejos sin perder legitimidad.

La gobernanza de la IA abarcará todo el ciclo de vida del modelo: evaluación de impacto previa, pruebas en *sandbox*, aprobación para producción, monitoreo de deriva, revisiones periódicas y retiro seguro. Sin ciclo de vida, la trazabilidad es anecdótica. En línea con la norma internacional *ISO/IEC 23894: Artificial intelligence — Risk management*, la gobernanza debe abarcar todas estas etapas. Además, el reciente *AI Act* de la Unión Europea (2024) refuerza esta visión, estableciendo que la supervisión de la IA debe ser colegiada, multidisciplinaria y proporcional al riesgo de cada sistema. (ISO/IEC, 2023; Unión Europea, 2024).

6. Filosofía en la implementación del programa de ética de la IA

> "Hablar de ética en inteligencia artificial no es hablar de códigos ni matrices: es preguntarnos para qué sirve la tecnología y al servicio de quién debe estar."

Cuando hablamos de ética de la inteligencia artificial, es fácil caer en lo técnico: protocolos, auditorías, matrices de riesgo. Todo eso es necesario, pero no es suficiente. En el fondo, la implementación de un programa de ética de la IA responde a una pregunta mucho más profunda: ¿para qué usamos la tecnología y a quién debe servir? Ahí es donde entra la filosofía. La ética aplicada a la IA no es teoría abstracta, sino un marco que da sentido a las decisiones. Un sistema de *compliance* puede establecer controles, pero si no hay una visión filosófica que los sostenga, se convierten en procedimientos vacíos.

6.1. La dignidad humana como centro

La tecnología no puede sustituir el valor intrínseco de las personas. Cada modelo de IA debe diseñarse para servir al ser humano, no al revés. En mi experiencia, cuando los equipos entienden este principio, dejan de ver la ética como un límite y comienzan a verla como un criterio de diseño.

6.2. Ética de la responsabilidad

Hans Jonas (1995) hablaba del *principio de responsabilidad*: el deber de actuar considerando las consecuencias futuras de nuestros actos. La IA materializa este reto, porque muchas veces sus impactos no son inmediatos ni evidentes. Por eso, los programas de *compliance* deben tener un enfoque preventivo: no esperar a que ocurra el daño, sino anticiparlo.

6.3. Justicia y equidad

La IA puede ser una herramienta de inclusión o un amplificador de desigualdades. Depende de cómo se diseñe y se use. Aquí la filosofía política nos recuerda que la justicia no se trata solo de aplicar reglas iguales para todos, sino de reconocer y corregir asimetrías. Este es uno de los principios más importantes: asegurarnos de que los algoritmos no excluyan, no discriminen y no invisibilicen.

6.4. Transparencia como virtud moral

Más allá de ser una obligación regulatoria, la transparencia es un acto de honestidad. Explicar cómo funciona un algoritmo, qué datos usa y qué límites tiene es una forma de respetar a quienes interactúan con él. En un mundo donde la "caja negra" amenaza con volver incomprensible la tecnología, la transparencia se convierte en la virtud que equilibra poder con confianza.

6.5. Gobernanza como contrato social

Los comités multidisciplinarios que supervisan la IA no son simples estructuras de control. Representan un contrato social dentro de la organización: un compromiso de pluralidad, diversidad de perspectivas y corresponsabilidad en la innovación. En lo personal, me gusta verlo como la forma más concreta en que una empresa demuestra que entiende que la tecnología no puede gobernarse sola.

7. Conclusión: la ética de la IA como práctica de confianza

> "La inteligencia artificial nos recuerda que la verdadera innovación no se mide por la velocidad con que avanzamos, sino por la confianza que dejamos a nuestro paso."

La historia de las *startups* demuestra que la innovación siempre ha estado ligada a la velocidad y al riesgo. Ese impulso ha permitido transformar industrias y abrir caminos que parecían imposibles. Pero la velocidad, por sí sola, no basta. Sin integridad, la innovación se convierte en un castillo de arena: frágil, inestable, condenado a colapsar con la primera ola.

El *compliance*, entendido como un sistema vivo, muestra que la integridad no es un obstáculo, sino la base que sostiene el crecimiento. Y en la era de la inteligencia artificial, esa lección se vuelve todavía más urgente. La IA nos obliga a preguntarnos no solo qué podemos hacer con la tecnología, sino qué debemos hacer.

La ética de la IA no es un lujo ni una moda, es una filosofía práctica: culturalizar principios, asegurar trazabilidad, abrir la caja negra, proteger la privacidad y garantizar gobernanza compartida. Son acciones concretas que reflejan una convicción más amplia: que la tecnología debe estar al servicio del ser humano. Lo que este ensayo propone es claro: integridad e innovación no son fuerzas contrarias. Son pilares complementarios. La integridad da legitimidad; la innovación da dinamismo. Juntas generan confianza, que es el activo más valioso en entornos de rápido crecimiento.

Mediremos la confianza con indicadores operativos: (i) tasa de finalización y retención de microcapacitación por rol; (ii) tiempo de respuesta de investigaciones y reincidencia por categoría; (iii) porcentaje de decisiones automatizadas con explicación disponible; (iv) reducción de hallazgos repetidos en auditorías; (v) encuestas de clima ético por área. Cada indicador tendrá dueño, cadencia y umbral de alerta. Lo que no se mide, no se culturaliza.

Así, el *compliance* deja de ser un simple mecanismo de defensa y se convierte en un proyecto cultural y filosófico, un contrato social entre la organización y su entorno. Un compromiso de que cada avance tecnológico, cada decisión de negocio y cada política implementada respondan no solo a la pregunta de "cómo crecer más rápido", sino también a la de "cómo crecer mejor".

En lo personal, hemos comprobado que el crecimiento más sostenible ocurre cuando el liderazgo hace visible su criterio ético en las decisiones difíciles. La IA puede acelerar el negocio; la integridad visible lo hace perdurable. Ese es el estándar que nos proponemos: innovar sin atajos, explicar lo que hacemos y responder por ello. Solo así la confianza deja de ser un discurso y se vuelve un resultado. Este enfoque está alineado con el espíritu del *Artificial Intelligence Act* de la Unión Europea (2024), que conecta innovación con confianza al exigir gobernanza proporcional al riesgo y explicabilidad suficiente en los sistemas de IA de alto impacto (Unión Europea, 2024).

> "Innovar es ir más rápido; innovar con integridad es llegar más lejos."

Referencias

Comisión Europea. (2016). *Reglamento (UE) 2016/679 del Parlamento Europeo y del Consejo, de 27 de abril de 2016, relativo a la protección de las personas físicas en lo que respecta al tratamiento de datos personales y a la libre circulación de estos datos (RGPD)*. Diario Oficial de la Unión Europea, L 119, 1–88.

Floridi, L. (2023). *The Ethics of Artificial Intelligence.* Oxford University Press.

ISO/IEC. (2023). *ISO/IEC 23894: Artificial intelligence — Risk management.* International Organization for Standardization.

Jonas, H. (1995). *El principio de responsabilidad.* Herder.

Naciones Unidas. (2011). *Principios Rectores sobre las Empresas y los Derechos Humanos.* Oficina del Alto Comisionado para los Derechos Humanos.

National Institute of Standards and Technology. (2023). *AI Risk Management Framework (AI RMF 1.0)*. NIST.

OCDE. (2020). *Principios de gobierno corporativo para startups y empresas emergentes.* OECD Publishing.

OECD. (2019). *OECD Principles on Artificial Intelligence.* OECD Publishing.

The Institute of Internal Auditors. (2021). *International Professional Practices Framework (IPPF)*. The IIA.

UNESCO. (2021). *Recommendation on the Ethics of Artificial Intelligence.* UNESCO.

Unión Europea. (2024). *Artificial Intelligence Act.* Official Journal of the European Union.

Gobernanza algorítmica en el sector público mexicano: marco COSO y Oficial de Cumplimiento de IA

Ignacio Labra Delgadillo[1]

Resumen: El objeto de este ensayo es delimitar y justificar un marco de gobernanza y control para el uso ya existente de la Inteligencia Artificial (IA) en la administración pública mexicana, sin esperar una ley sectorial específica. Con base en la Ley General de Responsabilidades Administrativas (LGRA), la Ley General de Protección de Datos Personales en Posesión de Sujetos Obligados (LGPDPPSO) y la Ley General de Transparencia y Acceso a la Información Pública (LGTAIP), se establecen requisitos de responsabilidad, licitud, seguridad, trazabilidad y máxima publicidad que deben observar todas las dependencias. Por consiguiente, se desprende un diseño con controles *ex ante* y evidencia *ex post* que permita reconstruir y justificar la intervención algorítmica en los procedimientos gubernamentales donde se use la IA.

Para materializarlo, se propone operativizar dichos deberes mediante el modelo de control interno del Comité de Organizaciones Patrocinadoras de la Comisión *Treadway* (COSO por sus siglas en inglés) y el Modelo de Tres Líneas que desarrolló el *Institute of Internal Auditors* (IIA). Así, la Primera Línea vinculada a la gestión operativa; la Segunda Línea con respaldo del Oficial de Cumplimiento en IA (OC-IA), y cómo tarea principal normar, supervisar, medir y reportar; y la Tercera Línea (Auditoría Interna/OIC) que asegure de forma independiente la eficacia del sistema de control. El propósito final es garantizar un uso de IA con derechos

1. *Doctorante y maestro en derecho por la Universidad Marista, certificado cómo oficial de cumplimiento en IA y actualmente cursa la maestría en auditoria forense y cumplimiento, Auditor experto en IA.*

protegidos, actos legales y rendición de cuentas de los servidores públicos con evidencia efectiva.

Palabras clave: Gobernanza algorítmica · Control interno · Modelo de Tres Líneas · Transparencia · Oficial de Cumplimiento en IA en el sector público.

1. Introducción

En prácticamente la gran mayoría de las dependencias públicas de México, el uso de herramientas de IA ya es una realidad cotidiana —extendida, heterogénea y, en buena medida, previa a una ley federal específica que regule integralmente su ciclo de vida—. Esta práctica coexiste con marcos transversales plenamente vigentes, que imponen obligaciones concretas de responsabilidad administrativa, licitud, seguridad, trazabilidad y máxima publicidad en el ejercicio de la actuación de los servidores públicos de México que utilicen estas herramientas y/o aplicaciones tecnológicas. En este sentido, Matute (2018) en su obra "El control interno en la administración pública federal" establece que:

> El control interno es una herramienta a disposición de una institución para identificar riesgos, en cualquier de sus etapas del proceso administrativo, y con ello visualizar los obstáculos para la consecución de los objetivos y las condiciones del ambiente en que se desarrolla la acción organizacional y alinearla a los valores orientadores de la misma (p. 128).

En consecuencia, cualquier despliegue de IA en el sector público se propone que debe concebirse y operarse bajo el enfoque de control interno. Es decir, controles *ex ante* (diseño jurídico-técnico, gobierno de datos, evaluaciones de impacto y umbrales de control humano significativo) y evidencia *ex post* (bitácoras verificables, registro de modelos, fundamentación de decisiones y auditorías) que permitan reconstruir, justificar y, en su caso, corregir el uso de las aplicaciones y en su caso la intervención algorítmica en los procedimientos gubernamentales. Más que discutir si la IA debe usarse dentro de la administración púbica, el desafío es cómo hacerlo con garantías, proteger derechos, sostener la legalidad de los actos, y rendir cuentas con evidencia con las leyes vigentes en este país.

El modelo COSO (2015) —articulado con el modelo de Tres Líneas— funciona cómo lo establece IIA:

> El modelo ayuda a mejorar la comprensión de la gestión de riesgo y control al definir las funciones y responsabilidades. El principal concepto del modelo es que bajo la supervisión y guía de la alta dirección y del consejo de administración, se necesitan tres grupos separados (o líneas de defensa) dentro de la organización para gestionar eficazmente el riesgo y el control (COSO, p.2).

En virtud de ello, la arquitectura para lograrlo es dotar responsabilidades, estandarizando controles y habilitando la supervisión independiente que demanda la confianza pública, esto es posible bajo la metodología del modelo que por decir lo menos es exitoso, si se aplica con rigor y sentido de responsabilidad.

2. Marco transversal y exigencias mínimas

La velocidad del cambio tecnológico hace inviable que la legislación se actualice al mismo ritmo; sin embargo, aun sin una "Ley de IA" específica, el uso gubernamental con sistemas inteligentes automatizados debe ser condicionado por marcos generales vigentes. En particular, la Ley General de Protección de Datos Personales en Posesión de Sujetos Obligados (LGPDPPSO) exige que el responsable de un tratamiento de "licitud finalidad, lealtad, consentimiento, calidad, proporcionalidad, información y responsabilidad" (2025, art. 10). Así como la adopción de medidas de seguridad y el deber de informar al titular de los datos, aplicable a todos los sujetos obligados en los tres órdenes de gobierno. Por su parte, la Ley General de Transparencia y Acceso a la Información Pública (LGTAIP) impone el principio de máxima publicidad, la documentación de actuaciones y la accesibilidad de la información que sustenta decisiones administrativas, incluidas aquellas apoyadas en automatizaciones.

En términos operativos, estas obligaciones se traducen —como mínimo— en registros de modelos, bitácoras de entradas y salidas, controles de acceso y avisos cuando la salida de un sistema automatizado incida en un acto de autoridad. Además, la Ley General de Responsabilidades Administrativas (LGRA), tipifica cómo obligación del servidor público "registrar, integrar, custodiar y cuidar la documentación e información que, por razón de su empleo, cargo o comisión, tenga bajo su responsabilidad, e impedir o evitar su uso, divulgación, sustracción, destrucción, ocultamiento o inutilización indebidos" (art. 49, fracc. V).

Esta normatividad refuerza la trazabilidad y custodia documental que deben acompañar cualquier uso de IA en procedimientos administrativos, cerrando el circuito entre protección de datos, transparencia y responsabilidad individual del funcionario público. Por si fuera poco, los estándares internacionales ofrecen otro andamiaje normativo que debe ser utilizado en ausencia de una ley general o federal en IA. En particular, los Principios actualizados del 2024 de la Organización para la Cooperación y Desarrollo Económico (OCDE) sobre IA y la Recomendación de la Organización de las Naciones Unidas para la Educación, la Ciencia y la Cultura (UNESCO) sobre la Ética de la IA (2021) establecen exigencias sustantivas de explicabilidad, robustez, no discriminación y supervisión humana que resultan directamente accionables en el sector público.

Es decir, los marcos legales transversales vigentes en México y las recomendaciones internacionales demandan cómo ya se ha dicho, controles previos relativos al diseño jurídico-técnico, gobierno de datos, segregación de funciones y de evidencia posterior vinculado al control en bitácoras, registro de modelos y auditoría para poder reconstruir y justificar la intervención algorítmica en un acto de autoridad. Por ello, el modelo COSO ofrece la metodología para traducir esos mandatos legales en un sistema de control interno integrado, mientras que el Modelo de las Tres Líneas del IIA asigna responsabilidades operativas y de aseguramiento probatorio de los controles, para que exista una seguridad razonable del cumplimiento de la ley, incluso en tribunales.

3. Mapeo de riesgos a objetivos COSO

La obra Aprovechar el COSO en las Tres Líneas de Defensa (2015, julio) orienta y "ayuda a mejorar la comprensión de la gestión de riesgo y control al definir las funciones y responsabilidades" (Anderson & Eubanks, p.2). Igualmente organiza el control interno de la administración pública, bajo al menos tres objetivos vinculados a las tres líneas del IIA (2020). —Operaciones, Reporte de Seguimiento y Auditorias de Cumplimiento—, y se debe recordar que el uso de IA introduce riesgos que, si no se asignan explícitamente a estos objetivos, se deben priorizan, financiar y auditar con criterios coherentes.

De tal manera que, el mapeo permite: alinear responsabilidades (Primera/Segunda/Tercera Línea de defensa), segundo definir controles y métricas por objetivo, tercero probar con evidencia que el Ente Público cumple sus obligaciones y puede defender sus actos ante quejas o litigios, y cuarto optimizar costos evitando reprocesos y asegurar continuidad del servicio público.

El objetivo de las operaciones es proteger la eficiencia, la eficacia y la continuidad de los procesos administrativos, así como la salvaguarda de los recursos públicos. En el contexto de la inteligencia artificial, los principales riesgos se relacionan con el sesgo y la discriminación en los aplicativos utilizados. La tesis que se propone es no tratar de prohibir la IA para ser eficaces o eficientes, sino de diseñar y aplicar controles adecuados que aseguren un servicio confiable, equitativo y sostenible en términos de costo. En consecuencia, el uso de aplicaciones de IA en un ente público solo puede elevar la capacidad de atención a la ciudadanía si se sustenta en un gobierno de datos sólido, procesos de validación rigurosos, la intervención de un control humano significativo, un sistema de monitoreo continuo y salvaguardas contractuales claras.

Un ejemplo popular dentro de cualquier administración pública federal, estatal o municipal es la implementación de la automatización de un servicio a través de un *chatbot* para orientar a personas sobre requisitos y elegibilidad de programas sociales y para canalizar quejas del servicio prestado. El proveedor en este ejemplo ofrece un modelo según el "pre-entrenado" que se "ajusta" con documentos de la dependencia pública. Sin embargo, los riesgos operativos sobre la calidad del servicio y la equidad pueden ser cuestionada si el *chatbot* se entrena con expedientes históricos que por su naturaleza están sesgados (p. ej., subrepresentación de ciertas colonias), al dar instrucciones más exigentes o respuestas menos claras a determinados perfiles de la población.

Bajo el modelo de control interno vinculado a la primera línea de defensa del IIA (2020), se debe hacer una planeación con criterios de servicio ya que las responsabilidades están vinculadas a la gestión de riegos y a las actividades de control. Es decir, el alcance inmediato del *chatbot* debe ser para orientación general y no de resolución final ni determinación de elegibilidad. Sobre el gobierno de datos y entrenamiento, se debe contar con un catálogo de normas y manuales vigentes con fechas y versiones, la base de datos debe excluir para este caso, los códigos postales, también debe haber umbrales de autonomía ya que cualquier duda sobre los beneficios se escala a una persona servidora pública.

Finalmente, la trazabilidad también será importante para la mejora continua, por ejemplo, las bitácoras de consulta no deben tener datos personales, se debe citar si existió decisión de escalamiento y debe haber evidencia de la revisión de análisis de errores críticos, quejas y detectar posibles sesgos. Los resultados esperados en conjunto con la capacitación continua harán que existan una reducción en reprocesos y el control humano será más confiable.

El reporte de seguimiento es la segunda línea de defensa, de acuerdo con IIA (2020) "Proporciona conocimientos especializados adicionales, apoyo, supervisión y cuestionamientos relacionados con la gestión de riesgo" (p. 6). Esta tarea tan importante se propone que la soporte el Oficial de Cumplimento en IA (OC-IA), ya que sus características, habilidades técnicas y destreza pueden ser virtudes suficientes para el logro de los objetivos de la gestión de riesgos, evaluación de cumplimiento ético y normativo. Sobre los temas de Auditoría Interna, el IIA (2020) establece roles para estos casos, a saber:

> Mantiene la responsabilidad primaria ante el organismo de gobierno y la independencia de las responsabilidades de gestión. Comunica el aseguramiento independiente y objetivo junto con el asesoramiento a la dirección y al organismo de gobierno sobre la adecuación y la eficiencia de gobierno y la gestión de riesgo (incluyendo el control interno) para apoyar el logro de los objetivos organizacionales, promover y facilitar la mejora continua. Informa al organismo de gobierno las deficiencias en la independencia y la objetividad y aplica las salvaguardas necesarias.

Por ello, es importante que la asignación de responsabilidades por su naturaleza las asigne el Órgano Interno de Control (OIC) del Ente Público, ya que pueden incluir dentro de ellas, el monitoreo y capacitación. En este caso específico, el reporte y el cumplimiento tiene como finalidad salvaguardar la confiabilidad de la información utilizada para la toma de decisiones, la auditoría y la rendición de cuentas.

Uno de los principales riesgos asociados al uso de la inteligencia artificial es la falta de trazabilidad suficiente, lo que puede debilitar la transparencia y la defensa de los actos administrativos. Frente a ello, el modelo COSO (2020) establece cinco componentes esenciales del control interno que, al ser aplicados al contexto de la IA en el sector público, permiten diseñar un marco de gobernanza integral, robusto y verificable. El primero componente es ambiente de control. Este se vincula con la cultura ética de la administración pública, los códigos de conducta y la capacitación del personal sobre el uso responsable de IA, el Código de Ética que establece la LGRA debe concatenarse para que se evite el conflicto de Interés aplicado a IA, debe al menos tener elementos de prohibición para influir indebidamente en variables o umbrales que afecten a personas. La evidencia esperada al menos debe ser una política firmada y difundida acompañada por un estatuto del OC-IA. Un ambiente de control sólido asegura que los servidores públicos de un organismo púbico desde el secretario de Estado, los subsecretarios, directores generales firmen y fomenten una cultura de integridad y entiendan los riesgos de sesgo, opacidad o uso indebido de datos en la operación de algoritmos.

El segundo componente es la evaluación de riesgos, fundamental en el uso de inteligencia artificial en el sector público. No basta con señalar de manera general problemas como sesgos en los datos, dependencia de proveedores, falta de explicabilidad, interrupciones de servicio o vulneraciones de datos personales. La evaluación debe ser periódica, documentada y proporcional al riesgo, a través de herramientas como los planes de trabajo para evaluaciones de impacto algorítmico y de privacidad de conformidad con cumplimento de las leyes en la materia, donde se registren los objetivos del modelo, los conjuntos de datos, sus limitaciones y los posibles riesgos de sesgo.

Para ordenar este análisis, se recomienda un sistema que estructure los riesgos de IA que incluya: riesgos de datos, del modelo, de la operación, de terceros o proveedores, legales-regulatorios y reputacionales. Estos deben evaluarse en una matriz de probabilidad e impacto, con respuestas claras cómo aceptar, mitigar, transferir o evitar. Además, deben definirse criterios de alto riesgo —como la afectación a derechos, decisiones administrativas con efectos jurídicos, uso de datos sensibles o prácticas de vigilancia y perfilamiento— que activen revisiones reforzadas y la intervención obligatoria de control humano.

El tercer componente corresponde a las actividades de control, es decir, el conjunto de medidas concretas que permiten mitigar los riesgos identificados y asegurar que el uso de inteligencia artificial en el sector público sea confiable, transparente y verificable. Estas actividades se materializan en documentos cómo los establece la LGRA, manuales de organización General, procesos y procedimientos internos, así como en protocolos específicos para la gestión de algoritmos. En este punto, la función del OC-IA resulta esencial, pues de él depende que existan límites claros a la autonomía de los sistemas en decisiones críticas y que se lleven a cabo tanto auditorías técnicas como revisiones de cumplimiento normativo.

El cuarto componente de control interno es información y comunicación. La trazabilidad algorítmica exige bitácoras verificables, registro de modelos y transparencia hacia la ciudadanía. La comunicación interna asegura que los responsables de cada línea de defensa tengan acceso oportuno a la información necesaria, mientras que la comunicación externa garantiza la máxima publicidad de decisiones conforme las disposiciones de la LGPDPPSO y la LGTAIP. También, el objetivo central de este componente es garantizar la explicabilidad y la rendición de cuentas, tanto hacia el interior de la institución —responsables de gestión— como hacia el exterior —órganos de control y ciudadanía—. Para alcanzarlo, se recomiendan los siguientes controles y prácticas cómo, bitácoras obligatorias estas deben registrar entradas, fuentes de datos, parámetros relevantes, versiones de modelos, salidas generadas y decisiones humanas asociadas. La retención y custodia de esta información debe observar lo previsto en la normativa aplicable.

Los manuales de uso deben impulsar límites del modelo, sesgos conocidos, procedimientos de escalamiento y guías claras para personal no especializado, a fin de asegurar transparencia y comprensión. Finalmente, el etiquetado de contenido generado por IA, ya que se debe identificar de manera visible cuando un documento interno o una comunicación al ciudadano haya sido elaborada con asistencia algorítmica, en ejercicio de una transparencia proactiva.

El quinto componente corresponde al monitoreo, entendido como la supervisión permanente del desempeño de los sistemas de IA y de los controles que los regulan. Este elemento asegura que los mecanismos de control interno no se limiten al diseño inicial, sino que se mantengan vigentes, efectivos y ajustados a la realidad operativa. El monitoreo combina la supervisión continua del OC-IA con las evaluaciones independientes de los OIC, en concordancia con las obligaciones previstas en la LGRA. El objetivo de este componente es verificar que los controles funcionen en la práctica, detectar oportunamente desviaciones en el comportamiento de los modelos y asegurar la corrección temprana de fallas, fortaleciendo así la mejora continua del sistema.

El Monitoreo continuo por la segunda línea OC-IA debe desarrollar tableros con indicadores clave de desempeño y de riesgo, tales como el porcentaje de casos con evaluaciones de impacto algorítmico o de privacidad vigentes; el porcentaje de decisiones automatizadas sujetas a revisión humana; la frecuencia de incidentes registrados por mes; o el nivel detectado respecto de los umbrales establecidos. De esta manera, el monitoreo no solo opera como un mecanismo de control, sino como un ciclo de retroalimentación permanente, refuerza la rendición de cuentas y asegura que la IA en el sector público se utilice bajo criterios de legalidad, transparencia y eficacia.

En conjunto, estos cinco componentes permiten que la administración pública mexicana no solo adopte la IA, sino que lo haga bajo un sistema de control interno y las leyes mexicanas que asegura eficiencia, legalidad y confianza pública.

4. Gobernanza

La gobernanza algorítmica en el sector público no puede reducirse a un asunto meramente técnico, sino que debe concebirse como un marco institucional con responsabilidades claras, controles verificables y rendición de cuentas efectiva. Bajo la perspectiva del modelo COSO y el Modelo de Tres Líneas, la gobernanza se materializa en tres dimensiones estratégicas:

- Direccionalidad estratégica: el uso de IA debe responder a objetivos públicos definidos —eficiencia, eficacia, equidad y transparencia— y no a intereses coyunturales de proveedores tecnológicos o decisiones administrativas improvisadas. Esto quiere decir, que los planes de adopción tecnológica deben estar alineados con los programas sectoriales, indicadores de desempeño y el marco normativo transversal.
- Control y supervisión continua: la designación del OC-IA resulta central. Su rol no solo es normar y vigilar, sino también traducir exigencias jurídicas en controles técnicos, es decir, protocolos de entrenamiento, segregación de datos, umbrales de autonomía, reportes periódicos. El OC-IA se convierte en el garante de la trazabilidad y la proporcionalidad del uso de algoritmos, y funge como punto de enlace entre la gestión operativa y la auditoría interna.
- Independencia y aseguramiento: la tercera línea —a través de los Órganos Internos de Control— asegura la independencia del sistema. La auditoría en materia de IA no se limita a revisar estados financieros o procesos administrativos, sino la Auditoría Superior de la Federación debe incluir procedimientos para evaluar la explicabilidad de los algoritmos, la confiabilidad de las bitácoras y la documentación que permita reconstruir decisiones automatizadas. De esta manera, se dota de seguridad jurídica al ente público frente a litigios o procedimientos de responsabilidad.

5. Contratación pública y cadena de suministro de IA

Conforme a la Ley de Adquisiciones, Arrendamientos y Servicios del Sector Púbico, los procesos de adquisición para el uso de sistemas de inteligencia artificial —ya sea mediante contratación de servicios en la nube, licenciamiento de software o implementación de soluciones propias— resulta indispensable incorporar cláusulas contractuales específicas que mitiguen riesgos jurídicos, técnicos y de gobernanza.

Entre las más relevantes destacan:

- Derecho de auditoría y acceso a evidencias ya que la institución pública debe conservar la facultad de revisar periódicamente los códigos, modelos, bitácoras y métricas de desempeño, con el fin de verificar el cumplimiento normativo y prevenir sesgos o fallas sistémicas.
- Portabilidad y salida al asegurar la recuperación íntegra de los datos y, en su caso, de los modelos ajustados con información institucional, para evitar situaciones de dependencia tecnológica que comprometan la continuidad del servicio público.
- Ubicación y jurisdicción compatible ya que se debe exigir que el procesamiento y almacenamiento de datos se realice en territorios con marcos jurídicos equivalentes o superiores en materia de protección de datos y transparencia, evitando transferencias a jurisdicciones que limiten el control soberano de la información pública.
- Acuerdos de nivel de servicio contra incidentes y establecer parámetros claros de disponibilidad, tiempo de respuesta y protocolos de notificación de incidentes, especialmente en casos de interrupciones críticas o vulneraciones de seguridad.
- Pruebas de robustez y validación para garantizar evaluaciones periódicas sobre la resiliencia del sistema frente a errores, sesgos o ataques adversarios, con informes verificables que permitan su seguimiento por las instancias de control.

Finalmente es recomendable el no uso de datos institucionales para entrenar modelos externos, se debe prohibir expresamente que la información generada por la dependencia sea utilizada por el proveedor para alimentar modelos comerciales ajenos, protegiendo así la confidencialidad, trazabilidad y autonomía de cualquier dependencia pública, gobierno o ente autónomo del Estado Mexicano.

6. Conclusiones

La gobernanza algorítmica en la administración pública mexicana no es un tema de futuro, sino una realidad presente. El uso cada vez más extendido de herramientas de inteligencia artificial ya incide en la toma de decisiones administrativas de miles de directores y servidores públicos en todas las dependencias gubernamentales. Si bien algunos esperan una eventual "Ley de IA" que establezca reglas específicas, lo cierto es que el marco normativo vigente ya impone obligaciones claras que no pueden eludirse.

Este ensayo demuestra que el empleo de IA en el sector público debe sujetarse, desde ahora, a los principios y deberes previstos en la LGRA, la LGPDPPSO y la LGTAIP. En consecuencia, la gobernanza algorítmica no puede reducirse a esperar una legislación futura, sino que debe construirse hoy mediante el modelo COSO ampliamente recomendado por la ASF y el Modelo de Tres Líneas, complementados por la figura del Oficial de Cumplimiento en IA y las mejores prácticas internacionales. Solo así será posible garantizar que la innovación tecnológica se traduzca en decisiones legales, trazables y transparentes, preservando la confianza ciudadana y fortaleciendo la rendición de cuentas en el Estado mexicano.

En suma, la propuesta de gobernanza algorítmica aquí delineada persigue cuatro finalidades:

- Proteger derechos frente a decisiones automatizadas.
- Asegurar la legalidad de los actos administrativos.
- Fortalecer la rendición de cuentas mediante evidencia probatoria.
- Consolidar la confianza pública en el uso de la inteligencia artificial.

El reto no es prohibir el uso de la IA, sino diseñar un ecosistema de control interno robusto, transparente y auditable que permita aprovechar su potencial con garantías. Solo así el Estado mexicano podrá transitar hacia una verdadera gobernanza algorítmica responsable, capaz de equilibrar innovación y legalidad en beneficio de la ciudadanía.

Referencias

Agustinoy, A., & Sala, M. (2024, 3 de junio). La OCDE actualiza sus Principios sobre la IA Cuatrecasas. Recuperado de https://www.cuatrecasas.com/es/spain/propiedad-intelectual/art/ocde-actualiza-principios-ia

Cámara de Diputados (2025). *Ley General de Protección de Datos Personales en Posesión de Sujetos Obligados.* https://www.diputados.gob.mx/LeyesBiblio/pdf/LGPDPPSO.pdf

Cámara de Diputados (2025). *Ley General de Responsabilidades Administrativas* https://www.diputados.gob.mx/LeyesBiblio/pdf/LGRA.pdf

Cámara de Diputados. (2025). *Ley General de Transparencia y Acceso a la Información Pública.* https://www.diputados.gob.mx/LeyesBiblio/pdf/LGTAIP.pdf

Comité de Organizaciones Patrocinadoras de la Comisión Treadway (COSO). (2013). *Internal control—Integrated framework* (*Executive summary*). COSO. https://www.coso.org/guidance-on-ic COSO

Diccionario Jurídico (2025) *Blibioteca Jurídica Virtual* UNAM https://biblio.juridicas.unam.mx/bjv/resultados?ti=diccionario+juridico

Comité de Organizaciones Patrocinadoras de la Comisión Treadway (COSO). (2015, Julio) *Aprovechar el COSO en las Tres Líneas de Defensa*, (D J Anderson & G Eubanks) (2015) The Institute of Internal Auditors. https://laflai.org/documentos/COSO_2015-3LOD-Thought-Paper FULL_13_ES.pdf

Institute of Internal Auditors (IIA). (2020). *The IIA's Three Lines Model: An update of the Three Lines of Defense.*https://www.theiia.org/globalassets/documents/resources/the-iias-three-lines-model-an-update-of-the-three-lines-of-defense-july-2020/three-lines-model-updated-english.pdf Instituto de Auditores Internos

Matute González, C.F. (2018) *El Control Interno en la Administración Pública Federal.* Biblioteca Jurídica Virtual, Instituto de Investigaciones Jurídicas,

UNAM Recuperado. https://archivos.juridicas.unam.mx/www/bjv/libros/12/5730/10.pdf

OECD. (2019). *Recommendation of the Council on Artificial Intelligence (AI Principles)*. https://oecd.ai/en/ai-principles OECD AI

UNESCO. (2021). *Recommendation on the Ethics of Artificial Intelligence.* https://www.unesco.org/en/artificial-intelligence/recommendation-ethics UNESCO

Unión Europea. (2024). *Reglamento (UE) 2024/1689 (AI Act)*. https://eur-lex.europa.eu/eli/reg/2024/1689/oj/eng

IV. Derechos humanos

Bases para un constitucionalismo digital para América Latina

Julio César Bonilla Gutiérrez[1]

Resumen: Con el desarrollo de las nuevas tecnologías y la Inteligencia Artificial, ha sido necesaria la evolución de sistemas sociales, lo cual nos lleva a la reflexión sobre distintos conceptos para configurarlos en términos digitales, inmersos en el campo del derecho y de un constitucionalismo digital que establezca principios para hacer posible la convivencia y desarrollo social en este nuevo mundo, así como también reconocer los derechos digitales que redunden en la protección de las personas.

Palabras clave: Democracia; Constitucionalismo digital; Derechos digitales.

1. Introducción

Las nuevas tecnologías de la información y comunicación, particularmente las que utilizan Inteligencia Artificial (IA), han dado lugar a una nueva revolución industrial, que nos envuelve y nos adentra en un

1. Comisionado Ciudadano del Instituto de Transparencia, Acceso a la Información Pública, Protección de Datos Personales y Rendición de Cuentas de la Ciudad de México (INFO CDMX); Coordinador del Grupo de Transparencia Judicial de la Red de Transparencia y Acceso a la Información (RTA); Doctor en Derecho con mención honorífica por la División de Estudios de Posgrado de la Facultad de Derecho de la UNAM. Realizó una estancia Posdoctoral en la Universidad de Salamanca; es miembro del Sistema Nacional de Investigadores y Académico de la UNAM y Chief AI Officer de White Bx Project (México).

mundo de interacción digital con nuevos derechos, bienes y servicios, pero a su vez, expuestos a nuevos riesgos, los cual hace necesaria la reflexión y la actuación para garantizar nuestra ciberseguridad.

Así, las ideas de democracia, Constitución, acto jurídico y, prácticamente, cualquier concepto se reconfiguran en términos de una Era Digital, por lo que tenemos que abonar a esta evolución, a proponer formas de comprensión del mundo digital y, principalmente, mecanismos para garantizar su continuidad en un marco de respeto de los derechos humanos. Este trabajo se propone contribuir a tal objetivo, para ello abordamos algunas cuestiones que plantea la Era digital y nuestra visión de las bases para un constitucionalismo digital y la defensa del reconocimiento de derechos digitales.

2. La Era digital y las bases para un constitucionalismo digital

El constitucionalismo es una posición filosófica y política relativamente reciente, cuyo ámbito de estudio recae, inicialmente, en la regulación del poder y, posterior y progresivamente, en el reconocimiento y formulación de derechos y obligaciones de las personas que conviven en una determinada comunidad política, de modo que, según algunas concepciones, implica un movimiento que procura el establecimiento de normas fundamentales. (Paoli Bolio, 2016, p. 28)

Así se ha desarrollado la figura Estado Constitucional, que, como Häberle (2006, pp. 1–2) apunta, tiene por premisa la idea de dignidad humana, realizada en la cultura de un pueblo y con los derechos humanos, dando lugar a una voluntad y responsabilidad pública, todo contenido en una Constitución, la cual se ve como un contrato que establece fines y valores, contiene la división de poderes, las cláusulas de Estado social, de derecho y cultural, todo lo cual se incorpora en un modelo democrático que se basa en el pluralismo.

Sin embargo, en este camino el constitucionalismo se ha vinculado con otro proceso igualmente reciente: el desarrollo de las nuevas tecnologías de la información y comunicación, así como la última evolución de estas dada por el empleo de la IA, lo cual da lugar a lo que se ha llamado la cuarta revolución industrial. Estas tecnologías abren el paso a una nueva forma de concebir el mundo y el derecho, no escapa de ellas.

Por eso, una teoría como la constitucionalista no puede ser ajena a esta realidad, por el contrario, ha de ser adecuada para atender a las dinámicas y experiencias de la Era digital, para responder a las exigencias de una sociedad que ahora, además de relacionarse en el mundo físico, convive en el mundo digital donde también requiere protección.

2.1. La Era digital

Hoy en día nos encontramos en una época que se define por el uso de las nuevas tecnologías, particularmente la IA, lo que ha redimensionado la forma en la que pensamos la realidad, las inteligencias artificiales realizan tareas de una forma muy cercana a la humana y han comenzado a ser empleadas de forma generalizada, lo que da lugar a una Era digital aún más desarrollada de la que habíamos pensado apenas hace un par de años.

Con esto muchas de las prácticas que antes concebíamos naturales se han transformado, pues junto al mundo físico ha surgido un espacio que rompe con la barrera de lo material, que transforma la idea de la presencialidad, ya que simultáneamente podemos estar y no en un lugar, inclusive, esos mismos conceptos, "estar" y "lugar", parecen ser otros a los que conocíamos.

La IA se ha vuelto una herramienta de uso cotidiano. Cualquier persona con acceso a un dispositivo inteligente y conexión a internet puede utilizarlas para muchos y muy diversos fines. Así, ejemplos como *ChatGPT*, *Google Gemini* o *Grok*, se están convirtiendo en instrumentos de uso constante para realizar actividades, desde laborales y académicas, hasta procesos más complejos, como en el caso de grandes corporaciones, o también en funciones propias del Estado.

Este avance tecnológico, sin embargo, también da lugar a una serie de acciones que pueden redundar en afectaciones para las personas, por ejemplo, la comisión de delitos en el mundo digital, nuevas manifestaciones de violencia (digital), corrupción, entre otras.

Por ello es urgente pensar integralmente en el mundo físico y el digital como planos complementarios, dos espacios que, aunque radicalmente diferentes, son espacios de convivencia humana. Inclusive, debemos partir de que, en el caso de las tecnologías, su creación misma puede estar sesgada en favor de los intereses de su diseñador, de su dueño, por lo que en realidad no podemos pensarlas en términos de neutralidad, lo que hace aún más necesaria su regulación.

En el ámbito del derecho es preciso reflexionar acerca de si esta regulación debe concebirse desde el plano de las leyes secundarias, o bien, se debe abordar desde el plano primario, es decir, el constitucional.

Por supuesto, en mi propuesta considero preciso elevarlo al orden constitucional, pues es en la norma fundamental donde habitan los fines y valores de un Estado, como lo es en el caso mexicano y demás países de la región latinoamericana, donde existen importantes esfuerzos por abordar esta materia, abriendo el camino hacia un constitucionalismo digital.

2.2. Hacia una idea de constitucionalismo digital

Como antes apuntamos, el constitucionalismo es un movimiento sociopolítico que se traslada al campo de la realidad, es decir a la sociedad, impulsado por el desarrollo de los contenidos de la Constitución, haciendo propuestas programáticas e interpretación de los derechos humanos, volviéndose así un movimiento de vanguardia. (Paoli Bolio, 2016, p. 29)

En ese punto se integra el mundo digital, pues si partimos de la premisa del constitucionalismo como un movimiento basado en la norma primaria, en ella han de considerarse una serie de elementos que, en la realidad, dan cabida a prácticas sociales que exigen, por un lado, protección para su ejercicio y, por el otro, responsabilidad para que todas las personas puedan actuar conforme a ciertos principios y sujetas a posibilidades descritas en la legislación secundaria.

Desde esta perspectiva, una inclusión del mundo digital en el sistema jurídico debe hacerse desde la Constitución, ya que ella determina las bases y principios que deben regir de forma general esta nueva realidad. Es decir, planteamos una evolución desde el constitucionalismo hacia el constitucionalismo digital, que conciba el uso de nuevas tecnologías y la IA.

El constitucionalismo digital se trataría de una postura política y filosófica a través del cual se establecen controles al ejercicio del poder en las redes digitales y que, además, garantiza el ejercicio de derechos humanos dentro de éstas, así como derechos digitales de todas las personas, los cuales permiten un ejercicio democrático y el desarrollo del Estado.

Este constitucionalismo digital habrá de considerar, para su conformación, al menos elementos de gobernanza y democracia digital; defensa de derechos humanos; la inclusión en la Constitución de la innovación tecnológica y las obligaciones en torno a ésta. Con ello se realizaría, por lo menos en una fase inicial, la evolución desde la clásica concepción constitucional atada al mundo físico, hacia una visión digital que se expande también a la virtualidad.

3. Gobernanza y gobernanza digital

Dentro de la teoría de la democracia se han estudiado sus formas participativa o directa y representativa o indirecta, las cuales han tenido momentos diversos de aplicación. No obstante, la realidad nos ha mostrado que una y otra presentan fallas que, de seguirse un modelo único resultan inevitables. Por ello se ha buscado una forma de integración de ambas perspectivas.

Una reanimada forma de democracia participativa, entendida de forma integral para sociedades actuales, vista "no solamente como una estructura jurídica y un régimen político, sino como un sistema de vida fundado en el constante mejoramiento económico, social y cultural del pueblo" (Cabello Castañeda y Del Castillo Marcial, 2011, p. 119), que se integre a las estructuras representativas, complementando un sistema democrático ampliado.

Esta configuración da lugar a un cambio de concepción del gobierno, entendido en su forma clásica, como el conjunto de instancias que tienen a su cargo el ejercicio del poder público y la dirección de los asuntos del Estado, que delata de inmediato una visión representativa de la democracia, hacia una nueva idea, la de gobernanza, que además habrá de ser digital.

> La gobernanza se refiere al marco de reglas, procesos y mecanismos que diversas entidades —desde gobiernos hasta empresas privadas y organizaciones no gubernamentales— utilizan para tomar decisiones eficaces, administrar los recursos y garantizar que sus operaciones cumplan con los estándares éticos, legales y funcionales. (Bonilla Gutiérrez, 2024, p. 17)

Es decir, hay una especie de reconfiguración en la cual subsisten los representantes populares electos por el pueblo mediante votaciones periódicas como base de la toma de decisiones, pero integrando un control ejercido participativamente mediante la inclusión de la ciudadanía, ya sea en lo individual o colectivamente, en la toma de decisiones públicas.

De esta manera, la gobernanza transforma el modelo de gobierno tradicional, ejercido en forma vertical, para dispersar el ejercicio del poder de forma más horizontal, en la que distintos agentes se suman a la toma de decisiones y participan de la supervisión del ejercicio de funciones públicas. Aunado a ello, debemos pensar a la gobernanza en términos digitales, que abarcan desde la digitalización de los procesos burocráticos que se realizan al interior de las instituciones hasta la gestión de datos personales y la seguridad cibernética o ciberseguridad, todo ello bajo el paraguas de prácticas transparentes, responsables e incluyentes (Bonilla Gutiérrez, 2024, p. 18).

Es decir, para el constitucionalismo digital es necesaria una gobernanza digital, que amplíe la concepción democrática y se proyecte en el mundo digital, siendo este el espacio donde intervengan los múltiples agentes, ahora en temas de ciberseguridad, acceso a la información, gobierno abierto, protección de datos, simplificación administrativa, entre otras actividades que hacen posible la vida social digital y a su vez más sencilla, equitativa y libre la vida en el mundo físico.

4. Defensa de derechos humanos

Una cuestión que define al modelo de Estado Constitucional, que aquí propongo sea un modelo además digital, es la presencia de los derechos humanos, los cuales se extienden a todas las partes del texto del documento constitucional: desde sus preámbulos, pasando por la parte relativa a los derechos fundamentales hasta la parte orgánica, con lo cual ésta, en su materia, también "crece" textualmente para "encontrarse" con las tareas del Estado, o viceversa (Häberle, 2006, p. 99).

Desde esa perspectiva, los derechos humanos reconocidos en los cuerpos constitucionales han de tener una dimensión digital, que se incluya dentro del catálogo correspondiente y en el cual, de forma específica, consideren la variedad de posibilidades a que abre la puerta el mundo digital. En el caso mexicano, por ejemplo, en su artículo 6° constitucional, que reconoce el derecho de acceso a la información, se establece lo relativo al derecho al acceso a las tecnologías de la información y la comunicación, con lo cual se da pie a una protección del más alto rango.

Pero más allá de esto, los derechos humanos han de pensarse en términos digitales, como un espacio en el cual también deben de ser promovidos, protegidos, respetados y garantizados, tal como lo marca el artículo 1° constitucional en México, buscando que cada vez sus condiciones de ejercicio sean más desarrolladas, por lo que el Estado ha de tener presencia en este espacio, por ejemplo, mediante acciones de ciberseguridad ciudadana. También, otros derechos, por ejemplo, la educación, han de tener respaldo virtual, de tal manera que la política pública habrá de prever la inclusión de plataformas, estrategias y metodologías para garantizar su ejercicio.

5. Inclusión de la innovación tecnológica

La defensa de derechos humanos en el constitucionalismo digital debe incluir una cláusula de innovación tecnológica, es decir, una norma que reconozca como derecho el desarrollo de nuevas tecnologías para aplicarlas en las actividades del Estado, así como para el uso de los particulares.

Como antes dijimos, en el ejemplo mexicano, el artículo 6° constitucional reconoce como derecho al acceso a las tecnologías de la información y comunicación, incluyendo el de banda ancha e internet, lo cual sin duda es un elemento de gran importancia en esta materia, sin embargo, ¿esto es suficiente para pensar en la innovación tecnológica como derecho?

Muy probablemente, desde una perspectiva crítica, nuestra respuesta sea negativa y es que podríamos considerar esto apenas el primer nivel de avance, siendo necesaria una evolución más profunda, que abarque no el uso de las tecnologías ya existentes, sino que establezca la obligación del Estado para desarrollarlas y garantizar también la participación privada en ello, dando continuidad a esta nueva realidad virtual.

Y es que la subsistencia del mundo digital es una exigencia ciudadana legítima, por lo que el Estado tiene que hacerse cargo de ella, así como de regular los permisos para que los particulares exploren su desarrollo. En ello radica precisamente la garantía de una cláusula de innovación tecnológica. Pero, en todo caso, la participación de todas las personas, como lo prevé la gobernanza, hace horizontales estos procesos y nos vincula a la construcción y continuidad del mundo digital como una responsabilidad compartida.

6. Derechos para una era digital

Con lo dicho hasta este punto queda clara la necesidad de reconocer el derecho a la innovación tecnológica dentro del contenido constitucional, que permitiría la subsistencia del mundo digital. Pero, además, se evidenció que dentro de éste nos relacionamos y accedemos a servicios, tanto públicos como privados, por lo cual, es un medio a través del cual ejercitamos el resto de nuestros derechos humanos y bajo esa consideración tiene que tratarse.

En ese sentido, deben reconocerse derechos digitales que han de considerar los riesgos a los cuales se enfrentan las personas en el mundo digital, pues, como he insistido, dentro de éste se realizan conductas peligrosas como ciberdelitos y formas específicas de violencia, entre otras que exigen atención. Pero, además, han de resguardar a las personas en contra de aquellos riesgos propios de la creación, diseño y programación de las tecnologías, las cuales pueden afectar la conformación de la persona misma.

Nos referimos entonces a derechos que garanticen que las personas sigan siendo ellas, en su individualidad y unidas en una comunidad política, que puedan desenvolverse dentro del mundo digital de forma libre, igual y segura. Un ejemplo de buena práctica en esta materia es la Carta de derechos de la persona en el entorno digital, producida por el entonces Sistema Nacional de Transparencia Mexicano (2023), que desarrolla en extenso diversos derechos digitales. Aquí nos referimos a algunos derechos en concreto, aquellos relativos a la desconexión, a la explicabilidad, a no ser perfilado, a la participación en el diseño y evaluación de los sistemas y a la soberanía autoinformativa.

6.1. Derecho a la desconexión

Cuando nos referimos al derecho a la desconexión nos referimos a la posibilidad precisamente de cortar la conexión con el mundo digital, dicho, en otros términos, a no estar permanentemente accesibles o conectados a éste (Bobadilla Yzaguirre y Rodríguez Cairo, 2023, p. 73). Es decir, a la libertad que tenemos de decidir sobre nuestra disponibilidad conectiva con las nuevas tecnologías.

El derecho a la desconexión, por ejemplo, no puede seguir siendo una cláusula de ornato en los contratos de trabajo, como comúnmente sucede en materia laboral. Debe entenderse como una forma de preservar la salud mental, el equilibrio entre la vida personal y la profesional, y en su relación con el derecho a vivir sin ser vigilado ni requerido de forma permanente. Ante una lógica de hiperconectividad como en la que vivimos actualmente, que convierte cada instante en productividad y cada momento en dato; poder desconectarse es y debe ser un acto soberano protegido constitucionalmente.

6.2. Derecho a la explicabilidad

Implica que la información del mundo digital sea inteligible, que pueda comprenderse cómo funcionan los sistemas y, particularmente, que el Estado no esconda esta explicación (Chan Chan y González Mejía, 2024, p. 45). La explicabilidad de los sistemas algorítmicos constituye una condición *sine qua non* para el ejercicio pleno de la autonomía personal. En una sociedad democrática, no podemos aceptar que decisiones públicas o privadas con efectos significativos sobre las personas como la asignación de un crédito, el acceso a un servicio público o a un derecho social, sean tomadas por medio de mecanismos y plataformas que operan en la más absoluta opacidad frente a las personas.

Tal opacidad, en buena parte de las veces, se da por el uso de lenguaje técnico inaccesible que convierte a tales sistemas en auténticas cajas negras ininteligibles incluso para quienes los diseñan y difunden sus plataformas en la vida digital para que convivan con nosotros. En sustancia, la explicabilidad no sólo tiene que ver con un tema de transparencia; sino, con la capacidad misma de comprensión, la posibilidad de interpelación, y con la debida garantía de justicia.

6.3. Derecho a no ser perfilado

Consiste en que las personas usuarias del mundo digital no sean objeto de decisiones basadas en el tratamiento automatizado o semiautomatizado de la información, sino que se garantice la intervención humana significativa (Sistema Nacional de Transparencia, 2023). Es decir, a que los procesos propios de las tecnologías no delineen nuestra persona en categorías dadas.

Se trata de una respuesta directa y frontal de cara al modelo económico basado en la extracción de datos y la manipulación de la conducta humana. En el corazón del capitalismo digital se encuentra la economía de datos que se traduce en una grave reducción de las personas a patrones de consumo, de voto, de desplazamiento o de afinidad con determinados objetos o servicios.

Por ello, en el constitucionalismo digital que proponemos destaca la existencia de una frontera ética y jurídica infranqueable, consistente en que las personas no deben ser objeto o ser usadas para generar inferencias permanentes sobre su identidad, su pensamiento, su salud o su preferencia política sin que medie un consentimiento informado, libre y revocable. El perfilamiento permanente socava la autodeterminación individual y genera sociedades vigiladas en las que incluso, se puede llegar a limitar lo posible antes de que ocurra.

6.4. Derecho a la participación en el diseño y evaluación de los sistemas

La participación, como aquí he resaltado, es crucial en los modelos democráticos y lleva a las personas a intervenir en los asuntos públicos, lo que se extiende a la participación mediante la acción ciudadana en las políticas de desarrollo (González Armijo & Del Pozo Martínez, 2016, p. 14). A partir de esta base es que comprendemos el derecho a participar en el diseño y evaluación de los sistemas que nos sirven y gobiernan, en cuyo centro se encuentra la promesa de una democracia tecnológica.

En un mundo en el que los algoritmos y sistemas automatizados modelan y perfilan interacciones, decisiones, trayectorias de vida y espacios sociales, resulta rotundamente impensable excluir a las personas del proceso deliberativo que debe estar inserto en el proceso de diseño y formación de esas tecnologías. Una ciudadanía que no tenga voz sobre los sistemas que inciden en ella, la clasifican, ordenan y predicen sus conductas, es una ciudadanía en riesgo de suplantación y manipulación en detrimento de su libre elección y desarrollo personalísimo.

6.5. A la soberanía autoinformativa personal

Nos referimos aquí a la soberanía autoinformativa como una forma superior de la autodeterminación informativa y que debe ocupar un lugar central en este constitucionalismo digital. El derecho a la autodeterminación informativa fue originalmente concebido en Alemania como la posibilidad de decidir libremente sobre la recopilación, almacenamiento, uso y transmisión de nuestros datos personales (Tribunal Constitucional Federal Alemán, 1983). Pero la propuesta que formulamos va más allá, pues nuestra idea de derecho a la soberanía autoinformativa no trata solamente de proteger datos personales, sino de reconocer el control sobre la propia información. Es una manifestación sustancial del principio mismo de dignidad humana.

Todas las personas tenemos derecho a saber no sólo qué datos nuestros circulan, sino también a decidir sobre su recolección, almacenamiento, modificación, portabilidad y eliminación. En ese sentido, el derecho a la soberanía autoinformativa debe asumirse como un nuevo principio constitucional de obligatoria aplicación transversal, que atraviese todas las políticas públicas. Desde la salud hasta la educación algorítmica, desde el diseño urbano inteligente hasta la gobernanza aplicada a plataformas públicas y privadas.

7. Conclusiones

Nos encontramos en un contexto donde el uso de nuevas tecnologías de la información y comunicación han alcanzado un nivel de desarrollo tal que ahora incluye el uso de IA, traspasando las fronteras de lo físico y nos colocan en un nuevo panorama de interacción social. Por ello es necesario pensar en el mundo digital, al igual que el físico, como el punto de interacción empleado para realizar ejercicios positivos, pero también prácticas nocivas, como ciberdelitos, violencia digital, uso no consensuado de información, entre otras más, por lo que es necesaria su consideración jurídica y política.

Esta nueva realidad, junto a otros fenómenos sociales suscitados dentro de los Estados Constitucionales, nos lleva a ampliar nuestra concepción de la democracia, integrando formas participativas y representativas, dando lugar a modelos más horizontales, incluyentes y responsables, lo que conforma un sistema de gobernanza, la cual, necesariamente ha de ser también digital.

El modelo de gobernanza digital exige el reconocimiento de una serie de derechos digitales dentro del orden constitucional, lo que se justifica sobre la base de que la norma suprema establece valores e ideales de una sociedad, los cuales, hoy en día, no pueden desligarse del entorno digital, por ello su rango ha de ser tal, ya que impondrá el estándar que todas las autoridades deberán de seguir y desarrollar para responder a las necesidades sociales.

Existen múltiples derechos que se podrían enunciar, sin embargo, de entre ellos es posible destacar, conforme a las expectativas democráticas y de protección que aquí hemos delineado, a los derechos a la desconexión, a la explicabilidad, a no ser perfilado, a la participación en el diseño y evaluación de los sistemas, y a la soberanía autoinformativa.

Referencias

Bobadilla Yzaguirre, M. B., & Rodríguez Cairo, V. (2023). Protección del derecho a la desconexión digital: ¿Derecho fundamental o compromiso constitutivo? *Revista Latinoamericana de Derecho Social, 1*(37).

Bonilla Gutiérrez, Julio César. (2024). "*Interoperabilidad en la gobernanza digital: construyendo un futuro inteligente*", en Aguirre Sala, Francisco (Coord.). La Gobernanza Digitalizada. Tirant lo Blanch.

Cabello Castañeda, J. C., & Del Castillo Marcial, P. S. (2011). Hacia una democracia participativa comprometida con un Estado de derecho, y el desarrollo humano y social. *Revista Quid Iuris, 12*, 128. Instituto de Investigaciones Jurídicas.

Chan Chan, F., & González Mejía, J. E. (Eds.). (2024). *Memoria: Seminario permanente de investigación sobre derechos y justicia digitales 2023–2024*. Artículo 19 / Universidad Nacional Autónoma de México.

Constitución Política de los Estados Unidos Mexicanos, Diario Oficial de la Federación [DOF], 5 de febrero de 1917, última reforma publicada DOF 6 de marzo de 2024. https://www.diputados.gob.mx/LeyesBiblio/pdf_mov/Constitucion_Politica.pdf

González Armijo, M., & Del Pozo Martínez, E. (2016). *El derecho a la participación y a la consulta en el desarrollo: Retos para México*. Comisión Nacional de los Derechos Humanos.

Häberle, P. (2006). *El Estado constitucional*. Universidad Nacional Autónoma de México.

Paoli Bolio, F. J. (2016). *Constitucionalismo en el siglo XXI*. Secretaría de Cultura.

Sistema Nacional de Transparencia. (2023). *Carta de derechos de la persona en el entorno digital*.

Tribunal Constitucional Federal Alemán. (1983, 15 de diciembre). *Volkszählungsurteil* [BVerfGE 65, 1]. https://www.servat.unibe.ch/dfr/bv065001.html

Inteligencia artificial y derechos humanos: dilemas, oportunidades y un marco de gobernanza aplicada para organizaciones de la sociedad civil

Francisco Quintana García[1]

Resumen: El presente capítulo aborda el problema de la gobernanza de la IA desde la perspectiva de las organizaciones de la sociedad civil y los organismos internacionales de protección de derechos humanos. Primero, analiza desde perspectivas sociológicas, jurídicas y éticas la aplicación práctica de la Recomendación de la UNESCO sobre la ética de la IA con el objetivo de avanzar hacia una gobernanza interna ética, responsable y segura. Posteriormente, presenta buenas prácticas vinculadas con los Objetivos de Desarrollo Sostenible (ODS) de la Organización de las Naciones Unidas. A partir de este diagnóstico, se sugiere impulsar una mayor alfabetización digital para poder brindar una respuesta ciudadana adecuada. Igualmente, se propone un marco de gobernanza interna para el uso responsable de la IA desde la sociedad civil que protege los derechos humanos. El capítulo concluye con una defensa de la incorporación del CAIO Chief Artificial Intelligence Officer en las organizaciones de derechos humanos.

Palabras clave: Inteligencia artificial · derechos humanos · ética; gobernanza · vigilancia · CAIO · debida diligencia · sesgos · UNESCO

1. Abogado, consultor internacional de derechos humanos, especialista en gobernanza de la IA Chief Artificial Intelligence Officer de White Bx Project (México).

1. Introducción

En la última década, la inteligencia artificial (IA) ha alcanzado desarrollos de tal magnitud que la han convertido en la tecnología más disruptiva conocida hasta ahora. Su aceleración y alcance transversal han irrumpido incluso en ámbitos de creatividad y producción cultural antes reservados a las personas.[2] La rapidez de esta evolución supera con creces los procesos legales y pone a prueba la capacidad de adaptación de las sociedades (Ortalda y De Hert, 2023, pp. 531-532).

Si bien su potencial para abordar desafíos globales promete enormes beneficios en salud, educación, cambio climático y reducción de la pobreza, es innegable que la IA expone riesgos sistémicos que plantean complejos desafíos éticos,[3] sociales y jurídicos, llegando incluso a subvertir derechos humanos fundamentales. Todo ello agranda la brecha entre innovación y regulación y tensiona la capacidad de respuesta institucional, tanto nacional como internacional.

La IA, en su forma actual, no es una herramienta neutral: es un artefacto de poder (Crawford, 2021, p. 19) que puede perpetuar la discriminación, erosionar la autonomía, incitar a la violencia y manipular el

2. El contenido del artículo se basa en desarrollos previos expuestos en: Quintana, F. (2025). *Las organizaciones sin fines de lucro y la espada de doble filo de la IA*. Open Global Rights. NYU., disponible en: https://www.openglobalrights.org/nonprofits-and-the-double-edged-sword-of-AI/?lang=Spanish ; y Quintana, F. (2025). Inteligencia Artificial: ¿Y qué de la ética? Radio Global Coach webinar. Disponible en: https://www.youtube.com/watch?v=i7zOtmKanZY&t=1s.

3. En aras de la transparencia, uno de los principios resaltados en el presente artículo, se pone en conocimiento de las personas lectoras que se utilizaron como apoyos de investigación las siguientes herramientas de IA: ChatGPT 5, Gemini 2.5, Claude Sonnet 4, y Perplexity. Los materiales creados por estas herramientas fueron consultados como referencia y quedan registrados para efectos de trazabilidad. Las fuentes desplegadas eran en su mayoría notas periodísticas de internet y no hacían referencia a la amplia bibliografía consultada en las investigaciones realizadas por el autor en esta y ocasiones anteriores.

comportamiento a una escala sin precedentes. Resulta alarmante cómo algunas grandes empresas tecnológicas han utilizado la seguridad como instrumento de negociación (Hao, 2025, pp. 101-116).

Ante este panorama, las empresas, el sector público y la sociedad civil se enfrentan al dilema de apoyarse en los escasos desarrollos normativos (*hard law*) junto con las directrices y prácticas elaboradas por organismos especializados (*soft law*). Entre los primeros destaca la Ley de Inteligencia Artificial de la Unión Europea, uno de los esfuerzos regulatorios más ambiciosos, cuya plena aplicación será gradual hasta 2026, con el riesgo de que ciertas disposiciones resulten desactualizadas al momento de su implementación total (Smuha, 2025, pp. 228-260). Entre los segundos figuran las recomendaciones y directrices de la UNESCO, la Organización para la Cooperación y el Desarrollo Económicos (OCDE) y la Organización Internacional de Normalización (ISO, por sus siglas en inglés).

El presente artículo se enfoca en un ámbito que no ha recibido la atención debida en términos de gobernanza interna de la IA, nos referimos a las organizaciones de la sociedad civil y los organismos internacionales de protección de derechos humanos (Fletcher, Rozo y Sim, 2025). En la sección siguiente, analizaremos la aplicación práctica de la Recomendación de la UNESCO sobre la ética de la IA para avanzar hacia una gobernanza interna adecuada en su adopción por el trabajo de derechos humanos y el sector humanitario (Vázquez y Gildea, 2024). Realizaremos un análisis desde perspectivas sociológica, jurídica y ética, explorando su estado actual, los fenómenos más relevantes que genera y los dilemas que plantea. También se mencionarán buenas prácticas vinculadas con los Objetivos de Desarrollo Sostenible (ODS) de la Organización de las Naciones Unidas. Todo ello nos prepara para abordar la necesidad de impulsar una mayor alfabetización digital como imperativo epistemológico para una respuesta cívica adecuada. Asimismo, se propondrá un marco de gobernanza interna para el uso responsable de la IA por parte del movimiento de derechos humanos, con especial énfasis en el papel de las organizaciones de la sociedad civil. Para concluir, defenderemos la incorporación de un Chief Artificial Intelligence Officer (CAIO) —en español, oficial responsable de cumplimiento y gobernanza de la IA— en las organizaciones de derechos humanos. Esta propuesta entraña retos técnicos y de gestión de personas y, quizá el mayor, desafíos financieros.

2. Pérdida de la autonomía y autodeterminación

La aceleración en el uso de la IA ha permitido la configuración de un modelo económico radicalmente nuevo, sin que fuéramos partícipes conscientes de su gestación. La profesora Shoshana Zuboff denominó este fenómeno, basado en la extracción, predicción y comercialización de aspectos de nuestra identidad, "capitalismo de vigilancia" (Zuboff, 2019).

Una de las mayores falacias sobre la IA es creer que su uso es gratuito. En el imaginario colectivo, esta tecnología parece ofrecernos, sin costo, más comunicación, cercanía y comprensión. Sin embargo, la IA no es neutral; se ha convertido en una herramienta política. Este patrón no es nuevo: plataformas como X (antes Twitter), Instagram y Facebook han operado bajo lógicas similares durante las últimas dos décadas. La cruda realidad es que nuestra identidad, revelada a través de nuestras interacciones diarias con la tecnología, es el producto que se vende, en la mayoría de las veces sin nuestro consentimiento informado (Lanier, 2018, pp. 5-26).

Resulta ilusorio pensar que gozamos de mayor libertad de expresión cuando delegamos en un tercero la decisión de con quién podemos comunicarnos; más aún cuando esas mismas empresas influyen en nuestras decisiones políticas, de consumo e incluso íntimas, socavando la autonomía personal (Lanier, 2013, pp. 107-120).

En los ámbitos democrático y económico, la gran concentración de poder en unas pocas empresas tensiona los valores democráticos, el estado de derecho y la justicia, pues sus directivos no son elegidos por voto popular y carecen de mecanismos robustos de rendición de cuentas (Nahae Kim, 2025). La experiencia de Cambridge Analytica (Zuboff, 2019, pp. 272-279) evidenció el uso de macrodatos para influir en procesos electorales (Estados Unidos, Brexit), ilustrando un poder estructural empresarial que, en ocasiones, supera la capacidad de control de varios Estados—un riesgo que podría acentuarse en América Latina, región con altos niveles de desigualdad y concentración de poder.

3. Imperativo epistemológico: la alfabetización digital

Por lo anterior, todos los actores involucrados deben redoblar esfuerzos para promover una mayor alfabetización digital como herramienta fundamental de empoderamiento social. Es crucial que activistas, personas defensoras de derechos humanos y grupos vulnerables comprendan cómo funcionan estas tecnologías, cuáles son sus sesgos y cómo se modifican con el tiempo. Un claro ejemplo de la desigualdad que se genera aparece al introducir cambios tecnológicos entre las personas mayores, a menudo víctimas de exclusión social —y, por ende, educativa—, quienes ven afectada su vida diaria en el acceso a la salud y a los recursos necesarios para su subsistencia.

La alfabetización digital también implica aprender a adaptar y entrenar estas tecnologías al idioma, la cultura y la idiosincrasia de cada país o región. Varios países de Europa (Euronews, 2024), como Suiza -Apertus- (Welle, 2025), así como Cuba -Cecilia- (Telesur, 2025) y Chile -Latam-GPT- (Cambero, 2025), están desarrollando sus propias plataformas de IA con datos de sus contextos culturales e idiomas específicos para reducir sesgos y reflejar sus valores.

Sobre este punto, la UNESCO ha subrayado la importancia de sensibilizar tanto al sector público como al privado respecto de las tecnologías de IA mediante "una educación abierta y accesible" que incluya "el impacto de estos sistemas en los derechos humanos y el acceso a esos derechos, así como en el medio ambiente y los ecosistemas" (UNESCO, 2021, arts. 44 y 45).

De este modo, el ejercicio educativo puede reducir la ansiedad y generar confianza en estas tecnologías, permitiendo que personas e instituciones las aprovechen al máximo.

4. Dilemas éticos contemporáneos: sesgos, daños y opacidad

Para subrayar la importancia de incorporar un Chief Artificial Intelligence Officer (CAIO) en las organizaciones de derechos humanos, retomamos algunos dilemas éticos surgidos en el entrenamiento e implementación de tecnologías de IA (Sánchez Caparrós, 2025). Es imperativo que estas organizaciones protejan su reputación e integridad institucional frente a estos riesgos.

Los casos de sesgo de género en la contratación en Amazon, que en 2014 intentó desarrollar un sistema algorítmico que analizara currículos y recomendara los mejores candidatos. El problema radicó en que los datos provenían de un entorno históricamente dominado por hombres y "aprendió" a discriminar sistemáticamente a las mujeres. Frente a este dilema, Amazon dejó de utilizar este sistema (Goodman, 2018). La discriminación racial en la evaluación de riesgo de reincidencia al utilizar el programa COMPAS -por sus siglas en inglés el programa se refiere al software "Correctional Offender Management Profiling for Alternative Sanctions"-, si bien el algoritmo predijo la reincidencia de acusados de tez blanca o negra a tasas similares, cometió errores de maneras muy diferentes, llegando los acusados de color negro o afrodescendientes a tener un 45% más de probabilidades de recibir puntuaciones de riesgo más altas que los blancos (Larson, Mattu, Kichner y Angwin 2016). La referida injerencia electoral evidenciada por el caso Cambridge Analytica en EUA y el Brexit (Zuboff, 2019, p. 272). Así como, el "*redlining*" digital que excluye a determinados sectores en el sistema financiero. El "*redlining*" fue una práctica histórica de negación sistemática de crédito y otros servicios financieros a residentes de barrios minoritarios o de bajos ingresos. Históricamente las minorías fueron rechazadas de manera desproporcionada, lo que lleva a los algoritmos a replicar y amplificar estos patrones discriminatorios. Ahora, con las nuevas tecnologías se habla de "*redlining digital*" que trae consigo problemas de opacidad, que hace difícil defender estos casos (Jaimovich, 2019).

Todos estos ejemplos, revelan un patrón preocupante de incorporación de sesgos. El daño que provocan es sistémico y la responsabilidad resulta difícil de atribuir debido a la opacidad de muchos modelos, la llamada "caja negra", lo que abre vacíos de rendición de cuentas en los que pueden ocurrir violaciones de derechos humanos sin un responsable claramente identificable.

El caso de Myanmar ilustra el extremo más brutal de la manipulación algorítmica: sistemas de recomendación que amplificaron contenidos de odio y controversia para maximizar la interacción (Harari, 2024, p. 241), contribuyendo a un entorno propicio para graves violaciones de derechos humanos (The Guardian, 2018). Ese mismo modelo de optimización fue perfeccionado posteriormente para atraer audiencias aún mayores.

Una tensión transversal en estos ejemplos es el conflicto entre eficiencia y justicia. El principal argumento para usar IA suele ser la búsqueda de eficiencia, reducir tareas tediosas en selección de currículos, agilizar procesos judiciales o decidir préstamos con mayor rapidez. Sin embargo, los ejemplos enumerados muestran que perseguir la eficiencia a cualquier costo puede producir resultados menos justos o incluso sesgados en una opacidad o magnitud tal que no podrían alcanzar las decisiones humanas, haciendo imposible su supervisión.

No podemos omitir el daño causado por los *deepfakes*, videos, imágenes y audios manipulados, que amenazan la libertad de expresión y la confianza pública. Asimismo, se han incrementado los reportes sobre suicidios vinculados al uso de herramientas de IA como sustitutos de atención ante problemas de salud mental o emocionales. En abril de 2025 el adolescente, Adam Raine, se suicidio. Los padres, que demandaron a OpenAI, alegan que el *chatbot* ChatGPT lo animó a planear un "suicidio hermoso" y le proporcionó métodos específicos, al tiempo que lo instó a mantener sus planes en secreto de sus seres queridos. (Tabachnick, 2025).[4]

Estos ejemplos evidencian dilemas éticos y afectaciones a derechos fundamentales que podrían reproducirse dentro de las propias organizaciones que buscan prevenirlos. Las soluciones pasan por integrar la ética desde el diseño: datos representativos, respeto a la propiedad intelectual, pruebas de equidad, trazabilidad, transparencia y mecanismos efectivos de rendición de cuentas. La Recomendación de la UNESCO (2021) subraya, precisamente, que la IA debe respetar la diversidad y no perpetuar estereotipos ni brechas de género, e insta a medidas afirmativas para corregir desigualdades históricas.

5. IA para el bien común: Naciones Unidas la agenda 2030

No toda la historia es negativa. Sería injusto no reconocer el inmenso potencial de la IA para promover los derechos humanos y el desarrollo sostenible cuando se orienta de manera ética y responsable. De hecho, la IA se ha utilizado en más de 600 aplicaciones vinculadas a los Objetivos de Desarrollo Sostenible (ODS) de la Agenda 2030 (Goo-

4. En abril de 2025 el adolescente, Adam Raine, se suicidio. Los padres, que demandaron a OpenAI, alegan que el chatbot ChatGPT lo animó a planear un "suicidio hermoso" y le proporcionó métodos específicos, al tiempo que lo instó a mantener sus planes en secreto de sus seres queridos. *Cfr., Tabachnick, C. (2025), OpenAI says changes will be made to ChatGPT after parents of teen who died by suicide sue, CBS News., disponible en:* OpenAI says changes will be made to ChatGPT after parents of teen who died by suicide sue–CBS News.

gle, 2024), con impactos positivos en la educación, el acceso al agua y el trabajo (McKinsey, 2024). El desafío es maximizar los beneficios sin sacrificar derechos.

Algunos ejemplos concretos de IA para el bien social, alineados con los derechos y los ODS, se encuentran en el diagnóstico de cáncer de piel, el análisis de radiografías o el plegamiento de proteínas (ODS 3: Salud y bienestar); la agricultura de precisión (ODS 2: Hambre cero); tutores inteligentes (ODS 4: Educación de calidad); herramientas con menor sesgo de género (ODS 5: Igualdad de género); mejor gestión hídrica (ODS 6: Agua limpia y saneamiento); sistemas energéticos más limpios (ODS 7: Energía asequible y no contaminante); ciudades más sostenibles e inteligentes (ODS 11: Ciudades y comunidades sostenibles); y sistemas de justicia fortalecidos por tecnología (ODS 16: Paz, justicia e instituciones sólidas), entre muchos otros.

En síntesis, la IA es una tecnología dual (Quintana, 2025: NYU) puede exacerbar violaciones de derechos o ser una poderosa aliada para garantizarlos, según cómo la utilicemos. Desde la perspectiva de los derechos humanos, es esencial que sus beneficios se distribuyan equitativamente y no queden solo en los países ricos ni en manos de unas pocas personas. También debemos abogar por una IA abierta y accesible, aprovechable por las comunidades locales para resolver sus propios problemas, y no por un monopolio de las grandes tecnológicas. Si lo logramos, la IA puede ser una herramienta emancipadora: ayudar a eliminar el hambre, universalizar la salud y la educación, y proteger nuestro planeta, metas que, en última instancia, garantizan nuestros derechos humanos.

6. Debida diligencia para incorporar, usar y monitorear la IA en las organizaciones de derechos humanos

Una parte importante de la sociedad civil, en especial en el Sur Global, opera con recursos limitados. Históricamente, las organizaciones sin fines de lucro han quedado rezagadas frente al sector privado, y la adopción acelerada de nuevas tecnologías, junto con un panorama político cambiante, ha ampliado esa brecha. La integración tecnológica en los sectores público y privado plantea retos para los derechos humanos, la justicia y la igualdad. Si el sector no se adapta, perderá capacidad de acción, dejando a poblaciones vulnerables expuestas a la exclusión y al daño.

La IA puede fortalecer a la sociedad civil en contextos debilitados sin renunciar a la exigencia de una mejor regulación y cumplimiento. Para ello, los actores deben equilibrar riesgos y beneficios: el desafío es que las organizaciones no queden atrás mientras gobiernos, empresas, e incluso el crimen organizado, ya aprovechan estas herramientas.

La velocidad con que la IA se integra en el trabajo de derechos humanos abre oportunidades inéditas y desafíos profundos para su protección; ignorar este panorama no es opción. El aprendizaje profundo, basado en redes neuronales y algoritmos complejos y opacos, atraviesa la vida cotidiana: automóviles, televisores, teléfonos, motores de búsqueda y plataformas de compra, entre otros. Muchas de estas tecnologías ya son utilizadas por las organizaciones de la sociedad civil en su labor.

Uno de los principales retos es acelerar la gobernanza interna para un uso ético, responsable y seguro, evitando caer en la lógica de modelos de negocio basados en el capitalismo de vigilancia y la manipulación del usuario.

Para analizar, proponer y convocar a la acción en torno a un uso ético de la IA, las organizaciones de la sociedad civil y los organismos internacionales que tutelan los derechos deben empezar por casa: regular su propio uso de la IA con criterios éticos, responsables y seguros, en coherencia con su mandato y con estándares de diligencia debida y rendición de cuentas.

7. UNESCO, marco para una debida diligencia en la adopción y uso de la IA

La Recomendación sobre la Ética de la IA de la UNESCO (2021) es una guía fundamental para establecer un marco integral de adopción de la IA.[5] Las organizaciones de la sociedad civil deben atender su enumeración de valores, principios y ámbitos de acción, incluidos evaluación de impacto ético, gobernanza y administración ética y política de datos (arts. 48 a 130). De este modo, el movimiento de derechos humanos puede desarrollar instrumentos de debida diligencia y evaluaciones de impacto en derechos humanos a lo largo de todo el ciclo de vida de la IA (Crawford, 2021).

La UNESCO fundamenta sus recomendaciones en la dignidad humana, la centralidad de los derechos humanos, la igualdad de género, la diversidad, la inclusión, la justicia social y el desarrollo sostenible, así como, entre otros, en los principios de privacidad, intimidad y control de los datos personales; e insta a crear marcos que acompañen el rápido avance tecnológico.

Respetando el marco conceptual de este artículo, no abordaremos todos los principios de la Recomendación. En esta ocasión nos enfocaremos en cómo las organizaciones de derechos humanos deben llevar a cabo la debida diligencia para la adopción y uso de la IA.

Para incorporar una debida diligencia eficaz es preciso seguir una metodología rigurosa y por etapas. Durante la selección e implementación, conviene fomentar la participación de las personas usuarias dentro de la organización y de las comunidades a las que sirve. Esto ayuda a

5. La **Recomendación sobre la Ética de la Inteligencia Artificial** fue adoptada por unanimidad por los 193 Estados miembros de UNESCO en noviembre de 2021. Se trata del *primer instrumento normativo global sobre IA*, y aunque no es vinculante (*soft law*) como un tratado, marca un consenso político sobre cómo encauzar la IA en consonancia con los derechos humanos, la dignidad y el bienestar.

alinear la tecnología con necesidades y valores locales y a evitar que sus resultados perpetúen desigualdades.

En una fase de preparación, es necesario evaluar para qué se requiere una solución de IA y si existe una alternativa menos intrusiva. El enfoque debe ser multidimensional: estamos ante un fenómeno que impacta toda la cultura organizacional; no es solo un asunto jurídico o técnico. En un segundo momento, hay que identificar beneficios, problemas y riesgos, sesgos discriminatorios, vulneraciones a la privacidad, desinformación, entre otros, para elaborar un plan de prevención, mitigación y seguimiento.

En tercer lugar, recordemos que la IA depende críticamente de los datos. No se trata de cualquier información: se requiere una política de datos que garantice calidad y confiabilidad, así como la ciberseguridad de todo el proceso. Al adquirir herramientas de IA, deben aplicarse criterios de debida diligencia al proveedor: transparencia, explicabilidad y auditabilidad del algoritmo; ubicación y residencia de los datos (servidores), y impacto ambiental.

En cuarto lugar, las decisiones más relevantes que un sistema de IA pudiera apoyar tienen implicaciones éticas, a quién contratar, qué préstamo otorgar, incluso qué vida salvar. Por ello, toda decisión que afecte derechos debe mantener supervisión y decisión humanas: *human-in-the-loop* (Crootof, Kaminski, y Price, 2023). Aquí resultan clave una alfabetización digital continua mediante programas de capacitación y la adopción de protocolos de uso seguro para todo el personal.

La debida diligencia no termina con la implementación. Una vez en marcha, es necesario monitorear, evaluar y corregir cualquier vicio en la aplicación. Se recomiendan auditorías periódicas internas y externas que permitan decidir si continuar o retirar el uso del sistema ante hallazgos críticos. Finalmente, todo el aprendizaje debe sistematizarse en lecciones aprendidas y comunicarse el impacto en las comunidades donde se aplica (UNESCO, 2021, Sección V).

En suma, la Recomendación de la UNESCO ofrece un marco ético integral que va desde valores (dignidad, justicia) hasta acciones prácticas (auditorías, marcos regulatorios). El reto, sin embargo, está en pasar de la declaración a la acción: aún muchos gobiernos y empresas implementan IA sin marcos claros, y la sociedad civil todavía no cuenta en todos los casos con las capacidades y recursos necesarios para acompañar, vigilar y corregir su uso.

8. El CAIO en una organización de derechos humanos: estrategia, gobernanza y ROI social

La inteligencia artificial puede generar errores, mal llamados "alucinaciones", o ser objeto de manipulación por terceros, creando responsabilidades que pueden dañar la reputación de las organizaciones. En una organización de derechos humanos, la creación del cargo de *Chief Artificial Intelligence Officer* (CAIO) es fundamental para salvaguardar su reputación, prevenir riesgos, y garantizar un uso ético, seguro y responsable de esta tecnología. El CAIO no es simplemente el o la técnico informático/a ni la persona encargada de ciberseguridad, sin embargo, tienen que dialogar y coordinar entre todos esos puestos.

Ya sea en una escuela, un hospital o una organización de la sociedad civil, todas se benefician de contar con este perfil especializado. Uno de los retos es la escasez de talento; por ello el rol puede parecer costoso y su retorno de inversión (ROI, *return on investment*) poco evidente. Aun así, estimaciones del sector privado señalan incrementos de productividad del 10 % al 30 % cuando se incorpora una estrategia de IA bien gestionada (IBM y DFF, 2025).

Una vez tomada la decisión de incorporar un CAIO, la Dirección Ejecutiva o el Consejo Directivo debe definir con claridad su mandato, otorgándole autoridad transversal para superar obstáculos, impulsar la adopción de la IA y conducir el cambio organizacional. Como responsable de la estrategia de IA, el CAIO debe liderar desde el inicio (no sólo sumarse en fases posteriores) y trabajar con todas las áreas para desarrollar estrategias de prevención, corrección y control de daños en futuras implementaciones.

El puesto de CAIO es clave porque define la estrategia, dirige la implementación, gestiona el presupuesto, capacita al personal, identifica el talento y orquesta el cambio en toda la organización.

En organizaciones de derechos humanos, el ROI no se reduce a ingresos: incluye efectividad de incidencia, reducción de riesgos para titulares de derechos, eficiencia operativa, calidad probatoria y rendición de cuentas. El CAIO traduce los objetivos de misión en casos de uso priorizados (p. ej., detección de patrones de abuso, gestión probatoria, atención a víctimas con salvaguardas), alinea la tecnología con principios de derechos humanos y asegura gobernanza responsable —en coherencia con la Recomendación de la UNESCO y la debida diligencia tratadas arriba.

Dado el contexto de recursos limitados, las OSC pueden optar por un CAIO fraccional: un servicio compartido y coordinado entre varias organizaciones para distribuir costos, compartir buenas prácticas y maximizar beneficios públicos, a diferencia de lógicas de competencia propias del sector privado.

9. Conclusión

Las organizaciones de derechos humanos enfrentan un doble imperativo. Por un lado, aprovechar la IA para amplificar su impacto y, por el otro, contener sus riesgos para proteger la dignidad de las personas y salvaguardar la democracia y el estado de derecho. Es en este escenario que el CAIO funge como acelerador de valor y garante de gobernanza cuando actúa en tándem con el cuerpo de gobierno de la organización, mientras que la debida diligencia inspirada en la Recomendación de la UNESCO (2021) aporta un proceso operativo y auditable para decidir si, cómo y con qué salvaguardas implementar IA en clave de derechos.

Como ha quedado demostrado, la IA es transformadora, pero no neutral; su despliegue se ha entrelazado con modelos de negocio basados en la extracción masiva de datos (Zuboff) y la manipulación del comportamiento (Lanier), generando riesgos sistémicos. Superar esta tensión exige institucionalizar la gobernanza interna. Para ello, el CAIO traduce la misión en casos de uso priorizados, alinea la tecnología con principios de derechos humanos y coordina el talento humano. Cuando los recursos son limitados, un CAIO fraccional puede escalar estas capacidades en redes solidarias.

Así, los beneficios de la IA pueden apoyar, de forma ética y responsable, la misión de proteger los derechos de las personas, al tiempo que salvaguardan la seguridad institucional y minimizan los riesgos reputacionales derivados de posibles incidentes.

Referencias

Cambero, F. (2025). Latin American countries to launch own AI model in September. Reuters., disponible en https://www.reuters.com/world/americas/latin-american-countries-launch-own-ai-model-september-2025-06-17/?utm_source=chatgpt.com

Crawford, K. (2021). Atlas of AI: Power, Politics, and the Planetary Costs of Artificial Intelligence. New Haven: Yale University Press.

Euronews. (2024). Who in Europe is investing the most in artificial intelligence?, disponible en https://www.euronews.com/business/2024/04/29/who-in-europe-is-investing-the-most-in-artificial-intelligence

Goodman, R. (2018). Why Amazon's Automated Hiring Tool Discriminated Against Women. ACLU, News anc. Commentary., disponible en https://www.aclu.org/news/womens-rights/why-amazons-automated-hiring-tool-discriminated-against

Google (2024). AI in Action: Accelerating Progress Towards the Sustainable Development Goals, Report Brief by Brigitte Hoyer Gosselink et all., disponible en: https://static.googleusercontent.com/media/publicpolicy.google/en//resources/research-brief-ai-and-SDG.pdf

Hao, K. (2025). Empire of AI: Dreams and Nightmares in Sam Altman's OpenAI. New York: Penguin Press.

Harari, Y. (2024). Joandomènec R. (traductor). *Nexus: Una breve historia de las redes de información desde la Edad de Piedra hasta la IA*. Primera edición, Colombia: Debate / Penguin Random House Grupo Editorial.

IBM Institute for Business Value and Dubai Future Foundation (DFF). (2025). Solving the AI ROI puzzle How Chief AI Officers cut through complexity to create new paths to value. Research Insights., disponible en: https://www.dubaifuture.ae/insights/solving-the-ai-roi-puzzle/

ISO, sitio web: https://www.iso.org/es/home

Jaimovich, D. (2019). Apple Card: acusaron al sistema de utilizar un algoritmo sexista que favorece a los hombres. INFOBAE., disponible en: https://www.infobae.com/america/tecno/2019/11/11/apple-card-acusaron-al-sistema-de-utilizar-un-algoritmo-sexista-que-favorece-a-los-hombres/

Lanier, J. (2013). *Who Owns the Future?. New York:* Simon & Schuster., Chapter 9: From Above Misusing Big Data to Become Ridiculous, pp. 107 – 120.

Lanier, J. (2018). *Ten Arguments for Deleting Your Social Media Accounts Right Now*. New York: Henry Holt and Company.

Larson, J. Mattu, S., Kirchner, L y Angwin, J. (2026). How We Analyzed the COMPAS Recidivism Algorithm, Pro Publica, May 23, 2016, Disponible en https://www.propublica.org/article/how-we-analyzed-the-compas-recidivism-algorithm

McKinsey. (2024). AI for social good: Improving lives and protecting the planet, Report, May 10, 2024, disponible en https://www.mckinsey.com/capabilities/quantumblack/our-insights/ai-for-social-good#/

Nahae Kim, N. (2025). Deepfakes and Democracy: Free Speech vs. Election Integrity. Columbia Library Journals., disponible en https://journals.library.columbia.edu/index.php/stlr/blog/view/669

OECD, Inteligencia Artificial, micrositio en https://www.oecd.org/en/topics/artificial-intelligence.html

Ortalda, A. and De Hert, P. (2023). Artificial Intelligence Human Rights Impact Assessment, en Quintavalla, A., editor. Artificial Intelligence and Human Rights. Edited by Jeroen Temperman, UK: Oxford University Press.

Quintana, F. (2025). Inteligencia Artificial: ¿Y qué de la ética? Radio Global Coach. webinar. disponible en: https://www.youtube.com/watch?v=i7zOt-mKanZY&t=1s.

Quintana, F. (2025:NYU). Las organizaciones sin fines de lucro y la espada de doble filo de la IA, Open Global Rights, NYU, Mayo 2025, disponible en: https://www.openglobalrights.org/nonprofits-and-the-double-edged-sword-of-AI/?lang=Spanish

Sánchez Caparrós, M. (2025). Inteligencia Artificial y discriminación Evaluación de la idoneidad de los estándares constitucionales de igualdad y no discriminación frente a los impactos de la Inteligencia Artificial. Buenos Aires: Albremática.

Smuha, N. Yeung, K. (2025). The European Union's AI Act: Beyond Motherhood and Apple Pie? in Smuha N. editor. The Cambridge Handbook of the Law, Ethics and Policy of Artificial Intelligence. Cambridge University Press.

Tabachnick, C. (2025), OpenAI says changes will be made to ChatGPT after parents of teen who died by suicide sue, CBS News., disponible en: OpenAI says changes will be made to ChatGPT after parents of teen who died by suicide sue–CBS News.

TeleSur. (2025). Cecilia: la inteligencia artificial cubana que quiere hablar como su pueblo., disponible en https://www.telesurtv.net/cecilia-la-inteligencia-artificial-cubana/

The Guardian (2018). Myanmar: UN blames Facebook for spreading hatred of Rohingya. Nota Reuters., disponible en https://www.theguardian.com/technology/2018/mar/13/myanmar-un-blames-facebook-for-spreading-hatred-of-rohingya.

UNESCO (2021). Recomendación sobre la ética de la inteligencia artificial. adoptada el 23 de noviembre de 2021. Artículos 44 y 45.

Vazquez Llorente, R., Gildea R., Anlen, S. (2024). Audiovisual Generative AI and Conflict Resolution: Trends, Threats and Mitigation Strategies. WITNESS.

Welle, E. (2025). Switzerland releases its own AI model trained on public data. The Verge, disponible en: https://www.theverge.com/ai-artificial-intelligence/770646/switzerland-ai-model-llm-open-apertus

Zuboff, S. (2019). *The Age of Surveillance Capitalism: The Fight for a Human Future at the New Frontier of Power*. New York: PublicAffairs.

Inteligencia Artificial en juzgados y tribunales. Aspectos relevantes para su uso e implementación

Rubén Darío Fuentes Reyes[1]

Resumen: El uso ético y responsable de la Inteligencia Artificial en América Latina (IA), requiere un análisis multidimensional de las áreas de influencia, no sólo a partir de la perspectiva de desarrolladores y usuarios finales, también es importante la actuación de todas aquellas organizaciones y personas que se encuentran en una parte intermedia en el uso de sistemas o modelos de IA, así como en cada una de las etapas del ciclo de vida de estos. El área jurisdiccional entendida como toda aquella donde se solucionan controversias o se siguen procedimientos mediante la intervención de un órgano jurisdiccional, no debe ser ajena a ese uso ético y responsable para el que es necesaria, pero no suficiente, la inquietud o curiosidad intelectual de las personas juzgadoras, además se requiere la intervención de un grupo multidisciplinario que coadyuve durante todo el ciclo de vida de los modelos o sistemas de inteligencia artificial que sean utilizados por juzgados y tribunales. En este trabajo son señalados algunos aspectos relevantes que permiten un uso más responsable y ético de la IA, a las instituciones y a los operadores del Derecho que intervienen ante y dentro de órganos jurisdiccionales.

Palabras clave: Inteligencia Artificial (IA) · derecho · órganos jurisdiccionales (juzgados y tribunales) · ética · responsabilidad

1. Maestro en Derecho, Doctorando en Derecho por la Universidad Nacional Autónoma de México y primera persona Juzgadora en Latinoamérica certificada como Oficial de Cumplimiento en Inteligencia Artificial (Chief AI Officer) de White Bx Project, México.

1. Introducción

Una manera de comprender el papel de la IA en el Derecho requiere para mayor claridad distinguir tres concepciones o dimensiones que guardan relación entre sí, y que en el razonamiento jurídico son identificables. Se trata de las dimensiones, formal, material y pragmática.

La concepción formal de la argumentación, parte de la lógica estándar proposicional, por lo que adquiere relevancia un esquema integrado por premisas y conclusión, conformados por enunciados que no se interpretan, o dados en una forma abstracta en la que el problema central no radica en su interpretación. Lo relevante para esta concepción es la forma o la estructura, como puede ser la de un silogismo, por lo que el énfasis se pone en el aspecto sintáctico del lenguaje y en la inferencia, sin que resulte importante la verdad o corrección de las premisas y de la conclusión. Los criterios de corrección con los que opera son de carácter formal, sólo se analiza si un argumento es válido, con base en reglas de inferencia, basadas exclusivamente en la forma o la estructura, por ejemplo, si se ajusta a la forma de un *modus ponens* en la lógica tradicional. El uso de la lógica formal en esta concepción nos ofrece un esquema para la justificación de las decisiones (Cfr. Atienza, M., 2006, pp. 89-90).

La concepción material da importancia al contenido de los enunciados con los que se integra el argumento, esto es, las premisas y la conclusión son enunciados interpretados, esto implica que el operador del derecho se compromete con la validez de la norma (por formar parte del sistema jurídico y existir la obligación de aplicarla, o con determinada interpretación vinculante) y con la verdad de los hechos (que el hecho o hechos se encuentran probados al existir elementos fiables que corroboren su existencia bajo el estándar de suficiencia exigido por la norma, tomando en cuenta para ello a Ferrer, J. (2005, p. 27 y ss.; y, 2007, p.139 y ss.). De esta forma el operador de derecho puede formular una conclusión igualmente comprometida y relacionada con un criterio de verdad o corrección, al igual que la premisa mayor o normativa y menor o fáctica en las que se sustenta. Esta concepción permite diferenciar casos fáciles o difíciles en cuanto a la justificación de la premisa mayor (problemas de interpretación) o menor (problemas en materia de hechos)[2]. Una de las finalidades de la concepción material es ir más allá de la presentación de un esquema del argumento, ya que busca la justificación del contenido del argumento bajo criterios que permiten evaluarla en cuanto a su corrección o verdad, como resulta a través de máximas de experiencia, principios morales aceptados de manera uniforme en un contexto determinado, leyes, etc. (Atienza, M., 2006, pp. 91-92).

La concepción pragmática tiene como punto relevante los enunciados aceptables por un auditorio integrado por los destinatarios más próximos, como son las partes en un juicio, los abogados litigantes del caso, órganos revisores, a otros más distantes como personas estudiosas especialistas o la sociedad. En esta dimensión se encuentra la dialéctica, guiada por criterios de carácter procedimental, como debe suceder en el procedimiento contradictorio, en el que la persona juzgadora bajo ciertos lineamientos permite la exposición de una pretensión, su eventual contradicción, el ofrecimiento y desahogo de pruebas, así como la formulación de alegatos, para resolver un asunto determinado; y la retórica, donde si bien no hay reglas procedimentales, lo relevante es la existencia de un orador que a través de su discurso busca convencer acerca de lo que propone o desvirtuar la propuesta de la contraparte, ello bajo un principio de buena fe; con la retórica se busca la persuasión sobre lo verdadero (Atienza, M., 2006, pp. 92-94) o lo que encierra un aspecto de bondad, pues de no tomarlos en cuenta se trataría de erística.

2. Al respecto es relevante la clasificación de Neil MacCormick en Atienza, M., 2008, p. 112 y ss.; y Martínez, D., 2010, p. 25 y ss.

Cada una de estas dimensiones, formal, material y pragmática, está relacionada con un valor básico de los sistemas jurídicos. La dimensión formal con la certeza, la material con la verdad y la justicia, y la pragmática con la aceptabilidad y el consenso, de tal manera que en conjunto se pueda construir una argumentación con la forma adecuada, integrada por buenas razones, que sea aceptable o aceptada por un determinado auditorio integrado en el caso de la actividad jurisdiccional por las partes, revisores, abogados del foro, estudiosos del Derecho sobre el tema que trata la decisión jurisdiccional y eventualmente la sociedad (Atienza, M., 2006, p. 97).

Estas dimensiones tienen mayor o menor preponderancia dependiendo de la actividad o papel de las personas con relación a la administración de justicia. Así, siguiendo a Atienza (2006, p. 97) existe mayor preponderancia de la dimensión material y pragmática para los abogados que actúan ante los órganos jurisdiccionales por su carácter dialéctico, al defender una posición frente a otra parte en juicio, y un carácter retórico que implica la construcción de un discurso o argumentación tendente a convencer a una persona juzgadora o personas que integran un jurado para obtener una decisión favorable a su cliente. En otros casos la concepción formal adquiere mayor relevancia en el estudio teórico de la actividad de los órganos jurisdiccionales cuando se analiza las determinaciones de las personas juzgadoras en cuanto a su texto o la motivación con la que se ha hecho objetiva la decisión escrita u oral, esto con un propósito del estudioso que puede ser descriptivo o teórico. Por su parte, la persona juzgadora debe tener presente que su labor no puede limitarse a satisfacer la dimensión formal con una determinación que satisfaga esquemas válidos en términos de lógica formal o deductiva, pues sólo cumpliría con tener un esquema de su argumento. Tampoco se cumpliría si se toma en consideración únicamente la elaboración de sentencias que resulten aceptables o plausibles por la colectividad, sea cualquiera de las partes, abogados, revisores o la sociedad, la aceptación o popularidad no es el criterio último. Es necesario que las determinaciones de los órganos jurisdiccionales se encuentren motivadas conforme a Derecho, con base en criterios de racionalidad que no pueden prescindir de la noción de verdad o corrección (Atienza, M. 2006, p. 98).

Las anteriores dimensiones dan cuenta del Derecho entendido como labor argumentativa tendente a la solución de problemas jurídicos y permiten identificar determinadas personas con papeles relevantes como son las personas dedicadas al estudio teórico, abogados litigantes y personas juzgadoras. Sin embargo, es necesario destacar que, en la administración de justicia en juzgados y tribunales entendida como una construcción colectiva, intervienen además de las personas juzgadoras, otros operadores, como son letrados, secretarios, oficiales. Adicionalmente a los litigantes existe la intervención de terceros, autoridades, peritos, *amicus curiae*, cada uno con una vocación específica dentro de los procedimientos jurisdiccionales. En la academia igualmente, no solo encontramos expertos consumados en su área de especialización, sino a todas las personas que en diferentes niveles de preparación o áreas de estudio procuran el conocimiento de temas resueltos por órganos jurisdiccionales incluidas las personas que no cuentan con una formación jurídica especializada, pero cuya actuación es relevante para solucionar otros problemas de determinado núcleo social o darlos a conocer a la sociedad, como es la actividad de medios de comunicación, asociaciones y organizaciones civiles con personas integrantes no expertas. Finalmente encontramos órganos de administración, consejos de la magistratura, secretarías, ministerios o comisiones que son los entes encargados de proporcionar las herramientas que hacen posible la administración de justicia, entre otras los modelos o sistemas de IA que coadyuven con las exigencias que tienen los Estados de satisfacer el derecho de acceso a la jurisdicción o de tutela judicial efectiva y a un recurso efectivo, previstos en sus constituciones y tratados internacionales aplicables como la Convención Americana sobre Derechos Humanos, o Pacto de San José, en el caso de Latinoamérica (artículos 8 y 25). La utilización de sistemas o modelos de IA implica diferentes tareas, en las que las personas y entes mencionados son los potenciales usuarios finales y contratantes, a los que debe sumarse la actuación de otras personas o entes relevantes a lo largo del ciclo de vida de un sistema o modelo de IA.

Para ello debemos entender que un sistema o modelo de IA es un programa que cuenta con un algoritmo con la capacidad de aprender, razonar y tomar decisiones a partir de un conjunto de datos o información con el que se le ha entrenado. La capacidad del sistema o modelo de aprender patrones y la manera en que se vincula la información le permite predecir o decidir ante contextos que le resultan inéditos de información o datos. Debe tenerse claro que la IA es un área de estudio muy amplia y otra son los sistemas, modelos o programas que buscan emular la capacidad del ser humano de aprender, razonar y tomar una decisión.

Asimismo, las fases identificables que componen el ciclo de vida de un sistema o modelo de IA son en términos generales la definición del problema o necesidad a satisfacer; la recopilación y procesamiento de datos; el diseño del modelo que implica su estructuración, selección del modelo idóneo así como su entrenamiento; su prueba, evaluación y ajuste o mejora; su implementación y despliegue; control de su funcionamiento (monitoreo), actualización o mejora; y, conclusión de su operación en caso de ser necesaria.

Lo anterior evidencia la intervención de diferentes personas o entes como son desarrolladores, contratistas, un ente público contratante, terceros auditores, un comité multidisciplinario al interior del órgano administrativo de los juzgados y tribunales (órganos de administración judicial, consejos de la magistratura o judicatura, etc.), así como personas encargadas dentro de esos órganos de ser contralores respecto del cumplimiento ético y responsable de los principios y normas que rigen en materia de IA, en forma continua e ininterrumpida.

El propósito de este apartado es destacar que el Derecho entendido como una actividad argumentativa, dentro de los órganos jurisdiccionales implica varias tareas para los operadores internos y externos, a los que debe sumarse otras personas o entes relevantes para el diseño, desarrollo, implementación, mantenimiento, actualización y conclusión en el uso de sistemas o modelos de IA. El siguiente apartado debe anticiparse que tiene como objetivo arribar, entre otros aspectos, a la misma conclusión a partir de un análisis a una escala menor, entendida como las labores que implica el Derecho en la administración de justicia, al interior de juzgados y tribunales, en las tareas concretas que realizan las personas involucradas en el desarrollo de juicios y procedimientos, a partir de dos regiones que encabezan en la materia, con similitudes relevantes para México y otros países de Latinoamérica.

2. Aspectos básicos de un uso ético y responsable de la Inteligencia Artificial (IA) por los operadores del Derecho ante juzgados y tribunales

El uso de sistemas o modelos de IA en los órganos jurisdiccionales puede permitirles mejorar en la eficiencia, eficacia y accesibilidad del derecho de acceso a la jurisdicción o a la tutela judicial efectiva; igualmente, puede contribuir a la transparencia y publicidad legalmente permitida en el trámite de juicios y procedimientos ante dichos órganos.

Algunos modelos de IA se encuentran actualmente al alcance de casi cualquier dispositivo como puede ser una computadora, tableta o teléfono con acceso a internet, sin embargo su uso en actividades de administración o impartición de justicia no debe considerarse trivial o de bajo riesgo, es necesario contar con regulaciones para evitar errores, abusos, proteger los derechos de las personas, en un ambiente de transparencia, con respeto a derechos como son los relativos a la privacidad y protección de datos personales. En este apartado se abordará el estudio de la reglamentación del uso de IA en la administración de justicia en la Unión Europea y en Estados Unidos de América que sirven de referente para entender el estado de la cuestión en la actualidad a nivel internacional y en la región.

Unión Europea (UE)

La UE tiene un enfoque progresista respecto del uso de la IA en la impartición de justicia. Tiene como directrices el uso ético y respetuoso de los derechos de las personas. Con relación a los sistemas judiciales resultan relevantes las siguientes regulaciones:

- Reglamento General de Protección de Datos (GDPR). La UE tiene una regulación estricta sobre el manejo de datos personales, lo que afecta directamente el uso de IA en el ámbito judicial. Esto significa que cualquier sistema basado en IA que procese datos sensibles debe cumplir con las estrictas normas en esa materia.
- Ley de IA. El 13 de marzo de 2024, el Parlamento Europeo, aprobó la Ley de Inteligencia Artificial, la cual entró en vigor[3] el 1 de agosto de 2024, y es la primera ley en el mundo sobre inteligencia artificial, que busca reducir los riesgos en su utilización. Los sistemas de IA con alto riesgo, como aquellos utilizados en decisiones judiciales, deben ser transparentes, auditables y los usuarios deben ser informados de su uso.

Asimismo, pueden abstraerse principios relevantes que rigen el uso de la IA en la actividad jurisdiccional en la UE, con base en las regulaciones vigentes y propuestas en vía de aprobación:

Principio de legalidad y transparencia. Implica que los sistemas o modelos deben ser auditables y comprensibles en cuanto a su uso o funcionamiento para los operadores de derecho y personas usuarias. Esto conlleva que en caso de ser requerido, el algoritmo sea explicable y que el proceso de toma de decisiones automatizado sea accesible para que se pueda entender cómo llegó a determinada conclusión. Desde luego debe tenerse también en cuenta que lo anterior debe operar en armonía

3. En algunos aspectos, en otros se estableció una *vacatio legis* o periodo de espera de cinco años. Aunque se le conoce o denomina como ley, se trata formalmente del Reglamento (UE) 2024/1689.

con la normatividad que rige en materia de derechos de autor o propiedad industrial dependiendo el Estado.

Este principio se encuentra relacionado con el principio de explicabilidad y transparencia de datos. El primero consiste en que los algoritmos deben encontrarse en aptitud de ser explicados en los términos más sencillos posibles, de tal forma que las personas juzgadoras y partes involucradas en la impartición de justicia entiendan cómo son tomadas las decisiones por los modelos de IA. Esto hace necesario que la justicia auxiliada por la IA sea impartida apegada a la ley, además de forma perceptible y entendible.

Por su parte, la transparencia de datos exige que estos deben ser claros, accesibles y estar sujetos a la normativa en materia de protección de datos, los que además deben ser verificables y auditables para evitar sesgos o errores, como el fenómeno de alucinación, que acontece con la creación de pruebas o precedentes inexistentes en el ámbito jurisdiccional.

- Principio de no discriminación y equidad. Los modelos de IA en la administración de justicia deben garantizar la igualdad de trato y evitar la discriminación, bajo cualquier categoría como la raza, el género, la religión, origen étnico, etc. Esto es de especial relevancia, pues en diferentes ámbitos y no solamente el jurisdiccional los sesgos han representado un reto importante a nivel global, ya que pueden acontecer en función de los datos con los cuales son entrenados los sistemas.

  Con relación a este principio es relevante evitar el sesgo algorítmico en los procesos de decisión, para procurar que ante determinados datos o información ingresada en el sistema el resultado sea imparcial. Para ello puede servir la detección y corrección de errores de esa índole una vez que ha entrado en funcionamiento o con antelación como puede suceder mediante pruebas de imparcialidad, lo que implica la necesidad de probar y auditar los sistemas de IA. Esto sirve para conducir al siguiente principio.

- Principio de responsabilidad y supervisión humana. Es necesario que exista una persona a la cual se pueda adscribir responsabilidad en la toma de decisiones de carácter judicial. Tradicionalmente en ausencia de sistemas o modelos de IA es la persona juzgadora, y con ellos también, pues aquellos están concebidos como herramienta y no un sustituto, de una persona con la capacidad de evaluar y decidir con efectos vinculantes, aptos para producir un resultado institucional, que trasciende a la vida de una, miles o millones de personas.

  Las personas juzgadoras son las que dentro de una sociedad o los diferentes Estados son las responsables de las decisiones tomadas en ejercicio de la potestad jurisdiccional, como un medio que permite garantizar un ejercicio regular de la función de juzgados y tribunales. Ante la existencia de esta responsabilidad final, también se hace necesaria una supervisión y control por parte de una persona humana para verificar y auditar el uso de IA, que evite la presencia o disminuya el margen de error algorítmico a un mínimo o el mal funcionamiento del sistema. Esta responsabilidad se anticipa que se desarrolla en el siguiente apartado, aunque es pertinente adelantar que corresponde a una persona distinta de la juzgadora, experta en materia de contraloría de modelos o sistemas de IA y con el suficiente nivel de comprensión de la función jurisdiccional para brindar ese enlace que permita hacer factible la auditoría y control.

- Principio de protección de datos y privacidad. Como derechos fundamentales su tutela no es la excepción en el ámbito de la IA aplicada a los sistemas judiciales, ya que constituyen un aspecto fundamental en el uso de la IA. En el caso de la UE cualquier sistema o modelo que procese datos personales debe cumplir con la normativa en materia de protección de datos, como es el Reglamento General de Protección de Datos (RGPD), con el cual se procura la salvaguarda de datos sensibles e información personal. Las personas tienen el derecho a conocer cuál es el uso de su información personal y a oponerse al uso de algoritmos inapropiados o injustos. Otra directriz que deriva de este principio es el uso mínimo de datos, a tal grado que sólo deben recopilarse aquellos que son estrictamente necesarios. Asimismo, el uso de datos de entrenamiento debe realizarse con resguardo de la identidad de las personas o bajo un esquema de uso anónimo.

- Principio de proporcionalidad. Los sistemas o modelos de IA deben utilizarse de una forma que no rebasen los límites necesarios para la consecución de los objetivos de eficiencia y mejora del sistema judicial en la UE.

  Como consecuencia de ello, se propone un uso limitado de la IA, para tareas donde aporte un valor real a la labor jurisdiccional, como puede ser la gestión de casos o automatización de tareas repetitivas, con un bajo nivel de incertidumbre, no así en decisiones de casos difíciles que requieren un razonamiento o argumentación humana compleja. Para ello sirve lo desarrollado en la sección anterior al tratar acerca de las dimensiones del Derecho entendido como argumentación. Un aspecto relevante con este principio nuevamente es el relacionado con la evaluación de los sistemas de IA, la que debe ser continua o iterativa a fin de que no se produzcan efectos negativos que se traduzcan desde la ineficiencia hasta la producción de resultado o decisiones que trasciendan indebidamente a los derechos de las personas.

- Principio de accesibilidad y participación. El uso de sistemas de IA en la impartición de justicia debe ser accesible a todos, no a unas cuantas personas juzgadoras, menos aún a unos cuantos justiciables o terceros relacionados con los juicios o procedimientos, especialmente para los grupos más vulnerables. Igualmente, debe procurar la participación ciudadana garantizando que las personas puedan interactuar de manera efectiva con los modelos o sistemas.

Este principio en la UE implica la accesibilidad para todos los ciudadanos, procurando que la limitación de conocimientos digitales o de recursos no sea una barrera. También a las personas debe procurárseles información clara sobre cómo se está utilizando determinada tecnología para el tratamiento de su caso.

- Principio de innovación responsable. La innovación tecnológica debe ser promovida con garantía del interés público y los derechos de las personas, durante el diseño, implementación y evaluación a fin de reducir los riesgos y optimizar los beneficios para la justicia y la sociedad.

  Como consecuencia de ello los sistemas o modelos deben ser producto de una investigación y desarrollo ético que apunten a las anteriores directrices, mediante mecanismos de prevención de uso indebido. Igualmente se promueve una colaboración interdisciplinaria con expertos en derecho, ética, tecnología y derechos humanos para que los desarrollos se ejecuten de manera responsable y adecuada para su implementación en el sistema judicial.

- Principio de auditabilidad y control externo. Los sistemas o modelos de IA deben ser auditables con la capacidad de ser examinados por autoridades o entes certificados independientes en cuanto al cumplimiento de estándares legales y éticos. Esta auditoría debe ser continua y no circunscribirse a un solo momento en el desarrollo de los sistemas, la cual es instrumental para mantener la confianza pública o de la sociedad.

Estados Unidos de América (EE. UU.)

En EE. UU. el uso de la IA no está regulado de manera uniforme en sus Estados, aunque algunos de ellos han establecido iniciativas locales y a nivel federal se ha emitido cierta guía para su uso[4]. El uso de la IA en el sistema judicial de dicho país tiende a la mejora en la eficiencia del aparato de impartición de justicia.

En Estados como California la IA es utilizada para la predicción de riesgos de reincidencia como auxiliar en la determinación de penas o medidas cautelares como el software COMPAS (Correctional Offender Management Profiling for Alternative Sanctions). Sin embargo, este sistema y otros similares utilizados en ese país han mostrado sesgos basados en el grupo étnico de las personas desfavoreciendo más a afroamericanos y latinos, lo que eventualmente se soluciona mediante supervisión. En el Estado de Nueva York se considera legislar en la materia. Adicionalmente se debe tener en cuenta que se tiene prevista a nivel internacional, pero en EE. UU. cobra especial relevancia la figura del Oficial de Cumplimiento en Materia de IA o *Chief Artificial Intelligence Officer* (CAIO), respecto del que se tratará con posterioridad.

Los principios relevantes que rigen el uso de la IA en la actividad jurisdiccional en EE. UU. se pueden abstraer en términos similares a los de la UE:

- Transparencia y divulgación. Algunos órganos jurisdiccionales requieren que se certifique o se manifieste el uso de IA en escritos, en cambio otros consideran suficiente el régimen actual sin exigencias adicionales. Hay órdenes individuales (por ejemplo, Distrito Norte de Texas, juez Brantley Starr[5]) y órdenes generales (Orden 2025-04 del Distrito Sur de Texas[6]). No es un requisito nacional uniforme.

4. Se encuentra publicada *An introduction to Artificial Intelligence for Federal Judges* (2023). En la administración del Presidente Biden fue emitida la Orden Ejecutiva sobre IA.

5. Véase cita en https://www.texenrls.org/wp-content/uploads/2024/07/A-sampling-of-AI-Court-Orders.pdf (consultada en septiembre de 2025).

6. General Order 2025-04 (2025), Southern District of Texas. Use of Generative Artificial Intelligence in Court Filings.

- Mitigación de sesgos y equidad. Las políticas estatales piden evaluar y reducir sesgos en herramientas de IA para preservar la imparcialidad y la confianza pública (por ejemplo, California[7] y Nueva Jersey[8]).

- Supervisión humana y responsabilidad. La IA no sustituye el criterio judicial. Personas juzgadoras y personal siguen siendo responsables del contenido y los actos realizados con IA, por lo que deben revisar cualquier salida o resultado antes de usarlos. Un ejemplo es la *Statement of Principles* del Poder Judicial de Nueva Jersey[9] que limita la IA a tareas de apoyo y reafirma la autonomía o independencia judicial. Esto implica una tendencia en el alcance permitido del uso por jueces y personal, los lineamientos estatales recomiendan usos "no decisorios" (borradores, organización de información) y prohíben delegar decisiones o realizar investigación fáctica fuera del expediente mediante IA, pues debe recordarse que el sistema norteamericano tiene un pilar en materia probatoria basado en la directriz de no contaminación de quienes habrán de decidir si un hecho está probado (véase principios de Nueva Jersey o buenas prácticas estatales como las de Arizona[10]).

  Otro aspecto relevante con la supervisión humana y responsabilidad es la exigencia de verificación y exactitud de lo presentado al tribunal. Existen órdenes y políticas que exigen revisión humana para evitar citas inexistentes, erróneas, alucinaciones o argumentos infundados. En el Distrito Sur de Texas, una orden general de 2025 regula el uso de IA en presentaciones; a su vez, el Quinto

7. Standard 10.80. Use of generative artificial intelligence by judicial officers (2025).
8. A través de la Guidance on Algorithmic Discrimination and the New Jersey Law Against Discrimination de la División sobre Derechos Civiles de dicho Estado (2025).
9. Statement of Principles regarding the integration of AI technologies in New Jersey courts.
10. Generative Artificial Intelligence Statewide Policy (2024).

Circuito rechazó imponer una certificación uniforme, recordando que las obligaciones existentes -por ejemplo, Regla 11- ya exigen precisión. Por su parte, Illinois permite el uso de IA, pero obliga a verificar y proteger la información sensible[11].

Un punto importante de la supervisión es la seguridad y gestión de proveedores, se requieren controles de ciberseguridad, evaluación de plataformas y términos contractuales (licencias, retención, entrenamiento de modelos con datos judiciales, etc.). Aquí cobra especial relevancia la figura del Oficial de Cumplimiento en materia de IA (CAIO, por sus siglas en inglés).

- Confidencialidad y datos. Este principio en EE. UU. implica que se prohíbe introducir datos confidenciales en herramientas públicas y se exige gobernanza de datos y cuidado contractual con proveedores. California adoptó en 2025 una regla administrativa (Rule 10.430) que obliga a cada tribunal a contar con una política de IA con salvaguardas (confidencialidad, verificación, supervisión). La guía del Centro Nacional para las Cortes Estatales (NCSC por sus siglas en inglés) enfatiza gobernanza y términos *click-through*[12].
- Acceso a la justicia y uso prudente. Órganos como el *National Center for State Courts* (NCSC) recomiendan despliegues graduales, con gobernanza y evaluación de impacto, para mejorar servicios sin comprometer derechos. Sería algo análogo al principio de auditabilidad y control externo de la UE.

Relacionado con este principio se encuentra lo relativo a la Competencia tecnológica y capacitación, pues varios poderes judiciales prevén formación continua en IA para jueces y personal (por

11. Illinois Supreme Court Policy on Artificial Intelligence (2025).

12. Se trata de la *Artificial Intelligence. Guidance por Use of AI and Generative AI in Courts* de 7 de agosto de 2024.

ejemplo, programas de Nueva Jersey y trabajos de comisiones tecnológicas en Florida[13]).

- Reglas Probatorias Federales (*Federal Rules of Evidence* por sus siglas FRE). Actualmente se encuentran en desarrollo, no hay una regla específica o cerrada sobre IA en decisiones, pero sí una propuesta de adición relevante, con la FRE 707 (en consulta pública hasta el 16 de febrero de 2026) que haría que la "evidencia generada por máquina" sin perito cumpla el mismo estándar de fiabilidad que el testimonio experto de la Regla 702, ya existente (fiabilidad de métodos, aplicación, datos suficientes). La publicación oficial de agosto de 2025 recoge esta propuesta.

Lo anterior revela por una parte la pretensión de diferentes autoridades en distintos niveles de gobierno de establecer un marco regulatorio para el uso de sistemas o modelos de inteligencia artificial con relación a la labor de las personas en torno a juzgados, tribunales o cortes. Ello sólo constituye una muestra al tratarse de un área dentro de las múltiples tareas que desarrolla el ser humano donde tiene impacto el uso de sistemas o modelos de IA como lo es también en sectores como la industria, el comercio, la salud, la agricultura, etc. En este punto debe reconocerse que la pretensión de legislar o reglamentar en forma completa e integral a la IA en sus diferentes expresiones es materialmente imposible dada la dinámica de su desarrollo[14], por lo que es necesario contar con la presencia de entes, personas y mecanismos que con agilidad puedan ser contralores

13. Cfr. *Florida Courts Technology Commission 2024 Annual Report* (2025), que cubre el periodo de abril de 2024 a marzo de 2025.

14. Hernández (2024, p. 185) apunta que a nivel global de 2016 a 2022, se presentaron más de mil iniciativas legislativas para regular o estandarizar con principios éticos el uso de IA. A esto debe sumarse que el 2022 ha marcado un parteaguas en uso de la IA en todo el mundo, con el auge en el uso de modelos largos de lenguaje (LLM por sus siglas en inglés) como Chat GPT, lo que ha acentuado la pretensión de legislar un uso adecuado de la IA.

de los modelos o sistemas con los que se hace objetiva la IA, lo que será materia del siguiente apartado.

Más allá del autocontrol, autogestión en la adquisición y uso final de los sistemas o modelos de Inteligencia Artificial (IA). La relevancia de nuevos papeles en las instituciones encargadas de administrar justicia para un uso ético y responsable de la IA

Debe tenerse en cuenta que el uso de sistemas de IA adquirirá cada vez mayor relevancia para permitir que la labor jurisdiccional sea más eficiente, y no quede rezagada a las prácticas, usos y costumbres que datan del siglo XIX o anteriores, que no abonan para que la impartición de justicia sea pronta y expedita. Sin embargo, también debe tenerse en cuenta que existen con el uso de la IA distintos tipos de responsabilidades civil (objetiva-subjetiva), penal, administrativa, etc. Igualmente, se debe tener en cuenta la responsabilidad algorítmica a cargo de quienes diseñan, desarrollan o utilizan sistemas o modelos de IA, a fin de que exista alguien que rinda cuentas respecto del daño o resultados perniciosos del uso de algoritmos en la toma de decisiones.

En la siguiente tabla se muestra una propuesta de distribución de responsabilidades para la adecuada operación de modelos o sistemas de IA en la administración de justicia:

PUESTO	RESPONSABILIDAD
Presidencia o Dirección general del Órgano encargado de la administración de juzgados y tribunales	Organizar, coordinar y decidir en el ámbito de sus atribuciones respecto de acciones que se tomarán al interior de juzgados y tribunales bajo su administración.
Miembros del Órgano o Consejo que en forma colegiada tienen facultades para decidir respecto de órganos jurisdiccionales y su personal	Decidir con suficiente información aspectos trascendentes que marcan la organización y acciones de un poder judicial específico

Comité interno en IA (Supervisor)	Supervisión y contraloría del funcionamiento adecuado del sistema de IA, en cuanto a la forma de operar y los resultados que brinda. Debe ser multidisciplinario o compuesto por personas de diferentes especialidades: ingeniería (como puede ser en sistemas), administración-contaduría, difusión y comunicación (digital), filosofía-ética, derecho (contratación, propiedad intelectual, privacidad, responsabilidad contractual y extracontractual [daños], penal, administrativo-fiscal, finanzas públicas, laboral).
Responsable(s) de tecnologías de la información y ciberseguridad	Proveer un sistema de IA robusto, lo que puede implicar en su caso desarrollar, poner en marcha, verificar su operación estable y atender incidencias, desde el desarrollo hasta el fin de la operación del sistema, esto es, todo el ciclo de vida.
Área jurídica (Abogado)	Brindar asistencia jurídica especializada en los temas con incidencia en la IA, así como la posibilidad de actuar ante entes, dependencias, otros órganos jurisdiccionales, personas físicas y morales relacionadas con la actividad jurisdiccional y de la judicatura o su administración. Capacidad de actuar en MASC (Medios Alternativos de Solución de Controversias) y asesorar en RED u ODR (Resolución Electrónica de Disputas u *Online Dispute Resolution*).
Oficial de Cumplimiento en Inteligencia Artificial	Entender y delimitar el modelo de impartición de justicia. Conocer la carga regulatoria (normativa vinculante, *soft law*, principios y valores con incidencia ética). Prospectiva de casos de implementación y de casos problemáticos. Delimitar responsabilidades. Plan inicial de gestión de crisis. Desarrollar auditorías algorítmicas con ayuda de las diferentes áreas para prevenir problemas o crisis probables.
Gestor de crisis	Especialista en la gestión de crisis al interior de la organización con motivo de la operación del sistema de IA.
Auditor externo	Auditorías periódicas y revisión del ciclo permanente, quien elaborará dictámenes claros y transparentes, con propuestas de mejora y prevención.

La anterior tabla muestra diferentes papeles de entes o personas que ya existen dentro del escenario de los poderes judiciales, como es el caso de México donde anteriormente existía un Consejo de la Judicatura Federal, similar en organización a consejos de la magistratura de otros países, y actualmente se cuenta con un Órgano de Administración Judicial, quienes cuentan con una persona que preside o actúan en forma colegiada, dependiendo del tipo de facultades que ejerzan dentro de las cuales se encuentra la reglamentaria. Igualmente se cuenta con personas responsables en áreas de tecnología de la información o informática, una o más áreas con capacidad de gestión y dictamen en materia jurídica o financiera, así como expertos en gestión de crisis al menos a nivel de medios o en su relación con la ciudadanía, otros órganos o poderes, al menos así debería entenderse.

Dentro de los papeles anteriores surgen las figuras del auditor externo que, como su denominación lo indica, no forma parte de la estructura de juzgados, tribunales ni del órgano que los administra, esto a fin de garantizar la imparcialidad en las auditorías o influencia por razón de jerarquía en la organización. En cambio, se cuenta con la figura del Oficial de Cumplimiento en Materia de Inteligencia Artificial que debe sumarse a la estructura orgánica como un contralor interno capaz de entender y delimitar el modelo de impartición de justicia, conocer la normatividad, vislumbrar los casos de implementación sustentable y casos problemáticos en forma preventiva, delimitar responsabilidades, poner en marcha el plan inicial de crisis en la materia y desarrollar o dar seguimiento a las auditorías algorítmicas con el auxilio de las diferentes áreas o terceros externos que permitan la prevención de problemas o crisis en el diseño, desarrollo, puesta en marcha, mejora y conclusión en el uso de sistemas o modelos de IA.

El Oficial de Cumplimiento en materia de IA no surge ante la existencia de un excedente de recursos en las organizaciones[15], sino

15. Hernández (2024, p. 185) refiere "Este puesto no es un simple ajuste a la estructura de la organización, sino que forma parte de los cambios que están

como una respuesta ante la necesidad de optimizar su uso de manera ética y responsable, para hacer frente a las diferentes tareas ordinarias y también frente al fenómeno del auge en el uso de sistemas o modelos de IA propios o ajenos, esto es contratados o no contratados por los órganos encargados de la administración de juzgados y tribunales, que requieren un debido control para un uso que resulte benéfico no solamente para las personas que operan jurídicamente al interior de los poderes judiciales, sino en beneficio de toda la sociedad procurando un estado de Derecho a través de una administración de justicia más comprometida con sus fines[16].

permitiendo un incremento exponencial de la productividad, procurando en todo momento, que la empresa también responda a exigencias éticas que derivan del uso de la IA." En el mismo sentido Ponce (2025) quien recomienda no solamente un marco regulatorio equilibrado (responsable vs. innovación) también el establecimiento de una autoridad en IA con una persona encargada de la dirección y coordinación de acciones respecto al diseño y adopción de la IA en los diferentes sectores (academia, industria, gobierno, sociedad civil).

16. Sólo de manera enunciativa debe tenerse presente que un Oficial de Cumplimiento en IA (CAIO) tiene en cuenta como marco regulatorio entre otros: las Directrices de la OCDE sobre la IA. El cual establece principios en materia de transparencia, seguridad y rendición de cuentas, que sirven de referencia para el sistema jurídico nacional, pues México es miembro de la Organización para la Cooperación y el Desarrollo Económicos. Con ello se tiene un enfoque ético y seguro para el desarrollo de modelos de IA. Con relación a la discriminación algorítmica destacan los principios de crecimiento inclusivo, desarrollo sustentable y bienestar, valores centrados en la persona y en la justicia, transparencia, interpretabilidad y explicabilidad, robustez, seguridad y protección, así como contraloría. Estándares internacionales IEEE-ISO. Corresponden al Instituto de Ingenieros Eléctricos y Electrónicos y de la Organización Internacional de Normalización. Ambos buscan crear estándares globales para la IA que incluyen aspectos éticos, en el diseño e implementación de sistemas autónomos y de IA. Su relevancia radica en la implementación de prácticas de IA coherentes y responsables que pueden ser reconocidas internacionalmente. Dentro

de esas normas destacan: la ISO/IEC 42001 – Sistema de gestión de riesgos; la ISO/IEC 5338:2023 Tecnología de la información–Inteligencia artificial–Procesos del ciclo de vida del sistema de IA; la ISO/CEI 8183:2023 Tecnología de la información–Inteligencia artificial–Marco del ciclo de vida de los datos; la ISO/IEC TR 24027:2021 Tecnología de la información–Inteligencia artificial (IA)–Sesgo en los sistemas de IA y toma de decisiones asistida por IA; la ISO/IEC TR 24030:202 Tecnología de la información — Inteligencia artificial (IA) — Casos de uso; la ISO/IEC TR 24368:2022 Tecnología de la información — Inteligencia artificial — Sistema de gestión. Esta última tiene las siguientes características:

* Proporciona un marco certificable dentro del cual se pueden desarrollar productos IA como parte de un ecosistema de protección social para su uso responsable.
* Ayuda a mejorar la calidad, la seguridad, la trazabilidad, la transparencia y la fiabilidad de las aplicaciones de IA.
* Genera confianza en los sistemas de IA.
* Reduce los costos del desarrollo de IA.
* Es el eje del compliance en IA que puede ser usado por cualquier empresa (pública o privada) de cualquier tamaño.
* Protege a las organizaciones de riesgos reputacionales y cubre las expectativas de protección para clientes, empleados o demás partes interesadas en torno al uso ético y responsable de la IA.

Recomendación sobre la ética de la inteligencia artificial (UNESCO). En este documento se presentan 4 valores y 10 principios, entre los que destacan respecto del fenómeno de la discriminación algorítmica el respeto, protección y promoción de los derechos humanos y libertades fundamentales y la dignidad humana, el relativo a asegurar la diversidad y la inclusividad, así como el relacionado con vivir en sociedades pacíficas, justas e interconectadas. Por su parte, los principios a destacar para evitar la discriminación algorítmica son el de proporcionalidad y no daño, seguridad y protección, justicia y no discriminación, derecho a la privacidad y protección de datos, transparencia y explicabilidad, responsabilidad y contraloría.

A nivel nacional debe tener presente el contenido de la Constitución principalmente en lo que se refiere a los derechos fundamentales implicados con el tema de discriminación algorítmica, directamente el derecho a la igualdad

3. Conclusiones

El uso ético y responsable de la inteligencia artificial en juzgados y tribunales requiere la inclusión de la figura del Oficial de Cumplimiento en Inteligencia Artificial, ya que es insuficiente considerar que las personas que actúan ante los órganos jurisdiccionales o quienes administran dentro de ellos por sí solos se autorregularán y conocerán todos los aspectos evidentes y no evidentes de los riesgos que conlleva el uso de sistemas o modelos de IA, sin el acompañamiento de alguien especializado sobre el tema, que además conoce los anteriores bajo las exigencias de confidencialidad y respeto de normas de orden público e interés social, así como de los derechos fundamentales de la persona como el debido control de la información reservada o de datos personales.

Es necesario que los operadores del Derecho involucrados en la actividad de órganos jurisdiccionales conozcan aspectos básicos sobre el uso ético y responsable de la Inteligencia Artificial (IA); el hecho de que se encuentre al alcance de un gran número de personas en ese conglomerado, no implica que previamente los sistemas o modelos cuentan con las modalidades o restricciones e inclusive sanciones que les corresponde conocer y por su parte, establecer a autoridades debidamente asesoradas en la materia.

Parte de lo desarrollado en este trabajo constituyen apuntes para una guía inicial de los operadores de Derecho inmersos en la actividad

y no discriminación, e indirectamente el derecho de acceso a la información, transparencia y protección de datos personales. También leyes secundarias como la Ley General de Transparencia y Acceso a la Información Pública, la Ley Federal para Prevenir y Eliminar la Discriminación y la Ley Federal de Protección al Consumidor, de estos ordenamientos se pueden obtener normas que pueden resultar aplicables y otras que por contexto -en estricto sentido- son inaplicables, pero es inminente la expedición de normas generales en un sentido similar respecto de los modelos de IA."

jurisdiccional que cuentan con la inquietud e incluso necesidad de ser auxiliados por sistemas o modelos de inteligencia artificial.

Finalmente, debe tenerse presente que la concepción, diseño, construcción, prueba, desarrollo, implementación, uso, mejora y actualización en los modelos de Inteligencia Artificial, exige un acompañamiento y control especializado, multidisciplinario, para que cada una de esas fases sean apegadas a la ética con una correcta asignación de responsabilidades, pues de ello dependerá en una parte que el litigio y la administración de justicia realmente coadyuven a la solución pacífica de controversias dentro de un estado de Derecho.

Referencias

Atienza, M. (2006). *El Derecho como argumentación*. Ariel.

(2008). *Las razones del Derecho. Teorías de la argumentación jurídica*. Instituto de Investigaciones Jurídicas (UNAM).

Baker, J. et al. (2023). *An introduction to Artificial Intelligence for Federal Judges*. Federal Judicial Center.

Ferrer, J. (2005). *Prueba y verdad en el Derecho*. 2ª edición. Marcial Pons.

(2007). *La valoración racional de la prueba*. Marcial Pons.

Hernández, J. (2024). Inteligencia artificial y responsabilidad algorítmica. Apuntes para entender el nuevo sentido del Derecho en *Derechos digitales*, Tirant lo Blanch.

Martínez, D. (2010). *Metodología jurídica y argumentación*, Marcial Pons.

Ponce, H. (2025). Estado actual de la Inteligencia Artificial en México, Secretaría de Ciencia, Humanidades, Tecnología e Innovación y Agencia de Transformación Digital y Telecomunicaciones.

Normativa y documentos legales

Arizona Department of Administration. Generative Artificial Intelligence Statewide Policy (2024), https://aset.az.gov/sites/default/files/2024-03/P2000%20-%20Generative%20AI%20Policy.pdf (consultada en septiembre de 2025).

California Rules of Court. Rule 10.430. Generative artificial intelligence use policies (2025), https://courts.ca.gov/cms/rules/index/ten/rule10_430 (consultada en septiembre de 2025).

California Rules of Court. Standard 10.80. Use of generative artificial intelligence by judicial officers (2025), https://courts.ca.gov/cms/rules/index/standards/Standard10_80 (consultada en septiembre de 2025).

Federal Rules of Evidence, 28 U.S.C. § 601 (2020), https://www.govinfo.gov/app/details/USCODE-2011-title28/USCODE-2011-title28-app-federalru-dup2 (consultada en septiembre de 2025).

Florida Courts Technology Commission 2024 Annual Report (2025), https://www.flcourts.gov/content/download/2452584/file/FCTC%20Annual%20Report%20April%202025.pdf (consultada en septiembre de 2025).

General Order 2025-04 (2025), Southern District of Texas. Use of Generative Artificial Intelligence in Court Filings, https://www.txs.uscourts.gov/sites/txs/files/general-orders/General_Order_2025-04_Use_of_Generative_AI_in_Court_Filings.pdf (consultada en septiembre de 2025).

Guidance on Algorithmic Discrimination and the New Jersey Law Against Discrimination (2025), New Jersey Division on Civil Rights, https://www.nj.gov/oag/newsreleases25/2025-0108_DCR-Guidance-on-Algorithmic-Discrimination.pdf (consultada en septiembre de 2025).

Illinois Supreme Court Policy on Artificial Intelligence (2025), https://ilcourtsaudio.blob.core.windows.net/antilles-resources/resources/e43964ab-8874-4b7a-be4e-63af019cb6f7/Illinois%20Supreme%20Court%20AI%20Policy.pdf (consultada en septiembre de 2025).

National Center for State Courts (2024). *Artificial Intelligence. Guidance por Use of AI and Generative AI in Courts*. https://www.ncsc.org/sites/default/files/media/document/AI-Courts-NCSC-AI-guidelines-for-courts.pdf (consultada en septiembre de 2025).

Organización de Estados Americanos (1969). *Convención Americana sobre Derechos Humanos* (*Pacto de San José*). https://www.oas.org/dil/esp/1969_Convención_Americana_sobre_Derechos_Humanos.pdf (consultada en septiembre de 2025).

Reglamento (UE) 2016/679, de 27 de abril de 2016, relativo a la protección de las personas físicas en lo que respecta al tratamiento de datos personales y a la libre circulación de estos datos (Reglamento General de Protección de Datos, RGPD). Diario Oficial de la Unión Europea, L 119, pp. 1-88.

Reglamento (UE) 2024/1689, de 13 de junio de 2024, por el que se establecen normas armonizadas en materia de inteligencia artificial y por el que se modifican los Reglamentos (CE) n.º 300/2008, (UE) n.º 167/2013, (UE) n.º 168/2013, (UE) 2018/858, (UE) 2018/1139 y (UE) 2019/2144 y las Directivas 2014/90/UE, (UE) 2016/797 y (UE) 2020/1828 (Reglamento de Inteligencia Artificial). Diario Oficial de la Unión Europea, L-2024-81079.

Imagen pública en tiempos de IA: de la persuasión a la desinformación

Enrique Alfredo Ortega Córdova[1]

Resumen: La proliferación de tecnologías de inteligencia artificial generativa ha transformado radicalmente la construcción de la imagen pública y la reputación en diversos sectores sociales. Este ensayo analiza cómo el uso inadecuado o éticamente cuestionable de herramientas de IA puede comprometer de forma irreparable la credibilidad de individuos, marcas e instituciones. Mediante el análisis cualitativo de casos documentados en México, Estados Unidos, Panamá, Argentina y España, se examina la vulnerabilidad de la imagen pública ante 3 tipos de problemática: la utilización negligente de herramientas de inteligencia artificial generativa, su aplicación controversial en contenido en redes sociales, y la creación maliciosa de *deepfakes*. El análisis revela que la velocidad de propagación de un contenido en internet supera significativamente la capacidad de verificación no solo ciudadana, sino de entidades profesionales, creando asimetrías que fomentan la desinformación y el odio. El estudio concluye que la preservación de la confianza pública en la era de la IA requiere de marcos de transparencia proactiva, una autorregulación que esté centrada en los valores y la ética profesional del individuo, así como aproximaciones regulatorias que equilibren innovación tecnológica con protección de derechos fundamentales.

Palabras clave: IA generativa · imagen pública · reputación · *deepfakes* · contenidos digitales · redes sociales.

1. *Titular de la División de Posgrado de la Facultad Mexicana de Arquitectura, Diseño y Comunicación de la Universidad La Salle México. Consultor en imagen pública y Chief AI Officer White Bx Project* (*México*).

1. Introducción

En agosto del 2025, el actor y cantante Will Smith compartió a través de su canal de YouTube un video en el que varios fanáticos en sus conciertos cantaban sus canciones y se mostraban emocionados con pancartas de apoyo. Y aunque esto puede parecer algo normal para cualquier celebridad, lo que llamó la atención de propios y extraños fue que parte de ese contenido estaba realizado por medio de herramientas de inteligencia artificial generativa, aspecto que fue detectado por la clara distorsión de varios rostros en la multitud. Esto generó una serie de comentarios devastadores donde lo acusaban de engaño, manipulación y pérdida de autenticidad. Sin embargo, el periodista Nick Thompson (2025) en una investigación que realizó para la revista Vice, encontró que alrededor del 60% del video era real y menos del 40% podía haber sido generado por medio de las más recientes herramientas tecnológicas. A pesar de ello, el daño ya estaba hecho y la confianza de la audiencia se rompió, sobre todo porque el título del video es "M*y favorite part of tour is seeing you all up close*" (mi parte favorita de un tour es verlos a todos ustedes de cerca).

Este episodio ilustra una nueva realidad que define nuestros tiempos: la imagen pública, otrora construida a través de una historia y una trayectoria de vida, puede fragmentarse de forma inmediata, en cuestión de pocos minutos, por el uso indebido y poco ético de herramientas de inteligencia artificial generativa. Y es que, lo que alguna vez requirió sofisticados estudios de producción audiovisual y presupuestos millonarios, hoy se puede hacer con un simple *smartphone* con acceso a internet y una aplicación. La democratización de las herramientas digitales es un escenario proclive para que lo auténtico y lo sintético se desdibujen, generando lo que algunos expertos denominan "fatiga de verificación" en las audiencias (Chesney y Citron, 2019). Esto sigue al pie de la letra una frase clásica que reza: "en imagen pública, lo que parece, es".

En Latinoamérica, este contexto está adquiriendo dimensiones muy particulares. La región enfrenta desafíos importantes en términos de alfabetización digital, marcos regulatorios por demás incipientes y hasta nebulosos, así como problemas políticos que inhiben la correcta evolución social para una adopción idónea de las herramientas de inteligencia artificial. A manera de ejemplo: en una sesión de la Asamblea Nacional de Panamá en 2025, el diputado suplente Gabriel Solís leyó un fragmento de una iniciativa de ley. El problema fue que él o alguien de su equipo, redactó este texto IA generativa, aspecto que fue notorio al momento en que, en voz alta, leyó las recomendaciones que la herramienta suele darle a sus usuarios al concluir una tarea. Esto abrió un amplio debate sobre la seriedad con que se están tomando los profesionales, no solo los legisladores, sino cualquier individuo, su labor a partir de descubrir y aplicar la tecnología, poniendo en entredicho hasta la credibilidad del sistema democrático.

La velocidad de la propagación de los contenidos en redes sociales, sumado a los algoritmos que privilegian lo emocional y lo que puede hacer que un usuario se enganche, por encima lo fidedigno y verificado, ha creado un ecosistema donde la desinformación viaja más rápido que la verdad. Un *deepfake* puede alcanzar millones de visualizaciones mientras que los equipos de verificación, a marchas forzadas, están comenzando apenas su labor. Esta asimetría temporal representa uno de los desafíos más complejos de nuestro tiempo: ¿cómo saber en qué confiar cuando la tecnología permite la fabricación convincente de cualquier aspecto de la realidad?

El presente ensayo examina cómo la inteligencia artificial se ha convertido en un arma de doble filo en la construcción y destrucción de reputaciones. A través del análisis de casos concretos, exploraré las múltiples facetas de este momento histórico que estamos viviendo. Es importante recalcar que no se busca satanizar la tecnología, sino por el contrario, comprender las enormes bondades y potencialidades, pero poniendo el foco en las implicaciones que puede tener en la imagen pública de personas, empresas, partidos políticos y figuras del entretenimiento. Este análisis pretende ofrecer tanto un diagnóstico del contexto actual como perspectivas de acción. La tesis central que guía esta reflexión es que nos encontramos en un momento histórico de inflexión donde la percepción pública ha dejado de ser un simple reflejo de la identidad y la realidad. Hoy, el uso irresponsable e indiscriminado de las herramientas de inteligencia artificial generativa, puede detonar en un cambio en la reputación que, en casos extremos, será irreparable.

2. Marco conceptual: IA, imagen pública y percepción social.

La imagen pública, como disciplina académica y profesional, es definida como "percepción compartida que provoca una respuesta colectiva unificada" (Gordoa, 2007). Sin embargo, esta acepción adquiere nuevas dimensiones de complejidad en el entorno digital contemporáneo, donde las respuestas colectivas se dan en cuestión de segundos gracias a la vertiginosidad de las redes sociales.

En este contexto, la imagen pública trasciende los modelos tradicionales de comunicación lineal para convertirse en un fenómeno multidireccional y multimedia que opera en tiempo real. La reputación, como "la imagen pública sostenida a través del paso del tiempo" (Gordoa, 2007), se convierte en uno de los intangibles de la comunicación más valiosos y difíciles de cambiar en caso de que no se haya manejado de manera adecuada.

La digitalización no solo ha democratizado el acceso a herramientas de creación y gestión de contenido, sino que también ha modificado la forma en que se puede influenciar a toda una sociedad. Lo que antes requería de recursos importantes (estudios de televisión, cabinas de radio, imprentas, islas de edición), hoy es accesible desde un simple dispositivo móvil con internet. Por tanto, el riesgo es latente: la facilidad para crear contenido auténtico convive con la facilidad para crear contenido sintético.

2.1. Tipos de tecnologías de inteligencia artificial generativa relevantes

El ecosistema tecnológico que interviene en la imagen pública digital comprende tres categorías principales de herramientas de inteligencia artificial, cada una con implicaciones específicas para la construcción y destrucción de reputaciones:

La primera es la categoría de generación de contenido textual, donde se encuentran los *Large Language Models* (LLM por sus siglas), como Chat GPT, Claude y Google Gemini. Estos pueden generar desde comunicados de prensa hasta discursos políticos, manteniendo una coherencia y hasta una aproximación al estilo de redacción de quien sugiere el *prompt*. Esta capacidad convierte a los LLM en herramientas poderosas tanto para la ayuda en la creación legítima como para la suplantación de identidad textual.

La segunda son los *deepfakes* y manipulación visual, que son quizá la amenaza más visible y preocupante para el público en general. Utilizando redes neuronales profundas, específicamente arquitecturas de redes adversarias generativas (GAN por sus siglas en inglés), pueden crear videos donde aparecen personas diciendo o haciendo cosas que jamás ocurrieron y con un realismo que cada día es más difícil notar para el ojo no entrenado. Los principales riesgos para las organizaciones incluyen el daño a su imagen y la de sus directivos, pero también el público en general puede sufrir chantaje, acoso, difamación, hostigamiento y robo de identidad (Romero-Moreno, 2025).

La tercera son los algoritmos de detección y verificación. Paradójicamente, se trata de la misma tecnología que permite crear contenido sintético, la que es capaz de detectarlo. Son sistemas de detección basados en análisis forense digital, inconsistencias temporales, marcadores biométricos y patrones que buscan identificar contenido generado de forma artificial. Pero, aún con los avances de la ciencia y la tecnología, un contenido viral no auténtico puede seguir generando mucho daño a la imagen y reputación de una persona antes de que se pueda identificar su falsedad. Y es que los *deepfakes* tienen potencial como contenido persuasivo y engañoso capaz de formar percepciones ciudadanas y afectar juicios políticos justamente porque su impacto ocurre y se viraliza antes de que los mecanismos de verificación puedan operar con efectividad y diseminar sus conclusiones (Momeni, 2024).

Esta asimetría temporal obedece sobre todo a un factor de origen del ecosistema digital: los algoritmos priorizan el *engagement* por encima de la veracidad, amplificando el contenido que provoca las reacciones más emocionales, importando poco si es real o no. A manera de ejemplo: la investigación de Vosoughi, Roy y Aral (2018) confirmó que las noticias falsas se propagaban 6 veces más rápido que las verdaderas en la extinta red social Twitter (hoy X).

3. Marco teórico: comunicación y percepción.

La comprensión académica de estos fenómenos requiere la integración de varias teorías que provienen de los campos de la comunicación, periodismo, psicología social y estudios mediáticos.

- Teoría del *Agenda Setting*: históricamente, los medios de comunicación han tenido la capacidad para dictar qué temas y noticias merecen la atención ciudadana y que, entonces, se comience a hablar sobre ellos en las pláticas familiares y de sobremesa. Por supuesto, el que los medios tengan esta capacidad, no implica que se le obligue a las personas a pensar de cierta manera sobre dichos temas, pero con internet, las redes sociales y, hoy, la IA generativa, cualquier actor puede generar contenido que simule una realidad sin pasar por los tradicionales filtros editoriales.
- Teoría de la espiral del silencio: su creadora, Elisabeth Noelle-Neumann, explica que un individuo, al estar en un grupo que tiene una opinión contraria a la suya, tenderá a autocensurarse

para evitar el conflicto. En el contexto del contenido sintético, esto puede acelerarse.

- Sesgo de confirmación y procesamiento motivado: la psicología cognitiva ha documentado extensamente cómo las personas procesan información de manera que confirme sus creencias preexistentes. Los *deepfakes*, por tanto, pueden ser explotados para difundir información falsa, manipular la percepción pública, dañar reputaciones y facilitar diversas formas de fraude y robo de identidad (Ahmed & Shaun, 2022), sobre todo porque el contenido sintético puede diseñarse para activar estos sesgos cognitivos.
- Teoría de la construcción social de la realidad: Berger y Luckmann (1966) argumentaron que la realidad social se construye a través de procesos de interacción simbólica. En la era de la IA, esta construcción social enfrenta una crisis importante: si la evidencia audiovisual se fabrica convincentemente, los procesos tradicionales de validación social de la realidad se ven comprometidos.

Cuando lo auténtico y lo sintético se vuelve indiferenciable para el ojo humano no entrenado, la imagen pública deja de ser sostenida por realidades y acciones. La veracidad compite contra la verosimilitud.

4. Tipología de casos: cuando la IA compromete la credibilidad.

El análisis de casos de los últimos 3 años revela 3 categorías distintas de situaciones donde el uso de inteligencia artificial generativa compromete irremediablemente la imagen pública. Cada categoría presenta patrones específicos de falla, mecanismos de propagación diferenciados y niveles variables de daño reputacional.

4.1. Uso negligente de la IA generativa

Esta categoría comprende situaciones donde los individuos utilizan herramientas de IA generativa sin los correctos protocolos de revisión, transparencia o ética, resultando en la exposición pública de elementos que revelan el origen engañoso del contenido.

Caso: Diario La Nación (Argentina)

La periodista Laura Oliver en el año 2022 ya señalaba que La Nación, uno de los diarios más respetados y con mayor historia en Argentina, desde el 2016 comenzó a experimentar con el uso de la inteligencia artificial. En aquel entonces, se utilizó *machine learning* para desarrollar una investigación sobre el programa de recursos de energía renovable que había lanzado el entonces presidente Mauricio Macri. Y si bien, es de aplaudir que un medio informativo sea adelantado a su época y se arriesgue a invertir en nuevas tecnologías, el abuso de éstas buscando reemplazar por completo la "inteligencia artesanal" es condenable. Tal fue el caso en mayo del 2025, cuando este prestigioso periódico publicó un artículo que contenía elementos característicos de texto generado por ChatGPT, Particularmente, la frase que desenmascaró este error fue en la conclusión: "¿Querés que prepare una versión reducida para *newsletter* o redes sociales con enfoque de servicio? También puedo generar una infografía con los ítems clave para complementar la nota en formato visual". En un protocolo editorial habitual, esta frase tendría que haber sido borrada, pero se demuestra que ni el autor ni el editor leyeron la última versión que se publicaría. La crisis reputacional no fue únicamente para estos dos personajes, sino para todo el medio informativo pues puso en entredicho los protocolos editoriales de un periódico con más de 150 años de tradición. ¿Qué tanto podría creer el lector en las siguientes noticias, al no tener la confianza de si fueron investigadas y redactadas de forma auténtica o de forma sintética?

Caso Gabriel Solís (Panamá)

El diputado suplente panameño, Gabriel Solís, protagonizó en abril del 2025 uno de los casos más emblemáticos de uso negligente de IA en el ámbito político. Durante una sesión de la Asamblea Nacional de Panamá, Solís presentó un proyecto de ley, sin embargo, al dar lectura al mismo, resultó evidente que parte de su texto estaba realizado por alguna herramienta de IA generativa pues, al finalizar, contenía la siguiente frase: "Si estás interesado en un sector específico como turismo y comercio o agroindustrias, puedo darte ideas puntuales si quieres enfocar en alguna industria en particular", dejando en completa evidencia que ni siquiera había leído lo que estaba proponiendo. La repercusión del caso desató amplios debates sobre el uso de la IA en los procesos legislativos, sobre la competencia técnica de los representantes políticos y, además, trascendió fronteras al volverse viral por todo Latinoamérica.

Caso Olga Leticia Chávez (México)

Similar al caso anterior, la diputada de Morena, Olga Leticia Chávez, en junio del 2025 en pleno Congreso Legislativo de San Lázaro mientras se discutía la "Ley Espía" que consistía en facultar a la Secretaría de Seguridad y Protección Ciudadana y a la Guardia Nacional para acceder a bases de datos sensibles de los ciudadanos sin ningún tipo de intermediario, defendió públicamente su uso de ChatGPT para resumir iniciativas legislativas de más de 200 páginas. Su defensa incluyó la frase "¡Actualícense, ignorantes!", misma que iba dirigida a quienes la criticaron, evidenciando una desconexión total entre la percepción pública de las responsabilidades legislativas y su propia concepción del rol de la tecnología en la democracia moderna. En otras palabras, para la diputada, la lectura comprensiva de las iniciativas de ley es sustituible por resúmenes algorítmicos. El daño a la imagen pública se da, en este caso, no por un descuido, sino por una defensa férrea de prácticas que la opinión pública considera incompatibles con el ejercicio del poder y abrió un amplio debate sobre los límites éticos del uso de la IA en funciones públicas.

El patrón común en los 3 casos anteriores es la falta de revisión y transparencia, donde no existieron procesos de verificación y personalización, dándole una confianza ciega a una tecnología que, hoy día, sigue teniendo "alucinaciones". Además, los personajes mencionados creyeron que nadie notaría que estaban usando IA y su transparencia se dio solamente cuando los propios ciudadanos detectaron lo acaecido, forzando admisiones reactivas, generando entonces una percepción de intento de engaño.

4.2. Uso creativo controversial

Esta categoría abarca situaciones donde el uso de la IA, aunque es técnicamente competente, genera controversias públicas debido a una expectativa de autenticidad en la creación de un contenido y que es defraudada por la percepción de intento de manipulación de la realidad. A diferencia de los casos de negligencia, estos involucran decisiones creativas conscientes que no son compatibles con las expectativas sociales de originalidad.

Caso Will Smith (*Estados Unidos*)

En agosto del 2025, el famoso cantante y actor Will Smith publicó en su canal de YouTube un video titulado "*My favorite part of tour is seeing you all up close. Thank you for seeing me too*". En él, mostraba escenas de multitudes de fans en sus conciertos cantando sus canciones y mostrando pancartas. El contenido combinaba pietaje auténtico de sus presentaciones en diversos lugares con elementos modificados o generados por IA para crear una narrativa visual coherente sobre el alcance de su tour. La reacción pública fue mayoritariamente negativa, pero lo curioso es que aquí no se trató de algo inmediato. Tardó unos cuantos días en que se volviera viral el intento de engaño sobre la magnitud real de sus audiencias. Los comentarios se centraron en percepciones de deshonestidad con frases como "*fake audience for a fake rapper*".

Una entrevista realizada por el periodista Nick Thompson en la revista Vice al Investigador en jefe de KaiberAI reveló una realidad más matizada. Según el análisis de verificación de hechos, arriba del 60% del video sí es real y genuino y solo se complementó con un porcentaje de menos del 40% de uso de IA generativa, que principalmente se requirió para corregir problemas de iluminación, unificar la calidad visual y crear transiciones fluidas. Sin embargo, esta explicación técnica no logró revertir el daño a la imagen pública que, de por sí, ya se había tornado compleja a partir del controversial suceso dado en los premios Oscar del 2022 donde Will Smith subió al escenario y dio una cachetada al conductor Chris Rock presuntamente por haberse burlado de su esposa. Con este video, se le dieron armas a la opinión pública para consolidar una percepción de manipulación de la autenticidad, cuando lo esperado era la espontaneidad. En este caso, los algoritmos de las redes sociales amplificaron las reacciones negativas iniciales, creando una avalancha de críticas que ensombrecieron la realidad de los expertos en edición justificando la necesidad del uso de IA.

Esta situación genera un dilema estratégico para figuras públicas: ¿es preferible mantener estándares de producción relativamente sencillos pero que sean percibidos como auténticos, o utilizar herramientas tecnológicas más sofisticadas para dar mayor calidad al entregable final, aunque esto involucre riesgos reputacionales?

4.3. *Deepfakes* y manipulación maliciosa

Esta categoría comprende el uso deliberadamente malintencionado de tecnologías de IA para crear contenido sintético con el objetivo explícito de dañar una reputación, generar desinformación o facilitar actividades ilícitas. A diferencia de las categorías anteriores, esta involucra a actores que buscan deliberadamente causar daños a terceros.

Caso Almendralejo (España)

En septiembre del 2023, la localidad española de Almendralejo se convirtió en el epicentro del primer caso masivo documentado en España de *deepfakes* pornográficos dirigidos contra menores de edad. Este caso involucró al menos a 21 jóvenes entre los 11 y 17 años cuyos rostros fueron superpuestos de forma digital sobre imágenes de índole sexual utilizando una app llamada "*ClothOff*" (Mi Huella Digital, 2023).

Se sabe que los responsables de este hecho fueron otros 26 jóvenes que oscilan entre los 12 y 14 años de edad, quienes para cometerlo, hicieron uso de fotografías compartidas por las menores a través de sus redes sociales y, posteriormente al uso de la citada app, distribuyeron el resultado en grupos de *Whatsapp* (El Diario, 2023). Cabe destacar que "*ClothOff*" es una aplicación gratuita y que no requiere de conocimientos técnicos profundos para poder usarse.

El resultado para las víctimas fue devastador al generarles ansiedad, depresión, aislamiento social y, en algunos casos, pensamientos suicidas. El impacto psicológico fue amplificado a consecuencia de la imposibilidad de borrar el contenido distribuido. Quedó como una "huella digital" con un daño permanente a su imagen pública y honor.

Este caso revela claras particularidades cuando, quienes son afectados, son menores de edad. Si para un adulto resulta tremendamente complicado lidiar con situaciones de esta naturaleza (no obstante que se pueden, de forma empírica, desarrollar estrategias para enfrentar situaciones de crisis reputacional), los menores carecen tanto de recursos legales como de madurez psicológica para procesar estos hechos. Las jóvenes afectadas reportaron cambios en sus patrones de socialización y una necesidad de ocultamiento deliberado.

Las aristas, sin embargo, no solo deben analizarse desde la perspectiva de las víctimas. ¿Qué pasa por la mente de un adolescente para que le parezca "divertido" el hacer uso de una app que le permite superponer fotos de rostros de sus compañeras en cuerpos desnudos y distribuir el material a todos sus compañeros? ¿Qué pasa por la mente de un desarrollador de aplicaciones para crear un sistema que pueda ejecutar acciones de este tipo y que las tiendas como Google Play Store y App Store no tengan suficientes candados para evitarlo? ¿Acaso deben también subirse los rangos de edad mínima para uso de las redes sociales que existen en la actualidad? Por ejemplo, para abrir una cuenta de Instagram, basta con tener 13 años de edad y, aunque el perfil se habilita en modo "adolescente" (con configuraciones de privacidad más altas que las cuentas regulares), no son pocos los padres que autorizan que el perfil se vuelva público. Y todo esto, pensando que no sea el propio adolescente quien simplemente mienta en su edad.

Finalmente, también se volvió evidente la falta de protocolos por parte de las instituciones educativas para el manejo de un caso así. Todas las acciones implementadas para prevención de ciberacoso resultaron insuficientes para abordar el uso de la IA, requiriendo una actualización profunda en procedimientos disciplinarios, apoyo psicológico y coordinación con autoridades judiciales.

La asimetría del daño como axioma de la imagen pública: es más fácil construir una correcta percepción que tratar de corregir una que se ha dañado.

La Real Academia Española de la Lengua define a la palabra axioma como "una proposición tan clara y evidente que se admite sin necesidad de demostración" (Real Academia Española, 2014) y, en la imagen pública, existen 13 axiomas que se deben tomar en cuenta al momento de analizar esta disciplina en el entorno profesional. El número 10 de acuerdo con el libro de "El Poder de la imagen pública" es "Siempre tomará más tiempo y será más difícil reconstruir una imagen que construirla desde el principio" (Gordoa, 2007). La construcción de una correcta imagen pública tradicionalmente requiere de años de acciones consistentes, pero su destrucción puede ocurrir en pocos minutos, por actos equivocados. En tiempos de la IA, estos actos pueden ni siquiera haber sido cometidos en la realidad, sino que pueden ser ilusiones realistas, pero totalmente sintéticas. Sumemos el hecho de que existe un sesgo de negatividad en el procesamiento de la información, esto es que las audiencias retienen de forma mucho más efectiva el contenido que resulta comprometedor que el que es exoneratorio —y, quizá, ni siquiera terminan enterándose del mismo—.

Entonces, ¿qué podemos hacer? Si bien, es necesario estar conscientes de que el mundo ha cambiado y seguirá haciéndolo, considerando que estamos viviendo en una era en la que la autenticidad absoluta no puede darse por sentado, se vuelve mandatorio que los diversos actores sociales estemos al tanto de las buenas prácticas para mitigar los efectos perjudiciales del uso -y abuso- de estas tecnologías. Sobre todo, porque aquellos con una clara intención de manipular, tendrán ventajas sobre aquellos que estamos en la búsqueda de la verdad.

Por un lado, tenemos a las organizaciones en general (medios de comunicación, empresas, partidos políticos, por citar algunas). Estas requieren de protocolos más allá de los esfuerzos individuales de sus integrantes. Por ejemplo: la creación de estrictas políticas sobre el uso de la IA, definiendo los contextos de uso permitido, situaciones que requieren autorización explícita. En el caso de un periódico, se podría permitir el uso de IA para investigación preliminar, pero prohibir su uso en la redacción completa de los textos sin la supervisión editorial adecuada.

Por otro lado, tenemos al público en general que es quien suele verse más vulnerado en situaciones como las analizadas. En este caso, se requiere una educación accesible, constante y práctica sobre cómo detectar aspectos técnicos de contenido generado por IA, como lo son las inconsistencias en la iluminación, patrones de comportamiento algorítmico en textos y videos, etc. De igual modo, se vuelve necesario el generar una correcta inteligencia emocional para evitar la distribución de contenido que no ha sido verificado en fuentes fidedignas y sensibilizar sobre los sesgos cognitivos que cada una y uno de nosotros tenemos y que nos vuelven susceptibles a aceptar contenido sintético que se alinea con nuestras creencias preexistentes y que, por tanto, puede ser demasiado bueno para ser real.

Finalmente, tenemos la arista de las plataformas digitales. Ellas ocupan una posición privilegiada para la implementación de soluciones puntuales que trasciendan a los esfuerzos individuales e institucionales. Una propuesta sería lo que ya realiza X (antes Twitter), que etiqueta los contenidos hechos con IA y las noticias falsas para procurar que los usuarios tengan una información adecuada. De la misma forma, una acción muy importante, aunque quizá impopular, sería la priorización algorítmica de contenido que ha pasado por procesos de verificación o que proviene de fuentes con historial probado de transparencia en el uso de IA.

Acciones coordinadas pueden crear un ecosistema digital mejor informado y más resistente a la manipulación, es decir, con mayor confianza pública.

5. Conclusión

El control de estímulos para la construcción y mantenimiento de una correcta imagen pública en tiempos de IA representa un reto que no implica la resistencia al cambio tecnológico, sino la oportunidad de desarrollar procesos y metodologías de adaptación que resulten efectivas. Será un momento histórico de transición hacia una sociedad más informada, integrada y transparente.

Para América Latina, hoy hay un espacio disponible para liderar el desarrollo de marcos éticos para estas tecnologías emergentes. Toda la región tiene la gran oportunidad de aprender de las experiencias internacionales mientras construye soluciones adaptadas a sus contextos específicos. Pero estas no serán algo exclusivo de tecnólogos, ingenieros, comunicadores o abogados, sino de toda la ciudadanía y su capacidad para edificar marcos de convivencia, una mejor inteligencia emocional y un mayor análisis del contexto. Ser responsable de los contenidos que generamos, que difundimos y sobre los que debatimos, es tarea de todos.

Referencias

Ahmed, S. y Shaun, M. (2022) Impact of deepfake technology on digital world authenticity. International Journal of Engineering and Management Research.

Badiola Coca, S. (2025). Deepfakes pornográficos y menores. Policy brief-El Caso Almendralejo. Laborum.

Berger, P.L., y Luckmann, T. (1966). The social construction of reality: A treatise in the sociology of knowledge. Anchor Books.

Chesney, R. y Citron, D.K. (2019). Deepfakes: a looming challenge for privacy, democracy and national security. California Law Review.

El Diario. (2023). "Deepfakes" sexuales: el caso de las menores de Almendralejo consolida una nueva forma de violencia machista. https://www.eldiario.es/sociedad/deepfakes-sexuales-caso-menores-almendralejo-consolida-nueva-forma-violencia-machista_1_10527153.html

Gordoa, V. (2007). El Poder de la Imagen Pública. Grijalbo.

Infobae. (2025). Diputada de Morena reconoció que no leyó una propuesta de ley y que se ayudó de la IA. https://www.infobae.com/mexico/2025/06/28/diputada-de-morena-reconocio-que-no-leyo-una-propuesta-de-ley-y-que-se-ayudo-de-la-ia/

La República. (2025). Diputado usó ChatGPT para proyecto de ley y leyó las instrucciones. https://larepublica.pe/tendencias/2025/04/16/diputado-uso-chatgpt-para-proyecto-de-ley-y-leyo-las-instrucciones-si-estas-interesado-puedo-darte-mas-ideas-469040

Mi Huella Digital. (2023). Caso Almendralejo–¿Cómo debe actuar el centro educativo? https://www.mihuelladigital.es/caso-almendralejo/

Momeni, M. (2024). Artificial Intelligence and political deepfakes: shaping citizen perceptions through misinformation. Journal of Creative Communications.

Noelle-Neumann, E. (1974). The Spiral of Silence: A theory of public opinion. Journal of Communication.

Oliver, L. (2022). Argentina: Inteligencia artificial en el periodismo de La Nación. Global Investigative Journalism Network.

Real Academia Española. (2014). Axioma. En Diccionario de la lengua española (23ª edición).

Revista Merca 2.0. (2025). El Periódico más serio de Argentina usa ChatGPT sin revisión humana (y hay polémica). https://www.merca20.com/el-periodico-mas-serio-de-argentina-usa-chatgpt-sin-revision-humana-y-hay-polemic

Romero-Moreno, F. (2025). Deepfake detection in generative AI: A legal framework proposal to protect human rights. Computer Law & Security Review.

Vice Digital Publishing. (2025). Did Will Smith really create AI fans to make himself look more popular? We asked and expert. https://www.vice.com/en/article/will-smith-ai-tour-fans-europe-video/

Vosoughi, S., Roy, D. y Aral, S. (2018). The spread of true and false news online. ScienceAdviser.

V. Derechos de autor

Derechos de autor en escenarios dinámicos digitales: concepciones emergentes derivadas de la Inteligencia Artificial

Jesús Manuel Niebla Zatarain[1]
j.niebla@uas.edu.mx

Resumen: La tecnología computacional ha permeado en todos los aspectos de la vida social. Una de las áreas de mayor trascendencia es, sin duda, la inteligencia artificial (IA), la cual se ha convertido en un sector céntrico en el desarrollo de nuevos enfoques tecnológicos. A la par de su capacidad de replicar procesos cognitivos humanos, la IA resulta susceptible de colaborar en escenarios dinámicos basados en Internet. Esto ha resultado particularmente relevante para la industria creativa, toda vez que presenta la propuesta de administrar legítimamente obras digitales protegidas por los derechos de autor no solo para su acceso, sino para su utilización para la creación de material nuevo. Esto ha revitalizado el debate sobre los roles de "autor" e "inspiración" y si siguen siendo relevantes en la era digital. En este texto, se presentarán las consecuencias jurídicas de la implementación de la inteligencia artificial sobre los derechos de autor. Se abordarán posturas relevantes de jurisdicciones internacionales líderes en esta área con la finalidad de comprender el rol del elemento humano de la posible exclusión del mercado como un activo sin valor.

Palabras clave: Inteligencia jurídica artificial · derechos de autor · uso legítimo.

1. Facultad de Derecho Mazatlán y Chief Artificial Intelligence Officer de White Bx Project (México).

1. Introducción

El desarrollo tecnológico se ha vinculado tradicionalmente a la legislación sobre derechos de autor. En esta doble relación, la ley no solo brinda protección legal, sino que también estimula y recompensa la creatividad. Sin embargo, este panorama ha cambiado drásticamente gracias a la llegada de la inteligencia artificial, un área de la informática que permite el desarrollo de dispositivos capaces de replicar los procesos cognitivos humanos relevantes para la creación de obras artísticas. Además, esta tecnología se ha vuelto compatible con internet, lo que permite la detección y el posterior procesamiento de obras artísticas para diversos fines, como la creación de nuevos materiales. En este contexto, los dispositivos inteligentes ofrecen la capacidad de detectar características específicas relevantes para fines específicos.

Esto atrajo a la industria inmediatamente: encontró una fuente aparentemente inagotable de materiales adecuados para la explotación económica sin las desventajas del arte humano: las máquinas no duermen, nunca se cansan, etc. Sin embargo, este método creativo ha despertado la atención de la legislación sobre derechos de autor con respecto a la legalidad de este enfoque y sus derechos potenciales (si los hay). Con los constantes desarrollos de la tecnología inteligente, la legislación sobre derechos de autor recibe una demanda adicional de los actores aspirantes: sus obras no solo deben estar protegidas de cualquier acceso y uso ilegal, sino que también debe protegerse su papel activo en el mercado. En particular, la inteligencia artificial tiene la capacidad de emular elementos cognitivos humanos como proceso operativo, lo que la hace ideal para la inclusión de módulos legales. Esto permitiría que ambas permanezcan como una tecnología de asistencia relevante en la exploración y el desarrollo de nuevas formas de material artístico potencial y un enfoque menos propenso a producir infracciones de derechos de autor.

Hoy en día, la inteligencia artificial está en el centro del debate sobre si la autoría debe expandirse o permanecer en su concepción tradicional. Quienes defienden la primera postura afirman que los avances en cognición y razonamiento artificiales ofrecen el mismo nivel de contribución legal que los presentados por los autores humanos. Quienes promueven la segunda postura afirman que, independientemente de sus posibles contribuciones, representa una seria amenaza para los aspirantes a autores humanos, ya que les dejaría con poco espacio para participar en el mercado. Mientras este debate continúa, el papel del mercado resulta incuestionable: es el principal consumidor y promotor de dispositivos inteligentes en escenarios relacionados con el arte. De manera relevante, esto puede indicar dónde se puede incentivar la adopción del arte creado por el hombre, por ejemplo, mediante exenciones fiscales. Sin embargo, es importante redoblar los esfuerzos para concebir una figura legal compatible con las particularidades del mercado digital.

Para abordar este escenario, se propone una posición colaborativa entre dispositivos inteligentes y derecho, junto con una posición relacionada con el estatus legal de estas creaciones.

2. Inteligencia artificial y su relación con la legislación sobre derechos de autor

La inteligencia artificial (IA) es un área de la ciencia computacional que ha sido objeto de investigación constante durante más de cinco décadas. Originalmente concebida para analizar la capacidad de replicar los procesos cognitivos humanos, ha evolucionado continuamente. La primera generación de IA se creó con el objetivo de reproducir todo el conocimiento de un campo específico (McCorduck et al, 1977). Este enfoque no solo resultó ser particularmente complejo, sino que también exigía un alto volumen de recursos computacionales (Toosi et al, 2021) que lo hacían impráctico e inadecuado para su explotación comercial.

Tras décadas de desarrollo continuo, los procesos de investigación cognitiva cambiaron, centrándose en problemas más prácticos y bien definidos. Un área que resultó atractiva bajo este enfoque es el uso de la

IA para desarrollar materiales que semejan obras de arte creadas por el hombre. En la siguiente sección, se presentará esta colaboración.

El siglo XX presenció el desarrollo de nuevas formas artísticas que dependían en gran medida de la tecnología digital. Con la evolución de la inteligencia artificial, pronto se hizo evidente su valor como herramienta para el sector artístico. Inevitablemente, esto atrajo la atención del sector legal y generó las primeras posturas relacionadas con el uso de esta tecnología para la creación de nuevas obras. Inicialmente, estos desarrollos se consideraron meras herramientas que facilitaban la expresión artística y no se percibían como una amenaza potencial (Kostelanetz, 1971), ya que prevalecía la idea de que la creatividad era aún una característica humana que no podía representarse plenamente mediante código computacional. Sin embargo, algunas opiniones expresaron que la computadora podría desempeñar un papel más importante, llegando incluso a integrarse en la mente humana, un escenario aún por venir (González, 2013). En general, estas primeras colaboraciones no representaron una amenaza para las obras protegidas por derechos de autor, ya que la información proporcionada solía crearse específicamente para este proceso.

Cabe destacar que Kostelanetz ofreció una concepción precisa del papel que la tecnología podría desempeñar en el futuro, señalando que la exclusión de los humanos del proceso creativo sería inevitable. Esto significó que la investigación sobre creatividad computacional se convertiría en un aspecto central de la investigación de la IA, desarrollando herramientas capaces de abordar requisitos específicos de la industria y, por ende, herramientas creativas por derecho propio.

2.1. Derechos de autor, el entorno digital y la tecnología inteligente

La evolución de la tecnología computacional sucedida en décadas recientes ha transformado la relación entre este sector y el área legal particularmente los derechos de autor. Entre las principales razones para lo anterior destaca la adopción de inteligencia artificial con la finalidad de replicar procesos cognitivos específicos implementados en el desarrollo artístico. Esto condujo al desarrollo de procesos totalmente automatizados aplicados a la creación de material equiparable con el considerado como arte (Ings, 2016). Debido a la precisión de estas creaciones, diversos sectores de la industria mostraron interés, dando lugar a una nueva relación basada en la calidad de los productos creados equiparable con aquellos presentados por humanos (Jourdanous, 2012).

A la par de lo anterior, los dispositivos inteligentes cuentan con una serie de características que propiciaron su adopción en diversos sectores artísticos. Cuando el material producido a través de tecnología inteligente se convirtió en un elemento de valor económico reconocido por el mercado, surgió el interés del sector jurídico. Esto derivado de la naturaleza misma de este material, dando lugar al análisis de figuras como "autor" e "idea" su relación con dispositivos inteligentes y la inevitable relación con entornos digitales dinámicos, como es el caso del Internet (Haber, 2013).

Es importante señalar que este no es el primer escenario entorno al uso legítimo de material artístico digital a través de tecnología computacional. Uno de los primeros ejemplos es el de los denominados Gestores de Derechos Digitales, comúnmente conocidos como DRM. A pesar de las expectativas positivas generadas por este enfoque, no tuvo los resultados esperados. Esto fue el resultado de desarrollar dicho enfoque en un modelo tecnológico inadecuado: DRM era incapaz de comprender los derechos contenidos en las licencias, producía un enorme volumen de falsos positivos y fue eventualmente removida.

Sin embargo, dicho fracaso brindó una serie de experiencias de suma importancia siendo la más importante el reconocer la necesidad de con tar con una tecnología capaz de adaptarse a la naturaleza jurídica tanto del material como del acto pretendido. Dicho proceso se desarrollaba a través de esquemas cognitivos humanos relacionados con manejo legítimo de arte de manera particular con aquel contenido en Internet.

Desde una perspectiva legal, esto abrió la posibilidad de diseñar dispositivos inteligentes con la capacidad de adaptar su funcionamiento según la situación legal de una obra relevante. Para el sector industrial, esto se tradujo en una herramienta de suma importancia: poder detectar aquellas obras con características determinadas y acorde a su estado jurídico, reconocer si estas pueden ser susceptibles de ser utilizadas en la creación de material nuevo.

Naturalmente, las nuevas tecnologías subyacentes estuvieron en el centro de este debate. Con fines ilustrativos, en la siguiente sección se abordará este tema desde la perspectiva de las obras literarias.

3. Avances en inteligencia artificial, tecnología generativa y la legislación sobre derechos de autor

La inteligencia artificial es uno de los sectores con mayor evaluación en los últimos años. Como parte de esto, las redes neuronales, los transformadores han aumentado la precisión de la Generación de Lenguaje Natural (NLG por sus siglas en inglés), lo que ha impactado de manera particular la creación de obras de texto. Estos desarrollos son capaces de aplicar reglas sintácticas y gramaticales, aumentando así la eficiencia y la inferencia propia de un género en particular (IBM, 2024). Previo a su introducción en 2017, las obras literarias creadas mediante inteligencia artificial solían ser cortas, ya que la coherencia dependía directamente con la extensión del material (Laquintano, 2023). El desarrollo e implementación de transformadores como componente de estos dispositivos, incrementó la capacidad de comprender volúmenes de texto obtenidos a su vez de grandes volúmenes de datos textuales. Lo anterior ha dado lugar al desarrollo de aplicaciones que han logrado establecerse en el mercado al alcance del usuario promedio, como es el caso de Chat-GPT el cual, si bien ha sido demostrado su valía como herramienta también ha producido escenarios donde su legitimidad se ve comprometida (Hao, 2023).

Con la finalidad de proponer un uso legítimo de dispositivos inteligentes en la creación de material equiparable con el artístico, se proponen los siguientes pasos: en primer lugar, se deben predefinir los sitios de recopilación y, si se van a entrenar los algoritmos (Anantrasirichai & Bull, 2022) para que busquen material relevante de forma independiente, se deben preferir aquellos con licencias electrónicas.

No obstante, puede haber casos en los que el uso de una obra que no cuente con licencia compatible sea considerablemente indispensable (Vee et al, 2024). En estos casos, el dispositivo puede optar por la recopilación de no sustancial. Un aspecto relevante en este escenario es el nivel de participación del elemento humano. En la mayoría de las jurisdicciones, esto es fundamental para otorgar protección por derechos de autor al material recientemente creado. No obstante, los enfoques actuales de inteligencia artificial pueden implementar diferentes métodos de creación. A diferencia de los tradicionales que priorizaban reproducir el razonamiento humano, los métodos actuales se basan en la recopilación de datos. En la siguiente sección se presentará este enfoque.

3.1. Recopilación de datos, inteligencia artificial y generación de material artístico

Uno de los enfoques de mayor relevancia en el sector creativo es el basado en la recopilación de datos. En este contexto, los datos se convierten en un componente crucial para optimizar el rendimiento de los algoritmos basados en modelos estadísticos, como es el caso del aprendizaje automático (AA) (Anantrasirichai & Bull, 2022). Esto aumenta la originalidad de la expresión de la obra creada, a la vez que reduce los riesgos derivados de posibles similitudes con los datos procesados.

En este sentido, el AA se entrenarse con datos que compartan características típicas del dominio de implementación, esto permite la detección de patrones y la optimización de la información recopilada. En sí, esto implica un gran volumen de ejemplos con una distribución estadística que coincida con este dominio se considera un "buen conjunto de datos". Esto es particularmente relevante, ya que permite al algoritmo estimar las inconsistencias de datos que le permiten converger a una solución óptima. En este sentido, las operaciones de entrenamiento pueden dividirse entre varios procesadores, generalmente cuando los conjuntos de datos son particularmente grandes y difíciles de abordar desde un solo dispositivo.

Esto conduce al uso potencial del aprendizaje distribuido, que permite el uso de varios procesadores no solo para gestionar de forma más eficiente grandes conjuntos de datos, sino también para crear combinaciones más complejas (Cao et al, 2023).

Esto resulta evidente en diversos sectores comerciales como el mercado literario en el cual los Modelos Generativos de Lenguaje (MLG) en colaboración con PLN se desarrollan con la capacidad de generar lenguaje humano legible basándose en patrones y estructuras presentes en la información a la que se han expuesto. Cabe destacar que cada idioma presenta sus propios desafíos, ya que su complejidad puede variar según la estructura sintáctica y la gramática en la que se desarrollan (Young et al, 2023).

Como se mencionó anteriormente, la llegada de la Inteligencia Artificial Generativa ha incrementado la interacción entre obras protegidas por derechos de autor, lo que da lugar a dos posibles escenarios de infracción de derechos de autor: el proceso de entrenamiento y el resultado (Chen, 2023).

Una característica presente en la implementación de métodos basados en inteligencia artificial para la creación de obras creativas es la información proporcionada (texto, imágenes, códigos, audio, etc.). Estos datos permiten a los algoritmos de aprendizaje automático detectar patrones y utilizarlos en la creación de obras previamente solicitadas. Sin embargo, debido al volumen de datos analizados, esto presenta una serie de riesgos legales (Zachor, 2024). Por ejemplo, un número considerable de las obras procesadas estarán sujetas a una licencia específica que podría impedir su uso. Además, su inclusión en la base de datos del sistema podría constituir una duplicación ilegal de dicho material.

3.1.1. IA Generativa en el proceso de desarrollo

Los Modelos de Lenguaje Extenso (LLM por sus siglas en inglés) están transformando el sector artístico (Manning & Schutze, 1999). Uno de los diseños más comunes incluye el uso del NLP para establecer una interacción que se asemeja a una conversación informal (Lucchi, 2024). En casos como el de la IA Generativa, estos desarrollos funcionan como un chat que ofrece respuestas de diversas fuentes, sintáctica y contextualmente correctas.

De manera relevante, estas tecnologías pueden interactuar a través de diálogos que podrían conducir al desarrollo de material que podría estar protegido por propiedad intelectual (Jurafsky & Martin, 2009). Esto se debe a la naturaleza legal de los datos implementados durante el proceso de creación, junto con las técnicas aplicadas por el dispositivo. Esto ha sido abordado por la Organización Mundial de la Propiedad Intelectual (OMPI o WIPO en inglés) en su novena sesión del Diálogo de la OMPI sobre "Entrenando a las Máquinas: Bytes, Derechos y el Enigma del Derecho de Autor". Aquí se reconoce que "la calidad de los datos influye directamente en el rendimiento y la confiabilidad de los sistemas de IA..." (WIPO, 2024).

Asimismo, la Organización Mundial del Comercio (WTO por sus siglas en inglés) en su informe "Haciendo Negocios con Inteligencia: Como la IA moldea y es moldeada por el comercio internacional", reconoce su papel en el mercado moderno, pero también se mencionan los riesgos potenciales derivados de su estructura operativa y la recopilación constante de datos digitales, en particular sobre servicios digitales (WTO, 2024). Una primera propuesta es la de analizar las combinaciones creadas durante el proceso de creación para reducir la posibilidad de infracciones. Esto propone el análisis de elementos obtenidos material existente para en su caso, evitar recopilar volúmenes sustanciales de los mismos

No obstante, el número de combinaciones aplicables es tan grande que resulta casi imposible revisarlas todas (Hayes, 2024). Naturalmente, esto generó la preocupación de que la IA pudiera conducir involuntariamente a posibles infracciones de derechos de autor.

3.1.2. La inteligencia artificial generativa y su impacto en el sector jurídico

De manera general, la inteligencia artificial generativa se basa en el procesamiento de datos cuya propiedad legítima no siempre ha sido confirmada, lo que puede dar lugar a posibles infracciones de derechos de autor. Para ilustrar esto, se puede analizar ChatGPT. Cabe destacar que el uso de técnicas generativas genera inquietudes relacionadas con la autoría y la participación de la inteligencia artificial en estos procesos, así como con la protección legal (si la hubiera).

Este análisis continúa con la definición de la propiedad legítima de los derechos de autor del contenido generado por tecnología inteligente, que puede ser una persona física o jurídica (Lucchi, 2024). Como se mencionó anteriormente, la clave para establecer la situación legal del contenido generado por una inteligencia artificial generativa son los datos recopilados. La mayor parte de esta información se publica en internet sin una conexión específica con el autor. Además, la propiedad puede atribuirse al diseñador del material que lo creó.

Normalmente, el texto generado por herramientas como ChatGPT o Gemini no está protegido por la ley de derechos de autor, ya que no es creado por el esfuerzo creativo humano. No obstante, esto puede cambiar si la colaboración humana es sustancial. Esto puede ocurrir cuando un usuario utiliza los resultados proporcionados por el dispositivo como punto de partida y, con el tiempo, este les añade un volumen considerable de esfuerzo creativo, lo que a la larga los incrementa. Naturalmente, el propietario de dicho material será quien proporcionó estos elementos adicionales.

4. Retos de la inteligencia artificial generativa para los derechos de autor

En esencia, el derecho de autor ha mantenido una estrecha relación con la tecnología. Gracias a esta última, las obras artísticas pueden producirse masivamente, lo que genera reconocimiento y crecimiento económico para el autor. No obstante, la tecnología digital ha planteado interrogantes que han llevado a reconsiderar figuras jurídicas tradicionales como el acceso legal y la autoría. Si bien esto se ha reconocido como una prioridad internacional, la mayoría de las jurisdicciones se han mostrado cautelosas al reconocer a estos avances un papel más allá de la simple asistencia al factor humano. No obstante, dos jurisdicciones han establecido colaboraciones relevantes en este asunto: Estados Unidos y el Reino Unido. En la siguiente sección, se abordará la postura británica.

4.1. El Reino Unido ante el uso de inteligencia artificial para la generación de arte

El desarrollo tecnológico es fundamental para el desarrollo de la propiedad intelectual. Como se mencionó anteriormente, la mayoría de las jurisdicciones no brindan protección legal a estos materiales debido a la falta de participación humana durante el proceso de creación. Sin embargo, la Ley de Derechos de Autor, Diseños y Patentes del Reino Unido de 1988 (CDPA) ofrece una postura novedosa a través de la figura denominada Obras Generadas por Computadora (CGW), que otorga protección por derechos de autor a este tipo de material. Esto se refiere a aquellas obras creadas sin intervención humana en el momento de su creación (Perry & Margoni, 2010).

Como se puede inferir, la Ley de Derechos de Autor, Diseños y Patentes del Reino Unido de 1988 (CDPA) es una de las pocas legislaciones que contempla la posibilidad de una obra creada mediante un proceso automatizado. En este caso, el papel humano pasa a un segundo plano, indirecto. En relación con la autoría, la CDPA de 1988 establece lo siguiente:

> "En el caso de una obra literaria, dramática, musical o artística generada por computadora, se considerará autor a la persona que realiza los arreglos necesarios para la creación de la obra".

En relación con el papel de la tecnología automatizada en los procesos de producción, la CDPA de 1988 (c. 48), c. 1, s. 178 establece:

> "Generada por computadora", en relación con una obra, significa que la obra es creada por una computadora en circunstancias tales que no hay un autor humano de la obra".

La CDPA se considera una de las primeras legislaciones en considerar las obras creadas por máquinas como aptas para la protección de derechos de autor. La principal contribución de este enfoque es reconocer la colaboración entre los autores humanos y la tecnología. La participación humana se basa en proporcionar la información o realizar los arreglos necesarios para que el dispositivo cree la obra. Por lo tanto, se otorga la calificación de autor a la persona que realiza estas tareas. Además, la IA generativa puede causar infracciones de derechos de autor al utilizar obras protegidas sin el consentimiento del titular de los derechos. Aún se debate si, en escenarios relacionados con el Reino Unido (Gobierno del Reino Unido, 2024), los desarrolladores y usuarios de IA generativa deberían divulgar información sobre los conjuntos de datos utilizados para entrenar, probar y validar sus modelos, de forma similar a la Ley de la Asamblea de California de 2013 (AB, 2013).

4.2. Los Estados Unidos ante el uso de inteligencia artificial para la generación de arte

Estados Unidos presenta otra postura importante sobre el uso de la tecnología inteligente y el desarrollo de obras artísticas. Sin embargo, a diferencia de la postura británica, niega la protección a las obras producidas sin intervención humana. La Oficina de Derechos de Autor de Estados Unidos afirma: "Como se explica en la Sección 306, la Ley de Derechos de Autor protege las obras originales de autoría, 17 U.S.C. § 102(a)". Para que una obra se considere de "autoría", debe ser creada por un ser humano. Más adelante, establece que "la Oficina no registrará obras producidas por la naturaleza, animales o plantas" y cita como ejemplos «una fotografía tomada por un mono" o «un mural pintado por un elefante».

Esto refuerza la postura de que los derechos de autor solo pueden concederse al producto del trabajo humano. El mismo documento añade posteriormente: "no se registrarán obras producidas por una máquina o un mero proceso mecánico que funcione de forma aleatoria o automática sin ninguna aportación o intervención creativa de un autor humano". La razón de ello es que, independientemente de la capacidad creativa mostrada por los dispositivos automatizados, estos siguen siendo una extensión de la mente humana (aún no se ha alcanzado la plena autonomía cognitiva). En esencia, esta legislación no concibe a los dispositivos inteligentes como creadores independientes y sigue considerando el elemento humano como un componente indispensable en este proceso. La reticencia de este marco jurídico a proteger las obras de arte con fines creativos radica en que aborda la creatividad como una característica inherente a los humanos, incapaz de ser reproducida por máquinas. Además, pretende proteger a los autores humanos frente a las evidentes ventajas de la tecnología, como la tasa de creación y la producción en masa.

En consecuencia, esta jurisdicción percibió a los creadores automatizados como una amenaza potencial para la difusión del conocimiento humano, uno de los pilares del derecho de autor. En este sentido, en Twentieth Century Music Corp. v. Aiken, 422 U.S. 151 (1975), el juez Stewart declaró:

> *"El único interés de Estados Unidos y el objetivo principal al otorgar el monopolio —declaró este Tribunal— residen en los beneficios generales que el público obtiene del trabajo de los autores* [...]

Cuando el cambio tecnológico ha vuelto ambiguos sus términos literales, la Ley de Derechos de Autor debe interpretarse a la luz de este propósito fundamental".

Esto se retomó en 2023, cuando varias audiencias del Congreso y estudios de la Oficina de Derechos de Autor de Estados Unidos abordaron la convergencia de la inteligencia artificial y el derecho de autor. Un ejemplo de ello es la Declaración de Política sobre el Registro de Resultados Generados por IA y la Aplicación de la Guía a las Solicitudes (USCO, 2023). En este caso, la Oficina de Derechos de Autor de Estados Unidos estableció que, independientemente de su obligación de revisar adecuadamente cada solicitud recibida, debe presentarse la contribución creativa humana (USCO, 2022). No obstante, la combinación de creación humana y obras generadas por IA ha sido declarada apta para la protección de derechos de autor. Sin embargo, esto solo cubre la parte del material que refleja el esfuerzo cognitivo humano. Esto refuerza la postura tradicional estadounidense de considerar a los humanos aptos para ser considerados "autores" (USCO, 2025).

En relación con las creaciones de inteligencia artificial generativa, la Oficina de Derechos de Autor de Estados Unidos excluye la protección del material creado exclusivamente mediante esta tecnología. Sin embargo, también establece que, en los casos en que esta complementa el intelecto humano, si la expresión humana es evidente, se otorgaría protección a esa sección de la obra.

5. Conclusiones

El advenimiento de la inteligencia artificial ha transformado la relación del sector tecnológico con los derechos de autor. La inteligencia artificial se ha convertido en una de las áreas más relevantes de este panorama, debido a su capacidad para impactar en situaciones relacionadas con los derechos de autor, generando situaciones nunca antes vistas. En este contexto, junto con la necesidad de dotar a estos dispositivos de la capacidad de operar conforme a la ley, surge el debate sobre si la figura del "autor" debería extenderse más allá del elemento humano. La mayoría de las jurisdicciones deniegan esta postura cuando la creación se basa únicamente en un dispositivo computacional. No obstante, si existe una combinación de intervención humana y de máquina en el proceso creativo, existe la posibilidad de que ésta aún esté protegida. Esto ha generado una serie de criterios emitidos por los órganos jurisdiccionales los cuales, si bien tienen una naturaleza proteccionista con el elemento humano, resultan incompatibles con el avance computacional, lo que deja un estado de indefinición entorno a la tecnología. Es por esto que resulta fundamental la colaboración constante entre el sector de desarrollo y el jurídico para dotar a estos dispositivos con la capacidad de operar legítimamente.

Referencias

Anantrasirichai, N., & Bull, D. (2022). Artificial intelligence in the creative industries: a review. *Artificial intelligence review, 55*(1), 589-656.

Anna Jordanous, 'A standardised procedure for evaluating creative systems: Computational creativity evaluation based on what it is to be creative' (2012) 4 Cognitive Computation 246

Annette Vee, Tim Laquintano & Carly Schnitzler, 'TextGenEd: An introduction to teaching with text generation technologies' (2024) 6 Postdigital Science and Education 922.

Cao, Y., Li, S., Liu, Y., Yan, Z., Dai, Y., Yu, P. S., & Sun, L. (2023). A comprehensive survey of ai-generated content (aigc): A history of generative ai from gan to chatgpt. *arXiv preprint arXiv:2303.04226.*

Caso 111/53 *Burrow-Giles Lithographic Co.* [1884] 111 U. S. 58

Chen, S. S. (2023). The Dawn of AI Generated Contents: Revisiting Compulsory Mediation and IP Disputes Resolution. *Contemp. Asia Arb. J., 16*, 301.

Gobierno del Reino Unido, 'Open Consultation Copyright and Artificial Intelligence' (17 December 2024) <https://www.gov.uk/government/consultations/copyright-and-artificial-intelligence/copyright-and-artificial-intelligence#bcopyright-and-artificial-intelligence> accesado el 8 de septiembre de 2025.

González, J. (2013). Envisioning cyborg bodies: Notes from current research. In The Gendered Cyborg (pp. 58-73). Routledge.

Haber, S., Horne, B., Pato, J., Sander, T., & Tarjan, R. E. (2003). If piracy is the problem, is DRM the answer?. In *Digital Rights Management: Technological, Economic, Legal and Political Aspects* (pp. 224-233). Berlin, Heidelberg: Springer Berlin Heidelberg.

Hayes, C. M. (2023). Generative artificial intelligence and copyright: Both sides of the Black Box. *Available at SSRN 4517799.*

IBM, 'What is a transformer model?' (What is a transformer model?, 19 September 2024) <https://www.ibm.com/think/topics/transformer-model> accesado el 8 de septiembre de 2025.

Jurafsky, D., & Martin, J. H. Speech and Language Processing: An Introduction to Natural Language Processing, Computational Linguistics, and Speech Recognition.

Kostelanetz, R. (1971). Machine art. *Centennial Review*, 229-249.

Lucchi, N. (2024). ChatGPT: a case study on copyright challenges for generative artificial intelligence systems. *European Journal of Risk Regulation, 15*(3), 602-624.

Manning, C., & Schutze, H. (1999). *Foundations of statistical natural language processing.* MIT press.

McCorduck, P., Minsky, M., Selfridge, O. G., & Simon, H. A. (1977, August). History of artificial intelligence. In *IJCAI* (pp. 951-954).

Ni, J., Young, T., Pandelea, V., Xue, F., & Cambria, E. (2023). Recent advances in deep learning based dialogue systems: A systematic survey. *Artificial intelligence review, 56*(4), 3055-3155.

Perry, M., & Margoni, T. (2010). From music tracks to Google maps: Who owns computer-generated works?. *Computer Law & Security Review, 26*(6), 621-629.

Reiter, E., & Dale, R. (1997). Building applied natural language generation systems. Natural language engineering, 3(1), 57-87.

Simon Ings, 'When art and Technology pull each other to bits' (New Scientist 21 September 2016). <https://www.newscientist.com/article/2106665-when-art-and-technology-pull-each-other-to-bits/> accessed 3rd February 2025.

Toosi, A., Bottino, A. G., Saboury, B., Siegel, E., & Rahmim, A. (2021). A brief history of AI: how to prevent another winter (a critical review). *PET clinics, 16*(4), 449-469.

Twentieth Century Music Corp. v. Aiken, 422 U.S. 151 (1975); OTA REPORT, at 38 ("lt was clear from the time of the Constitutional Convention that intellectual property law was intended to serve the goals of education and learning .. ");

J.L. Mott Iron Works v. Clow, 82 F. 316, 318-19 (7th Cir. 1897) ("The object of [the copyright clause] was to promote the.., general knowledge in science and useful arts.").

United States Copyright Office (2023) United States Policy Statement on Registering AI-Generated Output and Application of the Guidance to Applications CFR Part 202.

United States Copyright Office, 'Second Request for Reconsideration for Refusal to Register A Recent Entrance to Paradise' (*Copyright Review Board* 14 February 2022) <https://www.copyright.gov/rulings-filings/review-board/docs/a-recent-entrance-to-paradise.pdf> accesado el 8 de septiembre de 2025.

United States Copyright Office, (*Copyright and Artificial Intelligence Part 2: Copyrightability. A Report of the Register of Copyrights* January 2025) <https://www.copyright.gov/ai/Copyright-and-Artificial-Intelligence-Part-2-Copyrightability-Report.pdf> accesado el 8 de septiembre de 2025.

Vee, A., Laquintano, T., & Schnitzler, C. (2023). TextGenEd: Teaching with text generation technologies. *The WAC Clearinghouse*.

World Intellectual Property Organization, 'Ninth session of the WIPO Conversation on "Training the Machines – Bytes, Rights and the Copyright Conundrum"', (WIPO, May 14th 2025), <https://www.wipo.int/meetings/en/details.jsp?meeting_id=81668> accesado el 8 de septiembre de 2025.

World Intellectual Property Organization, 'WIPO Conversation on Intellectual Property (IP) and Frontier Technologies: Tenth Session' (WIPO, November 6th 2024)

World Trade Organization, 'Trading with intelligence How AI shapes and is shaped by international trade', (WTO, 2024), <https://www.wto.org/english/

res_e/booksp_e/trading_with_intelligence_e.pdf> accesado el 8 de septiembre de 2025.

Yu, H. (2023). Reflection on whether Chat GPT should be banned by academia from the perspective of education and teaching. *Frontiers in Psychology, 14*, 1181712.

Zach Schor, 'Andersen v. Stability AI: The Landmark Case Unpacking the Copyright Risks of AI Image Generators' December 2nd 2024 JIPEL <https://jipel.law.nyu.edu/andersen-v-stability-ai-the-landmark-case-unpacking-the-copyright-risks-of-ai-image-generators/> accessed 3rd February 2024

La inteligencia artificial y el derecho de autor en México: entre la negación dogmática y la necesidad de evolución jurídica

Aldo Ricardo Rodríguez Cortés[1]

Resumen: Este ensayo busca capturar un instante: el verano de 2025. Es una crónica desde las trincheras de una revolución silenciosa que redefine lo que significa crear. Mientras el mundo debate si las máquinas pueden ser artistas, millones de creadores mexicanos navegan un limbo jurídico kafkiano, donde atreverse a usar las herramientas del siglo XXI puede convertirte en un paria del derecho de autor. A través del análisis de decisiones tomadas desde el desconocimiento de la tecnología que pretenden regular —y del miedo a errar precisamente por no comprenderla— muestro cómo nuestro sistema legal se ha transformado en su propio peor enemigo: un guardián celoso de paradigmas obsoletos, incapaz de contener una realidad creativa que lo desborda por todos los flancos. La distinción entre obras creadas "por" IA y obras creadas "con" IA no es un debate académico: es la línea que separa la evolución de la condena a convertirnos en el museo jurídico del continente

Palabras clave: Inteligencia artificial · derecho de autor · originalidad · INDAUTOR · *fair use* · innovación · creatividad digital

1. Introducción

Estamos presenciando el colapso de un paradigma. Por primera vez una tecnología no solo cambia cómo creamos, sino que cuestiona quién

[1] Chief Artificial Intelligence Officer (CAIO) y CEO en Lawgic Legal AI.

—o qué— puede crear. La inteligencia artificial generativa ha irrumpido en nuestros tribunales y oficinas de registro de obras de derecho de autor como un chivo en cristalería, destrozando certezas que parecían inamovibles y exponiendo las costuras de un sistema legal que nunca imaginó tener que distinguir entre la creatividad humana y sus simulacros algorítmicos.

En México, este terremoto conceptual encuentra un terreno particularmente frágil: instituciones que oscilan entre el pánico regulatorio y la parálisis administrativa, juristas que buscan respuestas en códigos escritos para un mundo analógico, y creadores que observan con perplejidad cómo sus obras son rechazadas porque la autoridad "advierte" el uso de herramientas del siglo XXI.

Lo que sigue es la crónica de una batalla jurídica que se libra en tiempo real, donde cada sentencia es un campo de pruebas y cada resolución administrativa una trinchera ideológica. Examinaré cómo México se ha convertido en un laboratorio involuntario de experimentación legal, donde decisiones tomadas en oficinas gubernamentales y salas de la Suprema Corte están escribiendo —a veces con tinta invisible, a veces con sangre creativa— el futuro del derecho de autor en la era de la inteligencia artificial.

Mi tesis es provocadora pero necesaria: estamos presenciando la más grande crisis del derecho de autor mexicano. No por exceso de tecnología, sino por déficit de imaginación jurídica. Mientras nuestras autoridades debaten si las máquinas tienen sentimientos —*spoiler*: no los tienen—, millones de creadores reales se encuentran atrapados en un absurdo, donde usar Photoshop con IA puede ser la diferencia entre ser considerado un artista o no.

La ironía es agridulce: en nuestra obsesión por proteger la "pureza" creativa, estamos matando la creatividad misma (muy parecido a lo que hicieron con la Ley de Patrimonio Cultural, que solo desincentiva). Y, sí, mientras escribo esto, las grandes tecnológicas ya resolvieron el problema a billetazos (Anthropic pagó $1.5 mil millones para limpiar su conciencia algorítmica, pero esa es otra historia).

2. El paradigma tradicional de la originalidad y su crisis conceptual

Hablemos de originalidad. El Artículo 3 de nuestra Ley Federal del Derecho de Autor (LFDA) nos ofrece una definición que, en su aparente simplicidad, esconde un abismo filosófico: "obras de creación original". Tres palabras que antes bastaban para delimitar un universo. Tres palabras que la inteligencia artificial ha convertido en un campo minado.

La palabra "original" presenta una dualidad fundamental que se refleja en el derecho de autor: puede referirse tanto al origen o principio de algo, como a aquello que resulta novedoso o singular. Esta ambigüedad no es meramente semántica; representa dos dimensiones diferentes pero interrelacionadas de la protección autoral. Por un lado, hablamos del "original" como obra primigenia de la que pueden derivar otras creaciones; por otro, de la "originalidad" como cualidad creativa distintiva que separa una obra protegible de lo común o trivial.

El marco jurídico actual establece parámetros que, aunque básicos, revelan inconsistencias significativas en su aplicación. El criterio jurisprudencial 1a./J. 164/2023 (11a.) reconoce la protección tanto de obras originales como derivadas, siempre que presenten características propias de originalidad. El Convenio de Berna extiende esta protección a traducciones, adaptaciones y arreglos musicales, considerándolas obras originales mientras respeten los derechos del autor de la obra primigenia. Sin embargo, la aplicación práctica de estos principios revela numerosas paradojas.

Consideremos esta paradoja reveladora: un traductor que convierte palabra por palabra "To be or not to be" en "Ser o no ser" obtiene derechos de autor. Un publicista que condensa la esencia de una marca en tres palabras geniales, no. Un músico que hace un *cover* nota por nota de una canción, sí. Un programador que escribe un algoritmo por semanas que resuelve un problema, tal vez no. ¿Detectan el patrón? No hay patrón.

La originalidad en nuestro sistema legal es, menos, un estándar objetivo y más un capricho por la tradición (y lo que sea que se negoció en ese momento), donde las reglas cambian según quién las interprete y en qué industria creativa nos encontremos. Y ahora llega la IA a este casino conceptual, y ni siquiera sabemos si dejarla sentarse a la mesa.

La doctrina, en su infinita sabiduría —o quizá en su desesperación— inventó el concepto de la "impronta del autor": esa supuesta huella creativa que distingue a las almas llamadas a crear, capaz de convertir en autor tanto a Picasso como a un niño de kínder con crayolas. Hermosa metáfora, terrible herramienta legal. Porque aquí viene el *quid* del asunto: este concepto que usamos como si fuera palabra sagrada, que citamos en tribunales con toda solemnidad, no existe en ninguna ley. Cero. Nada. Es una creación doctrinal que funciona bien cuando todos jugamos a que entendemos qué significa, pero que se desmorona espectacularmente cuando una IA entra al escenario.

3. El Amparo 06/2025 de la Suprema Corte: una oportunidad perdida

Llegamos entonces al 28 de agosto de 2025. Con 22 días de retraso —un detalle que habla por sí solo sobre la angustia deliberativa del tribunal—, la Segunda Sala de la Suprema Corte finalmente publicó el engrose del asunto 6/2025. Pero el verdadero problema comenzó el 2 de julio, cuando el proyecto original provocó tal conmoción que la SCJN tuvo que hacer algo inusual: publicar urgentemente en X (twitter) que nada era definitivo hasta el engrose.

El proyecto inicial era una bomba atómica legal: declaraba que "todo" producto de IA sería automáticamente dominio público. La Corte estuvo a punto de convertir a México en el único país donde usar IA significaría renunciar automáticamente a tus derechos. La sorpresa y rechazo fue tan unánime que los ministros tuvieron que corregir el rumbo, evidenciando que se quedaron cortos con su comprensión y de las implicaciones de su proyecto de sentencia (que por cierto en sesión pública lo aprobaron sin modificaciones).

Gerald García Báez había pedido algo absurdo y contraproducente: que la IA comercial "Leonardo" tuviera derechos morales mientras él se quedaba con los patrimoniales. Este planteamiento ridículo —el peor caso posible que pudo haber llegado a la Corte— les dio a los ministros la excusa perfecta para evitar el verdadero debate. En lugar de discutir cómo proteger obras creadas "con" inteligencia artificial por humanos reales, la Corte se entretuvo explicando lo obvio: que una máquina no puede tener derechos morales. García Báez, con su pretensión ociosa, nos condenó a todos. Le regaló a la SCJN la salida fácil: en vez de establecer criterios útiles para millones de creadores, se dedicaron a demoler un argumento del que poco disenso existe en el mundo.

Gracias a la torpeza de García Báez, la sentencia se convirtió en un ejercicio de obviedades. Párrafo 53: la IA no puede tener derechos porque los derechos son humanos, punto. Párrafo 54: más de lo mismo, por si alguien no entendió. La Corte desperdició 28 páginas demoliendo un argumento que nadie serio estaba defendiendo. Mientras tanto, el verdadero problema —cómo proteger las obras de humanos que usan IA como herramienta— quedó sepultado bajo toneladas de doctrina inútil. García Báez les dio el caso perfecto para evitar pensar.

"*Resulta imposible*", decretan los ministros con la certeza de quien nunca ha tenido que explicarle a un cliente por qué su obra creada por una IA acaba de ser rechazada por el Instituto Nacional del Derecho de Autor (INDAUTOR). Pero es en el párrafo 58 donde la Corte comete el equivalente jurídico de un autogol. Lean esto y lloren conmigo: "Esta Segunda Sala de la SCJN considera que la inteligencia artificial no reúne las características de individualidad y originalidad que tiene un ser humano conforme a su creatividad, experiencia, percepción del entorno del momento y sentimientos."

¿Sentimientos? ¿En serio? ¿Ahora resulta que el derecho de autor depende de tener sentimientos? Supongo que los psicópatas no pueden ser autores entonces. Y aquí es donde surge la frustración fundamental. Esta declaración, técnicamente correcta pero conceptualmente miope, es el equivalente jurídico de usar una espada para hacer cirugía. Sí, corta, pero ¿a qué costo?

La Corte tuvo en sus manos la oportunidad de oro de definir de forma puntual el futuro. De establecer con claridad meridiana qué significa crear "con" herramientas versus ser reemplazado "por" ellas; en lugar de darle a los creadores mexicanos un mapa para navegar estas aguas turbulentas, ¿Qué obtuvimos en cambio? Un manotazo doctrinario que suena totalmente confuso en los comunicados de prensa, que deja a millones de creadores en el limbo, preguntándose si usar Midjourney para ilustrar su novela gráfica los convierte automáticamente en obras no registrables.

La doctrina internacional —esa que nuestros ministros aparentemente no leyeron— reconoce tres modelos de interacción que son la clave de todo este embrollo:

1. IA "con" humanos (*human-in-the-loop*): el humano es el chef, la IA es el cuchillo. Sí, un cuchillo muy sofisticado que a veces sugiere cómo cortar, pero cuchillo al fin. El ilustrador que usa MidJourney, itera mil veces, edita en Photoshop y firma su obra no es diferente al fotógrafo que dispara mil fotos para quedarse con una. El desafío está en traducir esta realidad técnica a criterios legales comprensibles y aplicables.

2. IA "sobre" humanos (*human-on-the-loop*): Aquí la cosa se pone picante. La máquina es el piloto automático y tú eres el capitán que puede tomar el control si las cosas se ponen feas. Google DeepMind Genie 3 creando mundos mientras tú supervisas es el equivalente digital de dirigir una orquesta de robots: suena a ciencia ficción, pero es el presente.

3. IA "sin" humanos (*human-out-of-the-loop*): El apocalipsis creativo que todos temen y que... básicamente no existe. Sí, hay bots que escupen imágenes en Instagram, pero llamar a eso "creación" es como llamar "chef" a la máquina expendedora de sodas.

Veintiocho páginas. "veintiocho". En ese espacio cabría el Quijote resumido, y ¿qué nos dieron? Una tautología que básicamente dice "*las máquinas no son humanas*" en cada párrafo posible. La ironía es evidente: gastaron más tinta explicando por qué una IA no puede tener sentimientos que la que hubieran necesitado para establecer un marco legal útil para los millones de creadores que ya están usando estas herramientas. Es como escribir un tratado sobre por qué los unicornios no pueden tener licencia de conducir mientras ignoras el tráfico real en el Anillo Periférico.

4. INDAUTOR y la ruptura de la buena fe registral

Pero si la Suprema Corte pecó de omisión por defecto, INDAUTOR ha pecado de comisión por exceso. El problema con INDAUTOR no es que intente regular —eso es necesario y deseable—. El problema es que interpreta desde el desconocimiento técnico. Sus respuestas a las numerosas solicitudes de registro de obras es el equivalente administrativo de usar una bomba nuclear para matar una mosca: destruye todo sin resolver el problema real.

Verdaderamente comprendo la figura maternal, que INDAUTOR intenta jugar cuidando el derecho de autor y la pureza del mismo, en serio, hace sentido desde una óptica en la que escucho con recurrencia que el autor pierde el control creativo y existe aleatoriedad en lo que la IA produce.

En su afán de protegernos de un peligro que no comprenden técnicamente, han creado un sistema donde la sospecha sin fundamento mata la presunción de buena fe registral que uniforma al sistema de protección de derechos de autor y donde el miedo irracional a la tecnología se ha convertido en política pública.

La paranoia institucional ha alcanzado niveles nunca antes vistos: ahora basta que la autoridad registradora "advierta" —con criterios opacos y subjetivos— el uso de IA para que tu obra sea marcada con la letra escarlata y desterrada del reino de la protección autoral.

Las resoluciones de INDAUTOR negando el registro a las obras autorales desde julio de 2025, ejemplifica la complejidad administrativa llevada al extremo. Lean y maravíllense: "Respecto del estudio ejemplar que presenta para su inscripción en el sistema de registro en línea INDARELÍN, se advierte un contenido, producto, resultado, material o datos generados por programas informáticos con inteligencia artificial basada en comportamientos que simulan la inteligencia humana para obtener un resultado ajeno a ésta." ¿Lo captaron? No se preocupen, nadie lo hace. Es el equivalente legal de decir "*se ve medio raro, next*". *"Me parece hecho con IA y por lo tanto no merece registro ni protección".*

Detengámonos un momento a paladear la ironía: un sistema construido sobre la presunción de buena fe, ese pilar romántico del derecho que asume que los ciudadanos no mienten hasta que se demuestre lo contrario, ha sido reemplazado por un sistema donde las autoridades deben evaluar tecnología que evoluciona más rápido que los criterios para comprenderla.

Los artículos 162 a 164 de nuestra Ley Federal del Derecho de Autor son cristalinos como el agua: el registro existe para dar certeza, no para sembrar dudas. Las causales de negativa están listadas y no admiten ampliación. Y adivinen qué no está en esa lista: "*me late que usaste IA*".

La lógica de INDAUTOR es tan binaria que haría llorar a Turing: usaste IA = no hay originalidad. Fin. No importa si pasaste 100 horas perfeccionando *prompts*, si la idea es tuya, si editaste cada píxel. ¿Tocaste la IA? Estás contaminado. Eres un paria creativo. Mientras tanto, en el mundo real, Pixar usa IA para renderizar, Netflix para editar, Spotify para masterizar, y Adobe mete IA hasta en la sopa. Pero claro, INDAUTOR sigue viviendo en su burbuja donde la creatividad pura solo existe si usas lápiz y papel. De preferencia, pluma de ganso.

Las consecuencias de esta interpretación administrativa son devastadoras:

1. Incertidumbre registral. La falta de criterios claros y públicos convierte cada solicitud en una incógnita. Las autoridades, sin herramientas técnicas adecuadas ni lineamientos precisos, deben tomar decisiones que afectan carreras creativas enteras.
2. El premio a la mentira. El mensaje es claro: si usaste IA, cállate, no lo digas. Miente. Niega. La honestidad es para los idiotas que quieren que les rechacen su obra.
3. Tu derecho de autor ahora depende de criterios subjetivos. Ese derecho "automático" que surge con la creación ahora necesita pasar por un filtro administrativo con criterios técnicos poco claros y que requiere autorización y dictaminación previa de la autoridad.

Imaginemos por un momento las implicaciones de esta locura administrativa llevada a su conclusión lógica: ¿Tu iPhone usa IA para mejorar tus fotos? Esas fotos no tienen protección autoral y no podrás registrarlas. ¿Grammarly sugirió una coma en tu novela? Rechazada. ¿Spotify con su masterización automática tocó tu canción? adiós derechos. Photoshop con sus filtros inteligentes, Ilustrador o cualquier otra aplicación de edición de imagen, video, audio: olvídate.

Hemos creado un mundo donde la pureza creativa se mide, no por la calidad o la originalidad de la obra, sino por la virginidad tecnológica del proceso. Es como si exigiéramos que los escritores usaran plumas de ganso porque las computadoras "contaminan" la escritura. Es, francamente, demencial.

5. El Caso Zarya of the Dawn: lecciones del derecho comparado

Crucemos la frontera norte para encontrar algo de cordura —o al menos, un tipo diferente de locura: El caso "Zarya of the Dawn". Febrero de 2023: Kristina Kashtanova se presenta ante la Oficina de Copyright estadounidense con una novela gráfica creada con Midjourney bajo el brazo y esperanza en el corazón. Lo que siguió fue una clase magistral de cómo hacer las cosas mal por las razones correctas, o tal vez al revés.

Kashtanova no era una aficionada experimentando con juguetes digitales. Su proceso era obsesivo, casi ritual: horas puliendo *prompts* como un poeta sus versos, días enteros dedicados a una sola página, noches enteras persiguiendo la imagen perfecta que capturara el dolor de perder a su abuela y a su mejor amigo. Esta no era una obra producto de presionar un botón al azar; era el testimonio visual de un duelo, mediado por algoritmos, pero nacido del corazón humano. Pero claro, trata de explicarle eso a un burócrata....

El veredicto fue un Frankenstein legal: sí al texto (obvio, lo escribió ella), sí a la compilación (porque ordenar cosas es muy humano, aparentemente), pero no a las imágenes porque Midjourney es un artista rebelde que no obedece órdenes exactas. Y aquí viene la puñalada más cruel: no importa cuánto sudaste. El "sweat of the brow" —esa bella teoría de que el esfuerzo cuenta— murió oficialmente. Puedes pasar mil horas perfeccionando tu *prompt*, pero si no controlas cada píxel, no hay premio. Es como decirle a un fotógrafo que no es autor porque no controló la dirección exacta de cada fotón.

La Oficina de Copyright, en un análisis más detallado, ofreció una analogía contundente: usar Midjourney es como contratar a un artista. Tú das las instrucciones, pero el artista hace la obra. Y, no, decirle a Da Vinci "píntame una sonrisa enigmática" no te convierte en el autor de la Mona Lisa. Duele, pero al menos es un criterio articulado y razonado, aunque discutible en sus fundamentos.

6. El giro inesperado: "A Single Piece of American Cheese"

Y entonces, el 30 de enero de 2025, mientras Anthropic escribía cheques de miles de millones, la Oficina de Copyright de Estados Unidos hizo algo que nadie esperaba: otorgó protección de derechos de autor a "A Single Piece of American Cheese", una imagen generada con IA por Kent Keirsey usando Invoke AI.

¿Por qué importa? Porque marca un cambio radical respecto a Zarya. La obra —una composición surrealista de una mujer con cabello de espagueti, un tercer ojo y una rebanada de queso americano integrada en su rostro— fue creada mediante "inpainting", con Keirsey seleccionando, coordinando y arreglando múltiples fragmentos generados por IA.

Inicialmente rechazada en septiembre de 2024 por "falta de autoría humana", la decisión fue revertida cuando Keirsey presentó un video time-lapse del proceso creativo. La Oficina de Copyright finalmente determinó que contenía "suficiente autoría humana original en la selección, arreglo y coordinación del material generado por IA".

La clave está en los detalles: Keirsey no solo escribió un *prompt* y esperó. Generó un borrador inicial, seleccionó elementos específicos, añadió el queso mediante múltiples iteraciones, refinó el cabello, agregó el tercer ojo, ajustó pestañas y estructura ósea. Cada decisión fue humana, aunque la ejecución fuera algorítmica.

Esto cambia todo. Si Zarya estableció que las imágenes individuales de Midjourney no eran protegibles, "American Cheese" demuestra que el proceso iterativo humano sí puede generar derechos de autor. La diferencia no está en la herramienta sino en el nivel de control creativo humano.

Pero aquí viene la controversia: ¿Por qué "Théâtre D'opéra Spatial" —que ganó un premio de arte— fue rechazado mientras que una mujer con queso en la cara fue aceptada? La arbitrariedad es evidente. La Oficina de Copyright admite que cada caso será evaluado individualmente, lo que en la práctica significa: nadie sabe realmente dónde está la línea.

Para México, este caso es crucial. Muestra que Estados Unidos está evolucionando hacia un reconocimiento matizado del uso de IA, mientras nosotros seguimos en el debate binario de si la IA contamina o no la originalidad. El caso del queso americano nos enseña que el futuro no está en prohibir la IA sino en documentar meticulosamente el proceso creativo humano.

7. Hacia un nuevo paradigma: propuestas para México

Después de este tour de IA y el derecho de autor, una cosa queda clara: estamos intentando meter un océano digital en el vaso jurídico del siglo XX, y el agua se está derramando por todos lados. Necesitamos —no, exigimos— un nuevo paradigma. Uno que no sea el producto de pánico moral ni de tecnofilia torpe, sino de una comprensión madura de que la creatividad humana no desaparece cuando toca un algoritmo, de la misma manera que no desapareció cuando los pintores empezaron a usar cámaras fotográficas.

Primero, seamos pragmáticos: intentar crear niveles o categorías de uso de IA es una trampa conceptual. ¿Dónde pones la línea entre "herramienta" y "colaborador"? ¿Cuántos prompts son demasiados? ¿Cuánta edición humana es suficiente? Es imposible trazar estas fronteras sin caer en arbitrariedades aún peores que las actuales.

La solución es más simple y pragmática: si hay participación humana, debe ser registrable, punto. No "significativa", no "sustancial", no "suficiente" —estos son adjetivos que invitan a la "discrecionalidad", otro nombre para la arbitrariedad de las autoridades—. Si un humano participó en cualquier nivel del proceso creativo, la obra debe poder registrarse.

La transparencia sobre el uso de IA no debe ser un castigo sino una declaración informativa. Tal vez, como sugieren algunos expertos, podríamos crear un derecho sui generis —un registro especial para obras con IA que otorgue protección, pero con características particulares—.

Pero lo que no podemos hacer es ponernos a medir cuánta participación es "suficiente". O participó un humano o no participó. Es binario, no una escala de grises.

Segundo, el sistema registral necesita una reforma urgente basada en principios simples:

- Declaración, no confesión. Un campo que permita declarar el uso de IA como información, no como admisión de culpa. Quizá incluso con beneficios por la transparencia.
- Presunción de validez. Una vez registrada, la obra se presume válida hasta que se demuestre lo contrario en sede judicial, no administrativa.
- Criterios públicos y técnicos. Lineamientos claros sobre el proceso de registro y declaración de uso de IA, basados en estándares internacionales, no en evaluaciones subjetivas de cuánto es "suficiente".

Tercero, necesitamos categorías nuevas para realidades nuevas. El Reino Unido ya tiene "obras generadas por computadora" en su legislación desde 1988. Mil novecientos ochenta y ocho. Mientras ellos legislaban para el futuro, nosotros seguíamos discutiendo si el fax tenía validez legal. No propongo copiar su modelo, pero es imperativo evaluar una nueva figura y ni modo, no es el primer parche que nuestra LFDA tiene, ni será el último.

Cuarto, dejemos de pretender que un poema y un algoritmo se evalúan igual. Cada industria creativa tiene sus propias dinámicas y necesidades:

- Código: Cursor y Claude Code es el standard. Si vas a negar derechos por usar IA aquí, prepárate para un mundo sin software.
- Música: Los DAWs llevan IA desde hace décadas. ¿Ahora resulta que toda la música electrónica no tiene derechos?

- Literatura: Grammarly, Hemingway, ProWritingAid... ¿Dónde trazamos la línea?
- Arte visual: Aquí sí está el debate muy ardiente, pero no podemos aplicar las mismas reglas a todo.

Una aproximación de "talla única" es como usar el mismo antibiótico para todo: no cura nada y crea superbacterias legales.

8. El equilibrio necesario: innovación y protección

¿Cómo protegemos la chispa divina de la creatividad humana sin convertirnos en luditas digitales? ¿Cómo abrazamos el futuro sin quemar el pasado? La respuesta no está en los extremos. Ni en el pánico de la autoridad registral que ve fantasmas de IA en cada píxel, ni en el libertinaje algorítmico donde todo vale y nada importa. La respuesta, como siempre en el derecho, está en ese espacio gris, incómodo y fascinante donde vive la justicia real.

El principio rector debería ser tan simple que duele que tengamos que explicarlo: la herramienta no hace al artista. ¿Usaste un pincel? *Cool.* ¿Una cámara? muy bien. ¿Photoshop? Adelante. ¿Midjourney? ¡Por qué no! La pregunta no es qué usaste, sino qué creaste y cuánto de ti hay en ello. Pero no, preferimos debates bizantinos sobre si la IA tiene alma mientras los creadores reales se preguntan si mañana sus obras valdrán algo legalmente (o si son suyas simplemente).

Esto requiere algo más difícil que cambiar leyes: cambiar mentes. Mentes que ven en cada algoritmo un enemigo, en cada red neuronal una amenaza, en cada *prompt* una rendición de la humanidad. *News flash*: la IA es una herramienta. Como el fuego se usó para cocinar, y calienta una casa si lo colocas en la chimenea, también quema la casa si una chispa se sale y brinca a las cortinas. La diferencia no está en el fuego, está en quien lo maneja y para qué lo usa. Y mientras nuestras autoridades sigan tratando de apagar el fuego con gasolina legal, los creadores seguirán quemándose.

Es crucial entender que nuestra crítica no es a la regulación en sí, sino a la regulación ignorante y arbitraria. No pedimos *free for all* digital; pedimos reglas basadas en comprensión técnica. La diferencia es fundamental:

- Regulación paranoica (lo que tenemos): Rechazar todo porque "se advierte" IA, sin criterios claros ni comprensión técnica
- Regulación inteligente (lo que necesitamos): Criterios transparentes basados en la existencia de participación humana.

La IA puede ser peligrosa, sí. La línea entre inspiración y plagio con IA es más delgada que nunca. Entre usar la IA como herramienta creativa y usarla como máquina de copiar hay un abismo ético que requiere supervisión. Pero esa supervisión debe basarse en conocimiento técnico real, no en interpretaciones caprichosas disfrazadas de protección.

9. Implicaciones para el Ecosistema Creativo Mexicano

Pongámoslo en perspectiva con números reales: Anthropic pagó $1.5 mil millones por usar obras sin permiso. OpenAI y Meta enfrentan demandas similares. Estamos hablando de un mercado de decenas de miles de millones de dólares en juego. Las decisiones que estamos tomando (o evitando tomar) hoy no son abstracciones legales; son decisiones económicas que definirán si México participa en esta nueva economía o se queda mirando desde afuera.

- La inversión de la carga probatoria (onus probandi): El sistema autoral mexicano, en consonancia con los principios del Convenio de Berna, opera bajo la presunción iuris tantum de que la protección nace con la fijación de la obra. Sin embargo, la interpretación actual de INDAUTOR socava esta presunción de buena fe, trasladando a todo creador la obligación de demostrar un hecho negativo: que su obra no fue creada con el auxilio de inteligencia artificial.

Esta exigencia constituye una prueba diabólica (probatio diabolica) en términos procesales. Como señalamos en el *amicus curiae* presentado ante la SCJN en el amparo 6/2025: el proceso creativo no es un acto que se documente de manera forense. Imponer a todo autor la carga de acreditar detalladamente su metodología creativa —bocetos, borradores, procesos de pensamiento y la ausencia de herramientas tecnológicas específicas— no solo es una barrera procesal desproporcionada, sino que desnaturaliza el acto mismo de la creación.

- Vulneración del principio de presunción de autoría: El precedente que se perfila vulnera el principio de mínima intervención y el de presunción de autoría establecidos en nuestra legislación. Cualquier controversia sobre derechos de autor, sea en un procedimiento de infracción administrativa en materia de comercio o en una solicitud de nulidad de registro, estaría supeditada a un nuevo escrutinio. La defensa del demandado podría centrarse no en desvirtuar el plagio o la falta de originalidad, sino en sembrar la duda sobre el método de creación del autor para invocar la causal de dominio público. Esta situación genera inseguridad jurídica para todos los titulares de derechos.

- Desincentivo a la transparencia y documentación del proceso creativo: El sistema actual genera un efecto perverso: penaliza la honestidad. Los creadores que transparenten el uso de herramientas de IA en su proceso creativo al presentar la obra para su registro enfrentarán el rechazo automático, mientras que quienes omitan esta información podrán obtener sus registros. Esto contraviene los principios de buena fe que deben regir el sistema registral y crea incentivos para la opacidad en lugar de la transparencia que debería caracterizar los procesos de protección intelectual.

- Ausencia de distinción jurídica necesaria: Como señaló el *amicus curiae*, existe una diferencia fundamental entre obras generadas de forma autónoma por una IA —que correctamente carecen de protección por ausencia de un autor persona física— y obras creadas por un autor humano que utiliza la IA como herramienta para materializar su "impronta personal". La interpretación actual de INDAUTOR no realiza este distingo, colocando en una misma categoría jurídica ambos supuestos y amenazando con despojar de protección a un universo creciente de obras en las que la creatividad humana sigue siendo la fuerza rectora y determinante.

Estas problemáticas no son teóricas. En la práctica registral actual, observamos creadores que optan por no solicitar protección ante la incertidumbre del criterio aplicable, empresas que evitan transparentar sus procesos creativos, y un ecosistema que opera bajo constante inseguridad jurídica. Como advertíamos en el *amicus curiae*: el sistema actual, lejos de fomentar la protección de la creatividad, genera barreras que desincentivan tanto la innovación como el registro formal de obras. Es importante aclarar: no abogamos por negar toda protección a obras creadas con IA, ni tampoco por un sistema sin regulación alguna. La solución no está en los extremos:

- No a la prohibición absoluta. Negar todo registro por el mero uso de IA es ignorar la realidad tecnológica actual y futura.
- No al dominio público automático. Declarar que todo lo tocado por IA pierde protección destruye la seguridad jurídica.
- Sí a un régimen diferenciado. Como propusimos anteriormente, un derecho sui generis o un sistema de registro con declaración transparente del uso de IA
- Sí a la certeza jurídica. Criterios claros, públicos y técnicamente fundamentados que todos puedan entender y aplicar

La solución requiere reconocer que las obras con participación de IA pueden y deben ser registrables cuando existe participación humana. No necesitamos calificar esa participación con adjetivos que solo invitan a la discrecionalidad administrativa. Quizá con modalidades diferentes, quizá con plazos de protección ajustados, pero registrables al fin. Lo que no podemos permitir es que la incertidumbre actual continúe paralizando el ecosistema creativo.

10. El rol de los profesionales de IA: entre la frustración y la responsabilidad

Como *Chief Artificial Intelligence Officer* vivo esta esquizofrenia legal todos los días. Por un lado, implemento tecnología que puede transformar industrias enteras. Por otro, navego un campo minado donde cada decisión creativa puede explotar en problemas legales que nadie entiende completamente. Y aquí está el problema real: mientras intentamos explicar la diferencia entre entrenamiento e inferencia, entre modelos y *prompts*, las autoridades siguen preguntando si la máquina tiene sentimientos. Es como explicar física cuántica a alguien que insiste en que la Tierra es plana.

Nuestra responsabilidad forzosa es traducir:

- De *papers* técnicos a español entendible: sin perder rigor, pero sin ahogar en jerga.
- De casos internacionales a contexto local: Zarya no es solo un caso estadounidense; es una advertencia.
- De mejores prácticas a protocolos aplicables: documentación que sirva en tribunales, no en conferencias.
- De teoría a supervivencia práctica: porque $1.5 mil millones no es teoría, es bancarrota.

11. Hacia un marco pragmático de IA y derechos de autor

México necesita dejar de improvisar y empezar a estudiar. El acuerdo de $1.5 mil millones de Anthropic no es una invitación a inventar soluciones creativas; es una advertencia de lo que cuesta no entender la tecnología y sus implicaciones legales.

Lo que necesitamos no es una doctrina revolucionaria sino competencia técnica real. Funcionarios que entiendan los *white papers* de OpenAI, los estudios de Stanford sobre *fair use*, las propuestas regulatorias de la Unión Europea. Que sepan distinguir entre entrenamiento e inferencia, entre *fine-tuning* y *prompting*, entre obras derivadas y transformativas. Y, sobre todo, tiene que ser aplicable por funcionarios que quizás no dominan los aspectos técnicos de la IA, pero que tienen en sus manos el poder de determinar el futuro de obras creativas con una simple resolución.

12. Conclusiones

Hemos llegado al final de este viaje por las ruinas humeantes del derecho de autor tradicional. No es una metáfora: mientras escribo esto, miles de creadores mexicanos están usando IA para crear, soñar, inventar, y lo hacen navegando un campo minado legal donde cada clic puede ser la diferencia entre el éxito y el ostracismo registral.

La intersección entre inteligencia artificial y derecho de autor no es solo compleja; es el nudo gordiano de nuestro tiempo. Y mientras nuestras autoridades juegan a ser intérpretes del resultado los creadores reales están ahí afuera, usando IA, echándose encima problemas legales que ni siquiera sabían que existían, navegando un mar de incertidumbre jurídica con brújulas que apuntan al siglo XIX.

Los casos que hemos diseccionado son las piezas de un rompecabezas que nadie quiere armar: la SCJN desperdició 28 páginas explicando lo obvio mientras evitaba lo importante. INDAUTOR se convirtió en el Torquemada digital, quemando obras en la hoguera de su propia incomprensión técnica. Zarya nos mostró que hasta Estados Unidos está improvisando sobre la marcha. Y el queso americano —sí, una rebanada de queso procesado— tiene más derechos de autor que muchas obras creadas con IA en México.

Mientras debatimos filosofías abstractas sobre la naturaleza de la creatividad, el mundo real ya tomó decisiones. Las tecnológicas resuelven sus problemas con chequeras (pregúntenle a Anthropic y sus $1.5 mil millones), pero ¿qué pasa con el diseñador gráfico de Polanco que usa Midjourney? ¿Con la escritora de Guadalajara que edita con Claude? ¿Con el músico de Monterrey que masteriza con IA? Ellos no tienen miles de millones para resolver sus problemas. Tienen INDAUTOR. Dios los ampare.

El camino hacia adelante requiere:

1. Abraza la complejidad o muere en la simplicidad. El mundo no es blanco y negro, es cincuenta mil tonos de gris digital. Es la realidad.

2. Los principios son eternos, las aplicaciones son líquidas. El derecho de autor no murió, solo necesita un "*update*". Como tu iPhone, pero con menos "bugs".

3. Reglas claras basadas en principios estables. Si no podemos explicar las reglas en un párrafo, son muy complicadas. Si cambian cada semana, no son reglas, son caprichos.

4. El equilibrio matemáticamente improbable, pero necesario. Proteger sin asfixiar, innovar sin destruir. Es como hacer malabarismo con granadas, pero alguien tiene que hacerlo.

5. Todos a la mesa o nadie come. Abogados hablando con programadores, artistas debatiendo con filósofos, autoridades escuchando a creadores. Sí, será complejo. Pero complejidad productiva.

La historia nos está mirando. Los creadores del futuro —nuestros hijos, armados con herramientas que ni siquiera podemos imaginar— nos juzgarán por las decisiones que tomemos hoy. ¿Seremos los arquitectos de un nuevo renacimiento creativo o los sepultureros de la innovación?

La elección es clara: o nos convertimos en el país que entiende la diferencia entre usar IA y ser reemplazado por ella, o nos volvemos el museo viviente de cómo no regular la innovación. Un lugar donde la falta de criterios claros y capacitación técnica puede truncar carreras creativas por interpretaciones inconsistentes sobre el uso de herramientas digitales.

Y esa diferencia no se mide en miles de millones. Se mide en sueños rotos, en talentos desperdiciados, en futuros que nunca fueron. Es mucho más caro que el dinero. Es el costo de convertirnos en irrelevantes.

Referencias

Alsup, W. (2025). Bartz v. Anthropic PBC, No. C 24-05417 WHA. United States District Court for the Northern District of California.

Anthropic Settlement Agreement. (2025, septiembre 5). Bartz et al. v. Anthropic PBC–$1.5 Billion Class Action Settlement. United States District Court for the Northern District of California.

Convenio de Berna para la Protección de las Obras Literarias y Artísticas. (1886). Organización Mundial de la Propiedad Intelectual.

Instituto Nacional del Derecho de Autor. (2025). Oficio DRPDA:SROC:TL1972:2025. México

Kashtanova v. U.S. Copyright Office. (2023). Zarya of the Dawn Registration Review. United States Copyright Office.

Ley Federal del Derecho de Autor. (1996). Diario Oficial de la Federación. México.

Real Academia Española. (2024). Diccionario de la lengua española (24.ª ed.). https://dle.rae.es

Segunda Sala de la Suprema Corte de Justicia de la Nación. (2025, julio 2). Proyecto de Sentencia del Amparo en Revisión 6/2025. México.

Segunda Sala de la Suprema Corte de Justicia de la Nación. (2025, agosto 28). Engrose de la Sentencia del Amparo en Revisión 6/2025. México.

SCJN [@SCJN]. (2025, julio 2). Aclaración sobre el proyecto de sentencia 6/2025 [Post]. X. https://x.com/SCJN/status/1944871817182683514

UK Copyright, Designs and Patents Act. (1988). Chapter 48. United Kingdom.

United States Copyright Office. (2023). Copyright Registration Guidance: Works Containing Material Generated by Artificial Intelligence. Federal Register.

Construyendo el camino hacia un marco actual de propiedad intelectual para el uso responsable de la inteligencia artificial

Daniel Legaspi Jaime[1]

Resumen: El artículo examina el impacto de la IA generativa en el derecho de autor. Sostiene que la autoría humana sigue siendo el eje de protección y que la IA debe entenderse como herramienta sujeta a reglas de transparencia, trazabilidad y etiquetado. El texto hace un recorrido por iniciativas legislativas (etiquetado de contenidos sintéticos; Comisión del Senado sobre IA) y destaca, en el exterior, el AI Act europeo (marcado de contenidos), la guía de la U.S. Copyright Office (exigencia de contribución humana), criterios administrativos en Colombia, y regulaciones o lineamientos que se están creando en China, Japón, Singapur y Corea. Concluye con tres retos: (i) definir la intervención creativa mínima para protección; (ii) clarificar el uso de *datasets* de entrenamiento (licencias/opt-out/respeto a metadatos); (iii) establecer mecanismos de trazabilidad (bitácoras inalterables y etiquetado), armonizando con T-MEC y OMPI.

Palabras clave: Inteligencia Artificial, Propiedad Intelectual, Derechos de autor, Autoría humana, Regulación, Obras hibridas.

1. Introducción

La expansión de la inteligencia artificial (IA) en la última década ha transformado de manera acelerada múltiples ámbitos de la vida social,

1. Chief Artificial Intelligence Officer y Especialista en propiedad intelectual y nuevas tecnologías.

económica y cultural. Los avances en campos como el reconocimiento de patrones, la automatización de procesos y, principalmente, la generación de contenido ha abierto posibilidades inéditas, que nos llevan a plantear interrogantes fundamentales en torno a la titularidad de derechos, la protección de las creaciones y la preservación de los valores que sustentan los sistemas jurídicos.

La propiedad intelectual se está viendo afectada, principalmente, en temas relacionados con derechos de autor. Esta disciplina jurídica vive una irrupción nunca antes vista, debido a los sistemas de IA capaces de producir textos, imágenes, composiciones musicales, guiones, videojuegos e incluso obras audiovisuales completas ha cuestionado la noción misma de "autoría". Los marcos legales tradicionales, diseñados bajo la premisa de que la creación es un acto exclusivamente humano, enfrentan el reto de determinar si, y en qué condiciones, puede reconocerse protección a las obras en cuya gestación intervino un algoritmo. Este debate conecta directamente con conceptos clave en el derecho de autor como la **impronta humana**, entendida como la huella personal e irrepetible que cada creador deja en su obra; la **originalidad**, que exige un grado mínimo de aportación propia frente a lo meramente mecánico; y la **creatividad**, como la capacidad de transformar ideas en expresiones únicas. La pregunta central es si, en las producciones asistidas o generadas por IA, estas nociones pueden seguir identificándose y atribuyéndose exclusivamente a las personas, o si deben redefinirse a la luz de la intervención algorítmica.

En América Latina se está reflexionado sobre las limitaciones que tiene la norma jurídica en el tema de la creación de contenidos por IA. Y, si bien, las legislaciones en todo el mundo parten del reconocimiento del autor como persona física, en la práctica los tribunales y las oficinas administrativas comienzan a recibir solicitudes de registro y litigios que involucran obras generadas con la asistencia de sistemas de IA.

En México, por ejemplo, la Suprema Corte de Justicia de la Nación (SCJN) en el expediente de Amparo Directo 6/2025, resuelto por la Segunda Sala (Transparencia Ciudadana, 2025), señaló que una obra producida íntegramente por un sistema autónomo de IA no puede ser registrada como creación protegida, al no mediar intervención humana susceptible de ser considerada como autoría. Este precedente mantiene vivo el marco legal vigente, pero al mismo tiempo evidencia los vacíos y las tensiones que derivan de la incorporación de la inteligencia artificial en el mundo jurídico. Además, obliga al legislador a clarificar el marco normativo, a fin de **adaptar las leyes a la evolución tecnológica y establecer parámetros claros, acorde a la nueva realidad que vivimos, que eviten una** interpretación decimonónica de conceptos claves como autoría, originalidad o creatividad, para construir el camino hacia un marco actual de propiedad intelectual para el uso responsable de la inteligencia artificial y, en particular, la protección de los derechos de los autores humanos y de la autoría de los sistemas autónomos de IA.

En la Unión Europea, el Reglamento de Inteligencia Artificial (AI Act, 2024) establece obligaciones de transparencia y trazabilidad que, si bien no son disposiciones estrictamente de derecho de autor, repercuten directamente en la manera en que las obras generadas con IA deben ser presentadas y etiquetadas ante el público.

En los Estados Unidos, se mantiene una postura firme de rechazo a la posibilidad de reconocer derechos autorales a obras creadas de manera autónoma por IA, pero admite la posibilidad de registro en la medida en que exista una contribución humana sustancial (U.S. Copyright, 2023). En Asia, las posiciones son más heterogéneas: mientras China prioriza el control de contenidos y la seguridad nacional (Cyberspace Administration of China, 2023), Japón fomenta la innovación mediante excepciones amplias a favor de la minería de datos (Hugh Stephens blog, 2024) y Singapur promueve lineamientos prácticos de gobernanza (Personal Data Protection Commission, 2020).

En América Latina, Colombia ha empezado a dar pasos relevantes: la Dirección Nacional de Derecho de Autor (DNDA, 2023) ha señalado de manera expresa que las creaciones producidas exclusivamente por sistemas de IA no pueden registrarse como obras protegidas, aunque sí es posible el reconocimiento de aquellas que involucren intervención creativa humana. Este matiz lo coloca como un referente en la región y ofrece un contraste útil frente al caso mexicano, donde la discusión ha sido impulsada principalmente por criterios judiciales y no por lineamientos administrativos.

El presente ensayo tiene como objetivo examinar el panorama de la inteligencia artificial en América Latina, tomando como eje las reglas del derecho de autor mexicano. Las lecciones que pueden extraerse de experiencias comparadas y las propuestas para diseñar una "salida mexicana" que concilie el incentivo a la creatividad humana con el aprovechamiento responsable de la tecnología.

A lo largo del texto se argumenta que la clave no reside en otorgar personalidad jurídica a la IA, sino en reforzar la centralidad de la intervención humana, al mismo tiempo que se establecen mecanismos claros de atribución, transparencia y responsabilidad en su uso.

2. Marco Vigente en México

La Ley Federal del Derecho de Autor (**LFDA**) establece de manera explícita que la titularidad del derecho recae en las personas físicas, quienes son reconocidas como autoras de las obras literarias, artísticas o científicas que expresen una creación original. La Suprema Corte de Justicia en México mantiene la postura de que exista una huella creativa atribuible a una persona física.

Desde esta perspectiva, se tiene que partir de la premisa fundamental de que la creatividad es un acto estrictamente humano, una concepción que responde a la tradición del derecho civil y que se ha mantenido prácticamente intacta desde la promulgación original de la ley.

No obstante, la irrupción de sistemas de inteligencia artificial capaces de generar resultados cada vez más complejos coloca a la autoridad mexicana ante retos inéditos. Herramientas tecnológicas para editar imágenes, manipular fotografías o transformar obras ya existían desde hace décadas; sin embargo, la novedad de los sistemas actuales radica en la posibilidad de crear contenidos completos a partir de un simple *prompt*, sin que medie necesariamente una intervención humana intensa en el proceso creativo. Allí se encuentra el verdadero desafío: determinar qué grado de participación del autor basta para considerar que la obra refleja su impronta y merece protección. La cuestión central es cómo distinguir entre la intervención sustancial y la mera instrucción automática, lo que conduce a preguntarse si será necesario implementar bitácoras inalterables y trazables que documenten el papel del usuario en la gestación de la obra, o hasta dónde debe llegar la regulación para proteger expresiones en las que la IA fungió como una herramienta de apoyo, pero no como el creador autónomo.

En ese sentido, si bien ya se explicó el punto medular de la decisión de la SCJN, podemos encontrar otras implicaciones relevantes. En primer lugar, se delimita claramente que los resultados generados de manera autónoma por IA no entran dentro del ámbito protegido por la LFDA. En segundo lugar, abre la puerta a la aceptación de obras híbridas, siempre que pueda demostrarse la intervención significativa de un autor humano, ya sea en la selección de *prompts*, en la edición del contenido o en la configuración de elementos expresivos que aporten originalidad. En tercer lugar, genera una presión directa sobre el legislador para que no deje este vacío a la libre interpretación de los tribunales, sino que adapte el marco legal con el fin de establecer parámetros más estrictos y claros frente a la evolución tecnológica.

En efecto, la propia resolución de la Corte evidenció que, de mantenerse la legislación en su estado actual, el sistema mexicano corre el riesgo de volverse demasiado dependiente de interpretaciones subjetivas. Un juez o una autoridad administrativa podría llegar a conclusiones distintas en casos similares si no existen lineamientos definidos sobre qué constituye intervención humana suficiente o sobre cómo valorar la originalidad en un proceso creativo asistido por IA. Esta incertidumbre no solo afecta a creadores, sino también a las empresas que buscan invertir en proyectos de innovación, pues enfrentan un panorama jurídico incierto.

Por otra parte, debe subrayarse que el Instituto Nacional del Derecho de Autor (INDAUTOR) no ha emitido lineamientos específicos sobre obras generadas con IA. La ausencia de criterios administrativos claros refleja que, por ahora, la autoridad aplica de manera estricta la concepción vigente de autoría humana, dejando abierto el debate sobre cómo deberán tratarse en el futuro las denominadas obras híbridas. El riesgo es que, sin reglas uniformes, cada caso dependerá de interpretaciones dispares, lo cual debilita la seguridad jurídica de quienes buscan aprovechar estas tecnologías en sectores creativos y culturales.

Finalmente, hasta hace poco el marco mexicano carecía de mecanismos de transparencia, trazabilidad y etiquetado de contenidos generados con inteligencia artificial, lo que situaba al país en rezago frente a jurisdicciones como la Unión Europea. No obstante, el 2 de septiembre de 2025 se presentó en la Gaceta Parlamentaria una iniciativa de reforma impulsada por el senador Cuauhtémoc Ochoa Fernández (MORENA), que busca atender precisamente este vacío. La propuesta contempla cambios a dos ordenamientos: por un lado, la Ley Federal de Protección al Consumidor, para exigir que todo contenido audiovisual, gráfico o sonoro creado o manipulado con IA incluya una advertencia visible y persistente sobre su carácter artificial, considerándose publicidad engañosa la omisión de dicho aviso; y por otro, la Ley Federal de Telecomunicaciones y Radiodifusión, para obligar a concesionarios, autorizados y plataformas digitales a implementar sistemas capaces de identificar y etiquetar automáticamente este tipo de contenidos, informar a los creadores de su deber de marcar lo sintético y establecer filtros que impidan la viralización de material no etiquetado. Aunque se trata apenas de una propuesta legislativa, su sola presentación refleja que el legislador ha comenzado a reconocer la urgencia de dotar al país de reglas específicas que garanticen a los usuarios tener información transparente sobre la naturaleza de los contenidos que consumen en entornos digitales.

En suma, el marco vigente en México podría categorizarse como restrictivo en su reconocimiento de autoría, al limitarla únicamente a las personas físicas, y ambiguo en su tratamiento de las obras híbridas, al depender de la interpretación judicial o administrativa de cada caso. La jurisprudencia de la SCJN ha marcado un precedente relevante que, sin embargo, debe traducirse en reformas legislativas concretas que fortalezcan la certeza jurídica, reduzcan la discrecionalidad y adapten las normas nacionales a los retos que impone la inteligencia artificial en el ámbito de los derechos de autor.

3. México: intentos legislativos en materia de IA y derecho de autor

La discusión sobre inteligencia artificial en México ha comenzado a trasladarse del terreno académico y judicial hacia el espacio legislativo. Aunque aún no existe una ley integral que regule la materia, distintos proyectos reflejan un incipiente esfuerzo por adaptar el marco normativo a los retos de la era digital. En este proceso, el derecho de autor se ubica en el centro del debate, pues la noción misma de creatividad y autoría resulta cuestionada cuando intervienen sistemas algorítmicos.

En 2024, el Senado instaló la Comisión de Análisis, Seguimiento y Evaluación sobre la Aplicación y Desarrollo de la Inteligencia Artificial, cuyo objetivo es elaborar diagnósticos, recibir aportaciones de especialistas y dar seguimiento a las iniciativas en trámite en ese órgano legislativo. Aunque su mandato abarca un espectro amplio, la Comisión ha reconocido que la protección de la creatividad cultural y de los derechos de autor constituye uno de los ejes prioritarios de su agenda.

En paralelo, en 2024 se presentó en la Cámara de Diputados una iniciativa de reforma a la Ley Federal del Derecho de Autor, impulsada por la diputada Margarita García García, que proponía incorporar de manera expresa la inteligencia artificial en la legislación autoral. El proyecto planteaba, entre otros puntos, definir qué debe entenderse por inteligencia artificial dentro de la ley, reconocer la figura de las llamadas "obras híbridas" que combinan aportaciones humanas y algorítmicas, establecer infracciones vinculadas con la manipulación no autorizada de contenidos —en particular en el ámbito audiovisual y musical— y regular el uso de simulaciones que pudieran inducir a error sobre la autenticidad de una obra. Aunque esta iniciativa aún no ha sido discutida ni dictaminada por el órgano legislativo, su presentación evidencia los vacíos que la tecnología ha puesto de manifiesto en el derecho de autor.

Por su parte, el 2 de septiembre de 2025, se dio a conocer otra iniciativa relevante en la Gaceta Parlamentaria, impulsada por el senador Cuauhtémoc Ochoa Fernández (MORENA), que propone imponer la obligación de etiquetar de manera clara y persistente los contenidos generados o manipulados con IA. La propuesta contempla reformas tanto a la Ley Federal de Protección al Consumidor, para considerar como publicidad engañosa la omisión de este etiquetado, como a la Ley Federal de Telecomunicaciones y Radiodifusión, imponiendo a concesionarios, autorizados y plataformas digitales el deber de implementar sistemas tecnológicos capaces de identificar y advertir el carácter sintético de los contenidos que difunden. Aunque no se trata de una modificación directa a la legislación autoral, el impacto en este campo es innegable: el etiquetado de contenidos sintéticos se convierte en un mecanismo de transparencia fundamental para distinguir entre obras humanas y creaciones algorítmicas.

El debate tampoco se restringe al Congreso federal. En octubre de 2024, el Pleno del Instituto de Transparencia, Acceso a la Información Pública, Protección de Datos Personales y Rendición de Cuentas de la Ciudad de México (INFOCDMX) aprobó presentar ante el Congreso capitalino una iniciativa para expedir la "Ley para el Uso de Inteligencia Artificial y el Tratamiento de Datos Personales por Sujetos Obligados en la Ciudad de México". Aunque orientada al sector público y enfocada en la protección de datos, esta propuesta refleja que incluso a nivel subnacional empieza a reconocerse la necesidad de establecer principios de responsabilidad, transparencia y control sobre el uso de sistemas algorítmicos, lo cual puede tener efectos indirectos en la gestión de obras y contenidos culturales.

A pesar de estos esfuerzos, el panorama aún es fragmentado: las iniciativas aparecen dispersas en distintos ámbitos —derecho de autor, protección al consumidor, telecomunicaciones y gobernanza digital— sin que exista un marco integral que articule sus alcances. La falta de definiciones técnicas claras, como qué debe entenderse por "obra híbrida" o qué constituye "intervención creativa humana", abre la puerta a nuevas ambigüedades. A ello se suma la necesidad de garantizar la compatibilidad de cualquier reforma con los compromisos internacionales asumidos por México, en particular el y los tratados de la Organización Mundial de la Propiedad Intelectual (OMPI). Pese a estas limitaciones, los proyectos legislativos recientes muestran que el país ha comenzado a reconocer la urgencia de regular la materia y que, en el ámbito de los derechos de autor, el desafío será construir un equilibrio entre la protección de la impronta humana y la transparencia en el uso de la inteligencia artificial.

4. IA y derechos de autor: discusiones globales

La discusión sobre la IA y su impacto en el derecho de autor se está desarrollando en múltiples países. En cada uno con enfoques distintos, pero con un punto en común: la autoría humana sigue siendo el centro de protección, y la IA se concibe como una herramienta que debe operar bajo parámetros de transparencia y responsabilidad.

En la Unión Europea, el modelo ha sido integral y preventivo. El Reglamento de IA o AI Act, aprobado en 2024, establece un marco transversal que regula los sistemas de inteligencia artificial con base en el riesgo que representan. Aunque no es una norma de derecho de autor en sentido estricto, su exigencia de transparencia y **marcado de contenidos sintéticos** impacta directamente la producción cultural: todo audio, imagen, video o texto generado artificialmente deberá ser identificado como tal. A ello se suman las disposiciones de la Directiva 2019/790, que introdujo excepciones a favor de la minería de textos y datos para investigación y ciertos usos privados, y que al mismo tiempo reconoce el derecho de los titulares a reservar sus obras frente a estas prácticas. Con este esquema, la Unión Europea busca equilibrar innovación tecnológica y protección de la creatividad humana.

En Estados Unidos, la pauta la marcan la Copyright Office y los tribunales: solo hay protección si existe autoría humana, y los registros de obras asistidas por IA requieren una contribución humana sustancial. Con ese marco, varios casos emblemáticos han abierto la discusión. En el caso **The New York Times v. OpenAI/Microsoft**, se alegan infracciones de copyright y violaciones al Digital Millennium Copyright Act (DMCA) por uso no autorizado de millones de artículos en el entrenamiento de modelos (S.D.N.Y., 2023). En paralelo, un juez de California desestimó en 2025 una demanda de autores contra Meta, mostrando que no todas las teorías de infracción prosperan si no hay alegatos concretos de daño (AP News, 2025 y Reuters, 2025). En el ámbito de las imágenes, el caso Andersen v. **Stability AI/Midjourney/DeviantArt** (N.D.Cal., 2023) continúa como un referente, discutiéndose su resolución, DMCA y derechos de imagen; mientras que Getty **Images** trasladó su demanda contra Stability AI a California, acusando entrenamiento de Stable Diffusion sobre millones de fotos sin licencia. En la industria musical, la Recording Industry Association of America (RIAA) mantiene demandas contra Suno y Udio, señalando que entrenar con catálogos sin licencia no puede considerarse *fair use*, y artistas independientes ya exploran la teoría de infracción en *outputs*. Finalmente, en septiembre de 2025, **Anthropic alcanzó un acuerdo de 1.5 mil millones de dólares** con autores por almacenar y usar obras de repositorios pirata como LibGen y PiLiMi, comprometiéndose a destruir dichos *datasets*. Sin embargo, el acuerdo no cubrió futuras reclamaciones por outputs, lo que deja abierto el debate sobre la responsabilidad por los resultados generados por

IA (Knibbs, 2025). En conjunto, el modelo estadounidense se caracteriza por un enfoque judicial y litigioso, basado en precedentes y acuerdos económicos, en contraste con la vía regulatoria europea que busca la prevención.

El panorama en Asia es más heterogéneo. China ha endurecido la regulación sobre "síntesis profunda" (*deep synthesis*) y servicios de IA generativa, imponiendo obligaciones estrictas de etiquetado de contenidos y evaluaciones de seguridad nacional (Expansión, 2025). Japón, en cambio, ha optado por facilitar la innovación, ampliando en su Ley de Derecho de Autor la excepción de minería de datos, lo que permite entrenar algoritmos con obras protegidas siempre que no se busque disfrutar directamente de la obra (Avello, 2024). Singapur ha publicado lineamientos prácticos de gobernanza para IA generativa, centrados en nueve principios, aunque sin fuerza vinculante (Grayson, 2025). Corea del Sur, por su parte, ha aprobado la AI Basic Act, que establece principios de responsabilidad y derechos de los usuarios, preparando el terreno para regulaciones más específicas en propiedad intelectual (Choi, 2025).

En América Latina, el caso más ilustrativo es Colombia. La Dirección Nacional de Derecho de Autor (DNDA) ha emitido criterios claros: las creaciones generadas exclusivamente por IA no son registrables, pero las obras asistidas por IA sí pueden inscribirse siempre que se demuestre la intervención creativa humana (Gutiérrez, 2024). Este matiz administrativo coloca a Colombia un paso adelante en la región, ya que ofrece lineamientos explícitos, en contraste con México, donde la discusión ha sido impulsada principalmente por la jurisprudencia de la Suprema Corte de Justicia de la Nación.

De este panorama global se desprenden varias lecciones. En primer lugar, la **transparencia en el etiquetado** de contenidos sintéticos se está convirtiendo en un estándar regulatorio internacional. En segundo lugar, la noción de **intervención creativa humana** es el criterio determinante para otorgar o negar la protección autoral. En tercer lugar, los distintos modelos muestran que la IA no puede ser reconocida como autora en ningún sistema jurídico (hasta ahora), pero sí puede ser objeto de obligaciones que aseguren la trazabilidad y la responsabilidad en el uso de obras preexistentes.

En conjunto, la visión global demuestra que la regulación de la IA en materia de derecho de autor avanza a través de caminos diversos: Europa con un enfoque preventivo y detallado, Estados Unidos mediante litigios y acuerdos económicos, Asia con estrategias diferenciadas entre control y fomento a la innovación, y América Latina con criterios administrativos claros.

5. Disputas importantes

Más allá de los marcos regulatorios, el verdadero pulso de la relación entre IA y derecho de autor se observa en los tribunales. En distintas jurisdicciones se han iniciado procesos que, aunque no son trasladables directamente al sistema civil mexicano, sí muestran los dilemas recurrentes y los posibles caminos que seguirán los conflictos en nuestro país.

Como ya se mencionó anteriormente, uno de los pleitos más emblemáticos es el iniciado por **The New York Times contra OpenAI y Microsoft**. El caso, aún en curso, ha puesto en primer plano no solo la infracción directa de derechos de autor, sino también violaciones al *DMCA* por la supuesta eliminación de información de gestión de derechos. La magnitud de esta demanda —impulsada por uno de los principales medios del mundo— evidencia la presión que pueden ejercer sectores editoriales cuando perciben que la IA amenaza sus modelos de negocio. Este caso refleja la necesidad de prever reglas claras sobre *datasets* **de entrenamiento**, pues un litigio de esta naturaleza podría topar con vacíos normativos que hoy no están resueltos.

En el terreno de la literatura, destaca el acuerdo alcanzado por Anthropic en 2025, mediante el cual la empresa aceptó pagar mil quinientos millones de dólares y destruir *datasets* obtenidos de repositorios pirata como LibGen y PiLiMi. Aunque se trata del mayor pago público en la historia del copyright, el acuerdo no cubre las reclamaciones futuras derivadas de los *outputs* generados, por lo que deja abierta la puerta a nuevas disputas. La enseñanza es clara: incluso en jurisdicciones con defensas robustas como el *fair use*, los costos económicos de entrenar con materiales no autorizados pueden ser altísimos.

En el ámbito de las artes visuales, la demanda colectiva de ilustradoras contra Stability AI, Midjourney y DeviantArt busca demostrar que los modelos de imagen reproducen estilos y elementos protegidos, además de cuestionar la eliminación de metadatos. Aunque varias reclamaciones ya han sido recortadas, el caso sigue vivo como uno de los más visibles sobre la tensión entre creatividad humana y generación algorítmica. Este ejemplo muestra cómo los litigios sirven también para **probar nuevas teorías jurídicas**, incluso cuando no todas prosperan.

La industria musical enfrenta sus propios retos. En 2024, la *Recording Industry Association of America* (RIAA) demandó a Suno y Udio por entrenar modelos con catálogos completos sin autorización (*Recording Industry Association of America*, 2024). Paralelamente, artistas independientes han comenzado a cuestionar directamente si los *outputs* generados constituyen copias sustanciales de grabaciones protegidas. Estas disputas plantean una pregunta de fondo para resolver tarde o temprano: ¿hasta dónde un resultado algorítmico puede considerarse "nuevo" y hasta dónde es simplemente una **reproducción no autorizada**?

Por último, en el terreno fotográfico, **Getty Images** trasladó en 2025 su demanda contra Stability AI a California, acusando que Stable Diffusion se entrenó con millones de fotografías y pies de foto sin licencia. La insistencia de un actor global en proteger su catálogo demuestra que las grandes corporaciones del sector creativo no permitirán que su acervo se use sin reglas claras.

El reto en todos estos temas está en la necesidad de adaptar las normas existentes a los nuevos escenarios creados por la inteligencia artificial, evitando interpretaciones extensivas que desvirtúen la finalidad de las excepciones. Las disputas internacionales no son solo ejemplos aislados: constituyen un **espejo y advertencia.** Lo que en otras jurisdicciones ya se litiga de manera intensa, en México apenas comienza a plantearse. La diferencia es que aquí no existen precedentes vinculantes que puedan llenar los vacíos de forma coherente, lo que obliga a pensar en **reformas legislativas preventivas** antes de que lleguen a nuestros tribunales casos de magnitud comparable.

De hecho, este clima de litigiosidad ha tenido un efecto inmediato: muchas plataformas han actualizado sus términos y condiciones para exigir que las personas usuarias reconozcan ser titulares del contenido que suben, o que cuentan con las licencias necesarias para otorgar a la empresa un permiso de uso amplio. Aunque estos mecanismos contractuales no sustituyen un proceso regulatorio más robusto, sí demuestran que las compañías han entendido la necesidad de protegerse **jurídicamente** y de contar con una autorización expresa que les permita utilizar datos y contenidos en el entrenamiento de sus modelos. Es un cambio sutil pero significativo: las propias plataformas están reconociendo que la autorización del titular es un elemento esencial y que el riesgo de operar sin ella puede convertirse en litigios costosos o acuerdos millonarios.

6. Retos específicos

Uno de los principales retos es la **definición de la intervención creativa humana.** Algunos tribunales, como la Suprema Corte de Justicia en México, han señalado que las obras generadas íntegramente por un sistema autónomo de IA no pueden considerarse protegidas, pero falta precisar cómo debe evaluarse la autoría en casos híbridos. Aquí, una reforma legislativa podría reconocer expresamente la figura de las "**obras asistidas por inteligencia artificial**", estableciendo parámetros mínimos de originalidad y documentación que acrediten la impronta humana.

Otro reto lo encontramos en el uso de *datasets* **para entrenamiento.** Para las empresas tecnológicas que entrenan modelos con fines comerciales, el marco actual no ofrece un espacio de cobertura. Una reforma debería dejar claro qué usos requieren licencia expresa, qué mecanismos de reserva *u opt-out* pueden aplicar los titulares, y cuáles son las obligaciones de respeto a metadatos y gestión de derechos que deben cumplir los desarrolladores.

El tercer reto tiene que ver con la **transparencia y trazabilidad** algorítmica. Las legislaciones carecen de mecanismos para exigir que las plataformas y modelos informen qué datos se usaron en el entrenamiento, cómo fueron procesados o qué resultados se derivan. Siguiendo el ejemplo europeo, podrían incorporarse obligaciones de **marcado de contenidos sintéticos** y de **conservación de bitácoras técnicas inalterables** que funcionen como prueba en caso de disputas. Estas medidas no solo darían certeza a los titulares de derechos, sino que también permitirían a las empresas demostrar el cumplimiento de la ley y reducir riesgos de litigio.

A todo lo anterior, se suma la necesidad de **alinear la legislación de cada país con los tratados internacionales**, como el Tratado entre México, Estados Unidos y Canadá (T-MEC) y los acuerdos de la Organización Mundial de Propiedad Intelectual. Cualquier reforma deberá cuidarse de no entrar en contradicción con las disposiciones de propiedad intelectual vigentes, y al mismo tiempo aprovechar el margen que estos tratados dejan para innovar en la regulación local. Finalmente, es fundamental que el proceso legislativo se acompañe de criterios administrativos intermedios que orienten a las personas usuarias desde ahora.

La irrupción de la IA en el ámbito del derecho de autor ha puesto a prueba las nociones tradicionales de autoría, originalidad y creatividad. México no puede ignorar lo que ya ocurre en otras jurisdicciones: desde el etiquetado obligatorio en Europa y Asia, hasta los litigios multimillonarios en Estados Unidos y los criterios administrativos de Colombia.

Referencias

Andersen v. Stability AI Ltd., Midjourney, Inc., & DeviantArt, Inc., No. 3:23-cv-00201 (N.D. Cal., 12 de enero de 2023).

AP News. (2025, junio 25). Judge dismisses authors' copyright lawsuit against Meta over AI training. https://apnews.com/article/e77968015b94fbbf38234e3178ede578

Avello Gorostidi, T. (2025, junio 24). Japón: la Oficina de Derechos de Autor publica un informe sobre la inteligencia artificial y la propiedad intelectual. Instituto Autor. https://institutoautor.org/japon-la-oficina-de-derechos-de-autor-publica-un-informe-sobre-la-inteligencia-artificial-y-la-propiedad-intelectual/

Choi, K. (2025, enero 23). Analyzing South Korea's Framework Act on the Development of AI. International Association of Privacy Professionals. https://iapp.org/news/a/analyzing-south-korea-s-framework-act-on-the-development-of-ai

Congreso de la Unión. (2024). Iniciativa con proyecto de decreto para reformar la Ley Federal del Derecho de Autor en materia de inteligencia artificial, presentada por la Diputada Margarita García García. Gaceta Parlamentaria.

Congreso de la Unión. (2025, 2 de septiembre). Iniciativa que reforma la Ley Federal de Protección al Consumidor y la Ley Federal de Telecomunicaciones y Radiodifusión en materia de etiquetado de contenido generado por IA, presentada por el Senador Cuauhtémoc Ochoa Fernández. Gaceta Parlamentaria. https://infosen.senado.gob.mx/sgsp/gaceta/66/2/2025-09-02-1/assets/documentos/Ini_Morena_Sen_Cuauhtemoc_Ochoa_etiquetado_de_contenido_generado_con_IA.pdf

Dirección Nacional de Derecho de Autor (DNDA). (2023). Criterios sobre obras generadas por inteligencia artificial. Bogotá: Gobierno de Colombia.

Expansión. (2025, septiembre 3). China implementa el "etiquetado frontal" a contenidos hechos con IA. https://expansion.mx/tecnologia/2025/09/03/china-etiquetado-contenidos-ia

Grayson Cheng, D. (2025, julio). Global AI Governance Law and Policy: Singapore. International Association of Privacy Professionals. https://iapp.org/resources/article/global-ai-governance-singapore/

Gutiérrez, L. (2024, enero 23). Colombia: La DNDA se pronuncia sobre el registro de creaciones desarrolladas con inteligencia artificial. Instituto Autor. https://institutoautor.org/colombia-la-dnda-deniega-el-registro-de-creaciones-desarrolladas-con-inteligencia-artificial/

Hugh Stephens Blog. (2024, Marzo 10). Japan's text and data mining (TDM) copyright exception for AI training. https://hughstephensblog.net/2024/03/10/japans-text-and-data-mining-tdm-copyright-exception-for-ai-training-a-needed-and-welcome-clarification-from-the-responsible-agency/

Instituto de Transparencia, Acceso a la Información Pública, Protección de Datos Personales y Rendición de Cuentas de la Ciudad de México (INFOCDMX). (2024, 3 de octubre). Acuerdo 5038/SO/03-10/2024.

Knibbs, K. (2025, septiembre 8). Anthropic deberá pagar 1,500 millones de dólares a escritores por entrenar la IA con sus obras. WIRED. https://es.wired.com/articulos/anthropic-debera-pagar-1500-millones-de-dolares-a-estos-escritores-por-entrenar-la-ia-con-sus-obras

Personal Data Protection Commission (PDPC). (2020). Model AI Governance Framework (2ª ed.). Singapur: PDPC.

Reuters. (2025, Junio 25). Meta fends off authors' US copyright lawsuit over AI. https://www.reuters.com/sustainability/boards-policy-regulation/meta-fends-off-authors-us-copyright-lawsuit-over-ai-2025-06-25/

Suprema Corte de Justicia de la Nación (SCJN). (2025, 15 de marzo). *Amparo Directo 6/2025: Derechos digitales y autoría en obras generadas por inteligencia artificial.* Transparencia Ciudadana, SCJN. https://transparencia-ciudadana.scjn.gob.mx/resoluciones-relevantes-de-la-SCJN/derechos-digitales/ad-6-2025

The New York Times Company v. OpenAI, Inc., & Microsoft Corporation, No. 1:23-cv-11195 (S.D.N.Y., 27 de Diciembre de 2023).

Unión Europea. (2019, 17 de mayo). Directiva (UE) 2019/790 del Parlamento Europeo y del Consejo, de 17 de abril de 2019, sobre los derechos de autor y derechos afines en el mercado único digital. Diario Oficial de la Unión Europea, L 130, 92–125. https://eur-lex.europa.eu/eli/dir/2019/790/oj

Unión Europea. (2024, 12 de julio). Reglamento (UE) 2024/1689 del Parlamento Europeo y del Consejo, de 13 de junio de 2024, por el que se establecen normas armonizadas en materia de inteligencia artificial (AI Act). Diario Oficial de la Unión Europea, L 168, 1–108. https://eurlex.europa.eu/eli/reg/2024/1689/oj